国家社会科学基金项目"中国特色社会主义法律体系与基本权利保障研究"（11CFX005）研究成果

CONSTITUTIONAL
AND LEGAL PROTECTION

OF FUNDAMENTAL RIGHTS IN CHINA

公民基本权利的宪法和法律保障

徐 爽◎著

社会科学文献出版社
SOCIAL SCIENCES ACADEMIC PRESS (CHINA)

目　录

上篇　从宪法出发

下篇　以法律保障权利

上篇　从宪法出发

本部分以中国政治传统和权利观念为纵轴，以《公民权利和政治权利国际公约》、《经济、社会、文化权利国际公约》为横坐标，对近代以来中国历部宪法中的基本权利条款加以分析，梳理相关规定，并对作出此种规定的社会背景进行了历史考察，提出了未来基本权利保障事业应注意的问题。

　　通过研究，得到的基本认识是：中国的宪制建设与权利保障，存在目标叠合的问题。中国政治一以贯之的目标是"为民政治"；而实现此目标的手段，则需要依据具体的历史情况而加以变动。此种目标，沿袭于政治传统，并与当代权利理念相契合。正是基于此种原因，与两大国际公约提供的标准相比较，中国历部宪法中的基本权利规定都具有其自身的独特性、本地性和稳定性。

　　接下来的问题是如何实现此种理想，也就是规定何种具体权利，并以何种手段来加以保障——这是中国宪制的关键，也是社会建设的关键。中国宪制史表明，基本权利的实现与保障并不取决于领导人物的道德与立场，也不在于某一特定权利问题本身，而是受制于政治、经济、社会深入与广泛的变革。此种变革过程有其自身的逻辑。很多时候基本权利的实现途径，看似与权利本身并无关联。所谓"牵一发而动全身"，权利问题就是一发，而解决它却需要全盘布局，具体手段包括国家统一、政治局势缓和、强有力的中央政府、经济层面的进步，诸如此类。这些"权利手段"促成了中国基本权利保障事业的巨大变化，亦是下一步社会建设的基础。

第一章　中国宪法中的基本权利与国家建设 [*]

八二宪法颁行至今已 30 余年。经过 1988 年、1993 年、1999 年和 2004 年的四次修正，宪法日益成熟。综观世界各国立宪，虽因政治、社会与经济构造不同，历史、文化与法制背景互异，呈现各自不同的态样；然而，基于立宪主义思想之本质及立宪政治历史的展开，已确立了一个共同采用的根本架构，即成文宪法大都由两大构成要素组成。其一为有关统治组织之规定，另一则为有关基本权利之规定。① 也就是说，现代宪法既是所有官员需时时谨守的规则，又是保卫公民基本权利与自由的永久宪章。孙中山先生所言，"宪法者，政府之构成法，人民之保障书也"，即言简意赅地阐明了这一理念：基本权利规定乃整部宪法之核心，为宪法最重要部分；政府制度之构成必以基本权利的保障为归依。按照这样的理解，我们不妨来检视现行宪法中有关基本权利条款的规定。

一　宪法难题与基本权利条款

宪法难题，不外有二，一曰主权，一曰人权。主权者，关乎国体与政体，即在一特定政治体内，谁应该或者适合拥有最高权，而这一最高权又该如何配置和运转。戴雪在《英宪精义》开篇将宪法界定为"关于主权之构成和运作的规则"②，即此意。

如果说主权问题围绕着谁该有统治权，则人权问题问的是统治者该如何统治，答案是尊重每个个体的权利。一个人，仅仅作为一个人、一个最一般性的社会成员，在现有制度之下应受何种对待？他可享有怎样

---

* 本章部分内容发表在《环球法律评论》2012 年第 6 期。

① 李鸿禧：《保障基本人权思想之本质与变异之研究分析》，载《宪法与人权》，元照出版公司，1999，第 215 页。

② 〔英〕戴雪：《英宪精义》，雷宾南译，中国法制出版社，2001，第 120 页。

的有尊严的基本生活条件？这些基本的人权通常首先借由宪法来加以界定。由此，宪法与人权，有着天然的内在联系。日本芦部信喜认为，要重构宪法学，必须将宪法的本来价值作为核心加以把握，即应从将宪法的本质理解为立宪意义上的宪法这一点出发。构成宪法之本质的价值究竟为何呢？在芦部看来，那就是个人尊严（个人主义）的原理，宪法中的人权与主权这两个基本原理均由此推演而出。借用凯尔森"根本规范"的概念，宪法之本质性价值的个人尊严的原理以及由此推导出来的人权与国民主权（制宪权），就相当于宪法的"根本规范"。反言之，所谓宪法，正是将这种"根本规范"加以具体化的一种价值秩序。①

2004 年，"国家尊重和保障人权"写入宪法修正案，这是作为国家权力配置和根本制度安排的"最高法"宪法文本中第一次正式出现"人权"一词。人权条文，我们可以将其视为统领公民基本权利的一个概括性条文。这一条文标志着"公民基本权利"在中国宪制格局和政治话语体系中获得了合法地位，从宪法到整个法律体系的价值重心从权力转移到了权利。

当然，对于"人权入宪"以及宪法中相应的基本权利条款的理解，也不能说，在此之前，执政者就不重视国民的自由和权利。自现行宪法于 1982 年颁布以来，公民的基本权利和自由一直是最重要部分；中国 30 多年经济与社会的飞速发展，正是以强国富民为依归，这都是举世共睹的。但以"宪法"这一具有最高法律效力的文本形式确认"人权"，将原有的公民的基本权利和自由统纳于"人权"原则之下，这是中国社会进程所经历的重大变革，也反映了执政者核心价值观的转换。这样的转换，经历了漫长而艰难的过程，最终以"人权入宪"这一标志性的事件得以体现。

虽然历史不能被切割，但 2004 年无疑是中国宪制史上的一个分水岭。此前，宪法更多关注的是主权问题，重在解决国家权力的构成及运作方式；此后，宪法将重心调整到了基本权利问题，即进一步解决对国家权力的控制和公民基本权利的保障。从主权到基本权利，宪法完成了对自身的改造，朝向"人民的宪法"迈进。而变革后的宪法，又将继续引导

---

① 〔日〕芦部信喜：《宪法》，林来梵等译，北京大学出版社，2006，第 7 页。

中国的转型。

二　如何认识宪法文本中的基本权利条款？

时下有很多对于宪法文本中基本权利条款的分析，比如某一权利的"宪法学分析"，或者称为某一"宪法权利保障研究"，等等。这类研究大多以某一基本权利在现行宪法上的依据为逻辑起点，进而清理历部宪法对此一权利的规定，再寻找出支撑该权利的具体法律法规体系，最后检视其在实践中的实现程度。从宪法文本出发，追溯历史，再重返社会生活。因文本而历史，由法条入社会——这基本已成为宪法中基本权利研究遵循的范式。由此，对宪法中基本权利条款的解读，已从某种"语义学"分析切换至"概念史"研究。概念变化往往是政治及社会变迁的结果，比如我们的"农村土地集体所有制"、"私有财产权"、"迁徙自由"等术语中就包含了丰富的历史内容与现实意义。而宪法文本中出现的"人权"、"基本权利"等概念更反映了中国几十年来国家观和权利观的改变，同时也反映了中国革命和建设的过程。

以中国历史上的历次修宪为线索，我们可以在近代革命与建设这一整体进程中，看到公民的基本权利保障事业是如何发生发展的。虽然过去的事情已成历史，但这段历史说明的一般性原理却仍然有效，仍可用来解释当下基本权利保障事业中的问题。历史如此，现实也是如此。我想，知识分子的作用或许就是以科学的态度与方法厘清重大社会现象在实践层面的因果联系，消除种种似是而非，只有这样，民众才能多些理性，国家才能少走弯路，我们的时代方不致陷入迷失。

有人往往把基本权利乃至人权问题归结于道德问题，然而，中国政治法律发展的经验表明，人权不光是价值观，它的实现程度首先受限于社会的发展阶段。政府对许多问题也是有心无力，争议各方在价值观上并无区别，但获取途径、实现程度却与理想状态相去甚远。说到底，诸多基本权利问题的解决并不在于领导人物的道德与情感，也不在于某一特定权利问题本身，而是取决于政治、经济、社会深入与广泛的变革。此种变革过程有其自身的逻辑。甚至，很多时候基本权利的实现途径，看似与权利问题毫无关联。所谓"牵一发而动全身"，权利问题就是一发，而解决它却需要全盘重新布局。

三 打开宪法之门：再谈研究方法

对于社会科学研究，我常自诫勿将形式当真相，勿将语言当事实。学术研究的目的，矢在重新发现国情与民情，打破现实的遮蔽，敞开广大的公共空间。张五常先生曾谈及他个人的学术体验，自嘲"我喜欢到街头巷尾跑的习惯，使一些无聊之辈认为我早就放弃了学术"，其实"这些人不知道经济学的实验室是真实的世界，不多到那里观察谈不上是科学"。① 这句话于我印象很深，使我确信法学的教科书亦不仅仅是法典，基本权利的观念与形态更不仅仅停留于法条的规定。

研究者要考察宪法中的基本权利，目光不能局限于文本和纸页。不光要将这些条款置于宪法文本中去解释，更要把这若干部宪法放到中国的政治传统和社会现实中去理解，要把对于条文的评注学转变为"真相的解释学"②，这便是我所理解的宪法和宪法学。然而，要做到这一点，并非易事。再以宪法关于基本权利的规定为例。研究者最初所见，是各种宪法文本和基本权利条款。文字背后，是无形的观念。制宪者有什么样的国家观，决定了他们有什么样的权利观；正是这种权利观，预定了基本权利条款的界限和内容。换言之，宪法文本和基本权利条款是制宪者观念的具体体现及最终载体。然而观念并非脑中空想，其代表了制宪者也就是执政者对所处时代和国家未来方向的把握和规划，所以，根本还在那个时代与社会。由此，从文本出发，研究者发现自己行行走走，最终面对的是各种复杂的政治经济现象；而对于这些政治经济现象，谁又具备能力将其还原至"真实的宪法"？!

四 宪法中的基本权利：国际人权标准的中国化

按照前述思路，我们兜兜转转，再重回宪法文本，所见宪法中的基本权利，有了更丰富的样态。为有所参照，不妨引入《国际人权宣言》、《经济、社会、文化权利国际公约》和《公民权利和政治权利国际公约》这三个重要的国际人权文件。《国际人权宣言》常被看作一部"世界性宪

---

① 张五常：《中国的经济制度》，中信出版社，2009，第 12 页。
② 翟小波：《人民的宪法》，法律出版社，2010，第 28 页。

法"，由此发展出来的《经济、社会、文化权利国际公约》和《公民权利和政治权利国际公约》两大公约罗列的人权清单为国际社会提供了一套普遍而不可分的国际标准，构成检验国家进入现代文明社会的标尺。比照中国宪法与国际人权标准，我们不难发现，现行宪法关于公民基本权利的规定，基本已经覆盖了两公约提供的核心人权，简略列举，计有人民自决权、参政权（选举与被选举权、参与本国公务的权利、集会与结社的自由）、相当生活水准、女性平等权、人格尊严、人身自由、表达自由、对家庭的保护、劳动权（工作权）、社会保障权、受教育权、参加文化生活之权利等等。这些权利不仅见诸宪法关于"第二章公民基本权利与义务"的条款，也隐现在国家目标、经济制度以及国家义务的规定中，最终统一归拢于2004年宪法修正案"人权原则"的概括性条款。

现行宪法所规定的基本权利及人权理念与当代国际人权公约相吻合。这种一致性当然不是某种"巧合"，而正是中国宪法与"世界性宪法"共同追求人权理想的反映，也是基本权利本身具有普遍性、平等性和不可分性的体现。

当然，虽然现行宪法中的人权在基本内容上与国际标准以及现代各国的宪法规定呈现出一致的面貌，但各国宪法的具体规定仍然取决于该国所面临的现实问题。在《公民权利和政治权利国际公约》、《经济、社会、文化权利国际公约》中，并没有特别强调一种或几种权利对于其他权利的实现有什么特别作用。但中国宪法特别关心和强调的基本权利主要集中在以下三项：第一项是人民自决权，指的是国家独立，也就是近代中国反对帝国主义的任务；第二项是参政权，指的是主权在民的实现，也就是近代中国反封建的任务；第三项是相当生活水准，也就是转型前后，中国政治皆至为关注的民生问题。

宪法突出三项基本权利，并非立法之喜好；对于晚清以来的中国革命和社会建设，这三项权利是至为重要的。因为，民族、民权、民生，乃中国政治家与普通百姓最为关注的问题。并且，为实现此三项权利而采取的行动，不仅决定了近代中国宪法的具体面目，也决定了两个国际人权公约中所讲的其他各项权利的实现情况。

民族、民权和民生，此三大主义作为近代中国革命的理想，从宪

的角度讲，转化为独立、民主与富强之宪制目标，明确载于 1949 年以后
的历部宪法当中。而这三项追求，亦与政府所坚持的执政原则逐一暗合。
具体而言，独立即人民自决权。在现代条件下，立国就是立宪。① 宪法的
颁布，本身就是一国赢得独立与解放的标志，是人民主权的体现。而民
主与富强，既是宪法明文宣示的国家目标，也是我们所追求的人权理想。
民主，主要指以国民利益为归宿的公民权利、政治权利，对应于《公
民权利和政治权利国际公约》所规定的"自由权"。富强从国家层面
讲，说的是综合国力；从个人层面讲，指的是相当生活水准所代表的民
生方面的权利，基本可归于《经济、社会、文化权利国际公约》概括
的"社会权"。

但需要说明的是，同样规定类似的基本权利，中国宪制的逻辑却与
人权"原产地"的西方国家不尽一致。以美国为例，从《独立宣言》到
联邦宪法、权利法案，制宪者坚持的政治理念是自然权利说。个人是存
在于"前政治社会"的"政治产品"，是各种天赋权利的复合体。《独立
宣言》在开篇即宣称，"我们认为，以下真理是不言自明的：人生而平
等，具有生命、自由和追求幸福（财产私有）的天赋权利……"按照这
样的政治逻辑，生命、平等、自由等皆是先于国家而存在的个人权利，
个人行使基本权利理所当然，无须国家同意。基本权利即使被规定于宪
法之中，也只是被描述，而非被承认。既然这些权利是不可侵犯、不可
转移的天生权利，那美国政府自然不能要求人民另外负担义务以为享受
权利的条件。由此，美国宪法的价值观自然是重权利轻义务，在国家制
度的设计方面处处限制政府权力，以防范国家侵权、保护公民权利；同
时，它也不会像中国宪法一样，把义务和权利等而视之。

中国人的政治观念和政治传统却截然不同。中国政治向来坚持"为
民政治"的理念，国家与个人并非天生对立的实体，国家和人民在根本
利益上是一致的，其存在的重要任务就是满足人民的物质精神生活需要。
我们的权利理念不是来自超验性的自然权利说，而是直接根源于实实在
在的社会需要。社会生活日益进步，必然会带来相应的权利要求的变化，
作为"人民权利的保障书"的宪法因此不断地写入新的或者更高的公民

---

① 〔德〕汉娜·阿伦特：《论革命》，陈周旺译，译林出版社，2011，第 108 页。

权利，2004 年人权原则入宪正是这一历史进程的展现。中国政治与法治进程中的基本权利保障除了具备与国际人权标准一致的普遍性以外，还显现出很强的时代性和本土性。宪法中的基本权利清单不可能也不需要和欧美国家一样，必定会反映出自身特色，这正是我们理解中国宪法与基本权利的理论和实践支点。

经过 30 多年的经济改革，中国正在向现代化国家转型，社会已经创造出财富，贫困已经减弱，民众过上小康生活并拥有大多数基本耐用消费品，中产阶级开始形成，公众提高了对福利、医疗保健、教育、环境、社会秩序、公共基础设施和通信的要求。而这一系列要求实际上也就是《经济、社会、文化权利国际公约》中所列的"相当生活水准"的主要内容。国家必须满足公众已经提高了的各种不同预期，其职责就越来越转变为向社会提供一系列核心公共产品，包括医疗保健、安全、教育、环境保护和社会福利等。宪法上所宣示的公民的基本权利乃针对国家设定的种种义务，更明确地说，这些基本权利其实是政府对人民的承诺。拉高到"人权"层级，就意味着这应该是一种政治与社会共识。

在中国传统的政治观念中，社会成员所享有的平等、自由、社会保障等基本权利并非先于国家而存在，而是借助国家实定法的规定才得以享有。同时，权利和义务不可分离，没有人可以只享受权利不尽义务，也没有人只尽义务而不享受权利。所以，现行宪法把公民的基本权利和义务规定在一起，认为这是天经地义、理所当然。这样的规定正是各国政治传统和现实不同的体现，是对国际人权标准最大适用性的实现。

五　修宪何为："权利法"的完善

从统计上来看，国际人权公约所规定的基本权利，在中国宪法中皆有所涉及。这说明近代以来，中国革命非常彻底，在政治、经济、社会及文化领域皆有深刻变革。虽然，由传统社会向现代社会的转型仍未能最终完成，但此前变革的深入与复杂，以及对于基本权利的保障，已是显而易见。然而，社会现实是如此复杂，无论是在历史上还是在不久的过去，侵犯基本权利的现象都曾存在，这愈加使我们意识到以宪法和法律维护基本权利的必要与艰难。目前，从宪法层面观察基本权利保障，其存在的问题主要有两点。

第一，宪法对公民基本权利的列举还需更为全面。规定哪些基本权利"入宪"，不仅是一个立宪技术问题，更是一个执政集团所秉持的价值问题，归根结底，宪法权利还是被社会物质生活条件所预定的。处于不同社会发展阶段的宪法所"勘定"的基本权利的边界当然不同，这一点，只要回顾一下中国历部宪法的演变便可了然。目前，中国宪法对公民基本权利的规定主要采用"明示列举"的方式，由此，社会发展和变革产生的一系列"新"权利要求需要得到宪法的肯定与回应。

比如，《公民权利和政治权利国际公约》、《经济、社会、文化权利国际公约》中涉及的基本权利共31项，其中7项没有在中国历部宪法中得以体现，具体如下：第6条生命权，第7条禁止酷刑或不人道刑罚，第8条奴隶及强制劳动，第10条被剥夺自由者及被告知之待遇，第11条无力履行约定义务之监禁，第14条接受公正裁判之权利，第15条禁止溯及既往之刑罚。以上权利，从内容上讲，皆和刑法相关。按照中国的宪法理念，此种权利之保护，绝大部分都具体体现在刑法及刑事诉讼法中；在宪法中，着重规定了对人身自由的保护以及逮捕必须遵循严格的条件和程序。但目前保护生命权、接受公正审判之权利的呼声越来越高，是否有必要将刑法与刑事诉讼法保障的核心诉讼权利"移入"宪法正是当下广受关注的问题。

上述例子为要求"新权"入宪的代表。公民基本权利的拓展自宪法始。宪法是将社会需要与基本权利理想转化为权利现实的第一份法律文件，它为国家承诺对公民享有基本权利提供条件辟出了合法空间，在此基础上，再由具体法律为公民权利提供更细致的支撑和保障。在现实经验中，相当部分权利侵害来自社会管理制度的混乱，而这种制度混乱的根源之一，则在于宪法赋权规定的缺失。因而，宪法不修，维权无据。宪法"扩权"，正是推动基本权利建设和广泛社会变革的起点。当然，也正因如此，宪法纳入新的基本权利，必会牵涉敏感而重大的经济、政治和社会问题。即便微小进步，也无不得自艰难。如何设置权利的"宪法门槛"，考验的是执政者的政治智慧与改革勇气。

第二，一方面，某些权利如此重要，以至非有必要以宪法保护不可。

从中国实际出发，参照国际人权公约提供的标准，宪法应当将最需要保障的基本权利纳入其列举的清单，这主要涉及制宪及修宪层面。另一方面，权利保障绝不应仅仅停留在宪法权利的宣示上，更在于这些权利所获得的具体的法律支撑及制度保障，这涉及宪法的实施。根据中国的宪法实施体制，宪法不能直接作为司法审判的依据而进入司法，根据宪法制定相关法律才是宪法实施的最主要途径。由此，关于自由权和社会权的各项条款或明确或隐含地要求代表机关制定法律来具体化。然而，现行宪法所规定的若干基本权利具有直接"权利法"的并不在多。比较重要的，如关于公民的选举权与被选举权，现有《全国人民代表大会和地方各级人民代表大会选举法》以下简称《选举法》；2007 年颁布的《物权法》调整公民的财产权；《教育法》、《义务教育法》、《高等教育法》、《职业教育法》等相关法律促进公民受教育权的实现；《妇女权益保障法》为妇女在经济、政治、社会、家庭生活各方面享有与男子同等的权利提供了法律依据。另有相当重要的基本权利，依然缺乏具体的法律保障。比如《宪法》第 35 条所列举的公民六大自由——言论、出版、集会、结社、游行、示威的自由，除了游行示威有法律规定以外，其他皆无法律，只有法规或者规章甚至红头文件加以调整。根据《立法法》，凡涉及公民政治权利（剥夺）的事项，必须由全国人大制定法律；法规、规章只能依据法律来制定，没有法律以前不能制定。关于言论自由的保障及规制，还需要从现实情况中及时总结出适应时代需求的经验，加以成文化、规范化。

又如对农民集体土地所有权的保护，宪法规定国家为公共利益依法征收或征用并给予补偿，但是《土地管理法》（全国人大常委会，1986 年通过，1988 年、1998 年、2004 年修订）、《土地管理法实施条例》（国务院，1998 年 12 月 27 日）、《确定土地所有权和使用权的若干规定》（国家土地管理局，1995 年 3 月 11 日）、《征用土地公告办法》（国土资源部，2001 年 10 月 22 日）等不同位阶的法律法规均未能寻求一套公正地征收、征用方案。再如 2004 年修宪时，增加了"国家建立健全同经济发展水平相适应的社会保障制度"的条文，这是公民社会保障权的宪法依据。但目前，社会保障法方面，仅颁布了《社会保险法》（全国人大常委会，2010 年）这一支架性法律，医疗保健、退休金制度等依然欠缺具体法律规定。宪法保障的基本权利，可能遭遇到国家立法、宪法解释或司法判决的扭曲或削减。这种情况，本着"正本清源"的思路，可以考虑请全国人大及其常委会行使"违宪审查权"，对涉及公民基本权利的法律法规进行清查，修订或新订宪法之下的"权利法"，保证基本权利无遗漏。

尽管每个国家通过宪法法律认定的公民基本权利总会有所差别，尽管中国的基本权利建设并不需要"做给外人看"，但在全球化时代之下，写在宪法文本中的公民权利却构成了微妙的竞争关系。"公民权利清单"的竞争和国家军力或者经济实力的比较同等重要，甚至更加重要。① 因为这是现代条件下，可以有力证明政府合法性及社会优越性的一张成绩单，也是民众产生社会共识的直接来源。

六　当下基本权利保障目标的特征

通过历次修宪和中国特色社会主义法律体系的培育，当下中国将基本权利保障设定为宪制与法治的重要目标之一。而这一目标在整体上又呈现出如下特征。

（一）一致性

从基本权利的角度讲，权利理念问题，主要取决于国家主权归属，以及对三大核心权利的理解。亚伯拉罕·林肯在葛底斯堡演讲中说到一个理想的政府应当是"民有、民治、民享"的。如果一个国家，是国民所有的，由国民治理的，并为了国民利益而存在，那么，无论如何，在人权问题上，这个国家都是有希望的。现代国家的政府，大多承认主权在民，承认人民自决权，承认国民参政权，亦承认国民有权利得到相当的生活水准。虽然宪法规定会有不符的地方，但对于这些基本的价值理念，皆没有否认，区别只是此种权利是不是立刻可以直接提供，又或者应以何种方式提供。

从宪法的角度讲，中国语境下的宪法目标是独立、富强与民主。这三项追求，亦可被视为基本权利原则。独立即人民自决权。富强从国家

---

① 杨照：《进行中的全球公民权竞赛》，《南方周末》2012 年 6 月 22 日。

层面讲，说的是人民自决权；从个人层面讲，说的是相当生活水准所代表的民生领域的权利。民主指的其他以国民利益为归宿的公民权利、政治权利和经济、社会、文化权利。

中国历部宪法中所体现的权利理念，与当代国际人权公约是相吻合的。这种一致性，固然来源于中国政治向来坚持的为民政治理念，也和国际人权公约的趋势相符合，但国际人权公约是国际法而非国内法，为了实现最大适用性，必然要照顾各国的政治现实，因此，在如何应对本国民众最关心的权利问题以及实现公民基本权利保障的道路选择方面，中国必然会有中国的做法。

（二）中国性

基本权利问题也涉及中国社会发展与西方政治文化之间的关系问题。关于此问题，存在两种表述，区别虽然细微，却至关重要。一种表述说"西方政治文化到中国发生了变异"，另一种表述是"中国政治文化发展中受到了西方的影响"。这两种表述的实质区别在于，是否承认"中国传统政治文明已死"。如果说，中国传统政治文明在清朝灭亡时已经宣告死亡，那么，中国这个"容器"就是空的，中国这棵大树就是无根的，西方政治文明入主中国，于是中国社会为了适应这个新的主导思想而发生变动，并且以是否"和西方一样"为转型是否成功的标准。但是，历史的进程并非如此。

以辛亥革命后的局势为例。清朝覆灭了，以"国会"为象征的西方政治架构却没能控制住中国的庞大躯体。此后几十年里，中国政治的关键是领袖、主义与党派，是主义传播、武力统一和阶级消灭。直到1949年新中国成立以后，经过一系列社会革命和建设，公民基本权利保障才成了一种可能，比如受教育权、工作权、相当生活水准、人身自由、法律面前的平等、男女平等、人民自决权等。

这其中包含的原因是，中国传统政治的手段虽然失效，但目标仍在，仍需要依据新的情况选择适合此目标的手段。中国政治传统中一以贯之的精神是"为民政治"。辛亥革命后，中国传统政治文明的身躯已死，但灵魂仍在。所谓政治文明的灵魂，就是此种文明根本性的目标，也就是给最普通的中国人一个安居乐业的生活。"君臣父子"之道可亡，但此目标不亡，中国知识分子仍以"天下苍生"为己任，进行国家的自救。此种欲望与追求，仍是中国政治文明生命力之所在。中国近现代政治的目标是传统的延续，手段虽然要借鉴西方，但会受制于本国目标和国情。这种制约有时反映了政治理念，比如中国政治传统中以民为本的目标，但更多的是技术层面的限制。比如，对国民言论自由的保障。首先，在农业社会时代，行政技术的不足使得社会沉默成为一种必需，与主流不合的言论既然不能为政治所持续约束，那么就要被政治所消灭。后来，清朝灭亡，社会面临的主要矛盾变为独立与统一，国民被推进历史的洪流中，无别路可走，只能向前，并为此种洪流所挤压成消失于国家机器中的毫无特性的个体。只是在社会转型以后，为新的社会所支撑的现代行政体制能够包容多种多样的思想，并且需要多种多样的思想，这时，言论自由才会成为真正的自由。并没有人会否定言论自由的理想，但是，此种现实层面的转变却需要经历种种曲折，而中国性亦会体现于此种曲折之中。

简而言之，西方社会以个人主义为基础的权利观是一个由宏观和微观组成的整体，有如一架精密机器。作为成果形式体现出来并通过文字表述的人权理念，是此精密机器的宣传材料，而机器制造过程与实际运作才是其技术核心。中国人亦会羡慕种种被宣传的功能，但此种追求在中国的实现涉及中国社会的改造，而此种改造又不能摆脱传统中国在"思想与物"这两个方面的制约，这就是中国基本权利保障事业的中国性。

虽然西方语汇可以在现代话语中居于主导地位，但中国人并不会简单化地承认西方的话语权。因为，对中国人而言，"道大无外"，"道"从来都是"天下性"的，是超越国界的。代天立言的，只能是圣人，而不是某国的议会或总统。而可以用来验证道的，亦只能是本国国民的切身感受，而不是别国国民的经验。既然道无偏私，遍及中西，那么，也就不存在西方的话语权，中国人亦可以解释现代政治之道应为何物。"民主"、"自由"、"人权"，都是并未最终完成定义的概念，需要得到更新或者再解释。

（三）稳定性

近代以来，中国社会经历了急剧的变动，甚至出现过严重动荡的特殊时期。既然如此，为何保障人权的价值观仍能长期得到维护？

这是因为，作为一个文明体国家，中国始终追求治统与道统的统一。国家的统一固然要靠武力来完成，但国家的统一也体现为意识形态的统一。意识形态说到底反映的是一个国家的核心价值。在政治儒学的统治地位消解后，需要再造一个能说服知识分子与民众的意识形态，这个意识形态就是"道"，它是超越各集团的特殊利益的。恰恰因为它超越特殊利益，所以才能够"整合利益"，能够统一这个存在各种局部利益冲突的国家。任何一个社会都不可能没有精神需求，执政党之所以能够执政，也有为人民提供精神资源的功能，并且还会引导国家和社会去追求和实现这些核心价值。意大利马克思主义者安东尼奥·葛兰西曾经指出，统治阶级的统治要具有合法性，那么其必须超越本阶级的利益，而体现国家意志。葛兰西又说，如何超越执政党本身的利益：一要建立国家的核心价值，也就是全体人民都认同的价值；二要带领全社会追求这些核心价值。①

传统的政治儒学为前现代中国提供了意识形态；政治儒学被否定后，需要新的意识形态来实现国家的再度整合。继清廷覆灭，以后的执政者，无论国家局势发生怎样的变化，皆认同某些基本权利保障的理念。因为他们皆认识到，中国政治天然地需要某种共识性的基础，这是统一人心的前提。如此看来，无论是传统政治儒学，还是现代执政理念，都为中国政治设定了某些一以贯之的内在约束，无论时代如何更迭，"为民"理想始终不坠。

七　实现基本权利保障的整体环境

如果不局限于宪法和法律规范本身，要持续提高国民的基本权利享有水准，则必须保证基本权利保障事业有一个稳定的外部环境，这也可以视为国家为实现基本权利改善而需具备的手段。

（一）国家统一

晚清以来的中国政治变革，在混乱中呈现了一种向上的趋势。先是

---

① 郑永年：《再塑意识形态》，东方出版社，2016，第99页。

独立、统一与土地改革，继以社会改革和初步工业化，最后是改革开放、市场经济与法治建设。就这三阶段来说，第一时期的主题是中国政治传统主题。也就是，当民不聊生时，中国人向来有造反的权利。"汤武革命，顺乎天而应乎人。"无论要怎么建立一个新朝代，皆需从武力征讨与土地重新分配入手。以基本权利保障为特征的法治社会和"安居乐业的太平盛世"皆是对新朝代的要求，却不是社会形态更替的途径。回顾中国两千年的历史，改朝换代，不知凡几，秦、汉、唐、宋、元、明、清，历次全国性政权更替，都是靠军事征讨来实现的。而历史上出现的承平之治，莫不以国家政权稳定统一为必要条件。

也就是说，中国政治有着自身的需求。为了在如此庞大的国家内消除分歧甚至斗争，需要靠主义来统一认识，亦需要通过民生问题的解决来证明主义。如此，也才能反过来巩固执政权威。

（二）政治局势的缓和

从历史来看，无政府主义虽然一直有人提倡，却不能行之有效。国民基本权利的实现，除了其自身的努力，也需要政府加以维护。比如人身自由和逮捕程序，如果没有政府的控制，那么就是私力救济，虽然政府滥用权力的风险消除了，但权利和自由依然无从实现。又比如少数人的权利、儿童之权利、禁止宣传战争和鼓吹歧视、社会保障、初等教育免费等等。可以说，几乎所有基本权利的实现，都离不开政府。

政府是否履行它在基本权利保障方面的国家义务以及履行效能的程度高低，和其工作重心不无关系。当政权不稳时，理所当然的，它要把注意力放在巩固政权上。也就是说，它会更关心军队建设、开展政治斗争、提高税率增加税收、强化安保体制。

当然，在特定情况下，也需要进行革命。只是，权力争夺一旦长期化，国家就会进入紧张状态，而这对基本权利的影响是致命的。

以中国近代宪法中的基本权利条文为例，从清末立宪到北洋时期，中央政权一直受到威胁，这时，宪法条文就集中于权力分配，对于公民权利则无暇顾及。到了国民党主政时期，形式上统一全国，中央政权对国家的控制力强于北洋，而国民党对政权的控制力又强于清廷，这时，国家建设便可以渐次展开，对少数人的权利、工作权与工作条件、教育之权利、相当的生活水平等权利也开始在宪法中加以规定。而到了中华人民共和国时期，对于公民基本权利的保障，1954 年与 1982 年宪法规定得是较为充分的，而《中国人民政治协商会议共同纲领》（以下简称《共同纲领》）、1975 年与 1978 年宪法规定得则比较少。这是因为，《共同纲领》制定时，国家正处于"过渡时期"，局势紧张，军事斗争仍是必需的，这时要求普遍权利，条件不具备。到了 1954 年，政权已巩固，国际国内局势趋于稳定，国家进入"社会主义建设时期"，政府的注意力转移到了改善国民的政治、经济、社会与文化生活方面。后进入"文化大革命"，集中力量进行"阶级斗争"也就成了政治生活的主题。1978 年拨乱反正，十一届三中全会指出，我国现阶段的主要矛盾是"人民日益增长的物质文化生活需求与落后的社会生产之间的矛盾"，由此实行改革开放，国家和社会生活重回正常，基本权利保障事业才得以再次起步。

所以，权利保障事业需要一个"安定团结的政治局面"。以变更政权的方式来推动权利保障事业发展，成本往往远高于收益。

（三）强有力的中央政府

黄仁宇先生曾说："中国最大的问题并非缺乏成文法，而是政府之后无新时代社会之架构，所以此时纵将各人权利与义务在纸面上分划详尽，其执行时仍靠学谊乡谊私人关系为转移。"[1] 这意味着，当国人试图变革社会时，实质上是在建立"能适应新社会的支撑性的制度"。此种制度的建立，是变革目标的一部分，亦是变革过程的一部分。我们不能仅仅期望"社会上的成果"并将其视为一种善，却又否认政治建设的前因，并将其设想为一种恶。公民基本权利的实现并不能只靠善意或武力的力量，还需要政治上的智慧与耐性，在历史演进中培育有益于社会文明的宪制与法治。此种制度的实现并非突然发生的，而是缓慢累进的过程，我们回顾罗马史，并不难发现那只是一个制度形成与败坏的漫长过程。在"新的制度"形成的过程中，第一步是建立中央集权的政府，这是漫长演

---

① 黄仁宇：《从大历史的角度读蒋介石日记》，九州出版社，2008，第 81 页。

进的开端，亦是此后进步的基础。

以男女平等为例。晚清时期，女人多数不识字，没有接受教育的机会，缠足，很少离开所在村庄，婚姻由父母做主，有时会被卖给人家做童养媳，在家庭中地位低。人们重男轻女。此种社会局面，与男女平等的权利要求相去甚远。虽然民国时的中央政府有心改变此种局面，但从行政技术上讲，当时的政权组织尚不能有效地控制乡村；从政治局面上讲，中央政府对许多省份只有形式上的领导权。这时，深入的社会变革便无从谈起。只有新中国成立以后，依靠中国共产党党员的积极参与，政府才有了打破旧世界的能力。一方面，政府通过基层政权组织，进行广泛的社会动员和宣传教育，发动妇女解放运动，促使民众改变过去的观念，亦可通过法律来调整其行为；另一方面，亦不存在可以对抗中央权威的地方势力。这时，中央政府强调的男女平等的政策，才能奇迹般地成为现实。

中国古代的皇帝常被分为创业之君与守成之君。能开创新王朝的皇帝，应是见识非凡，对政权控制有力，并且大有作为的。而守成之君则要平庸得多，敬天法祖，受谏慈民就足矣。在现代政治中，中央政府也有这样的区别。在社会转型时期，中央政府应是集权的，无论是技术层面还是思想认同层面，都应当有足够的能力与权威。只有这样，才能破除重重阻力，以意志变革现实。而在社会转型完成以后，对政府本身的防范也就成了显著问题，这时，才可以讲求地方的自治与政府内部的制约。

从中国近代宪法的基本权利条文的实现程度来看，晚清与北洋政府对国家的控制力最弱，这时进行社会改革的能力也就最低。而中华人民共和国政府对国家的控制力最强，相应的，宪法中对基本权利的保障也就最充分，落实得也最好。

（四）经济方面的进步

经济进步对基本权利保障的影响同时存在于经济和政治两个方面中。

1. 经济方面

国民的经济、社会、文化权利的实现，多数以国家经济状况的良好为前提。比如工作权，这是政府无法通过政治手段来保障的，只有依靠良性的国民经济本身来创造足够多的就业机会；比如社会保障、对家庭之援助、初等教育免费、享受最高的体质和心理健康、参加文化生活的权利，皆以国家的大量财政支出为前提，而国家的财政支出来源于税收，由于税率是不可能无节制地提高的，所以只能依靠国内生产总值本身的增长来实现税收的增加，进而促进相关权利的实现。

2. **政治方面**

如果经济落后只影响经济方面的话，也只是依赖财政的那部分权利得不到保障，这样的局面还不算太严重。但是，在总产出有限的前提下，由于国家消费与国民消费的竞争关系，"经济落后所导致的政治后果"对中国近代的基本权利保障产生了更为深刻的影响。

此种影响的具体展开方式，此处不再展开讨论。大致是：由于近代的危局，国家需要大量税收来满足国家消费的需求，但是，由于总产出有限，只能通过削减国民消费来实现这一目标。为了实现有效的征收，对国民的控制开始加强，而政治经济制度亦随之发生根本性的变化，此种变化对于公民权利与政治权利的实现影响深远。

八　实现基本权利保障的路径选择

（一）有效控制

如前所述，基本权利的实现，需要以政治局势缓和与强有力的中央政府为前提。而要实现这一目标，却意味着某些违背基本权利行为的合理化。

以近代中国历史为例。晚清时期，中国的政治文明仍是前现代的，前现代的经济无法也没必要支持庞大的现代政权组织，中央政府的政治控制力主要及于县一级。但是，为了应对危机，为了建立新的中央权威，便需要国家集权化，需要对社会实行深入的动员，需要将政治触角延伸至每一个人，进行"数目字管理"；以鲜明的主义、严密的政党来扩充与控制领导团体，以社会动员与强制征收来集聚人力物力，以纪律和武力来压制反抗力量。出于国家的需要，有时一代或几代国民必须作出牺牲。

虽然，最困难的时期已经过去，战时状态也不再必要，但是，既然为了此种目标，付出了如此代价，那么，便需要在此后的基本权利保障事业中，对于保持"政治局势缓和"与"强有力的中央政府"，有更坚定的决心。

（二）自主发展与渐进变革

理论和经验已经表明：中国人所接受的基本权利理念同样是有普遍性的，并不只是西方人如此认为，中国人也会有同样的感受。

但是，要想将这些基本权利理念变成现实，需要扎实的法治的推进，需要政治、经济、社会方面的深入变革，也就是社会转型。而社会转型，有其自身的发展路径。就中国而言，先是重构主义，然后确定领导者，接着领导者对国家实行有效的控制和深入的改造。有时这种改造手段是不合权利需求的，有时这种改造走错了路，但是，恰是在这种曲折的过程中，中国的社会转型才能完成。

由于西方国家在某些方面的发展领先于中国，所以貌似他们也就有了资格批评中国。作为局外人，他们有时看不到中国自身转变所面临的难题，总以为是中国政府和部分国民态度有问题，并希望通过施压来改变这种态度。但问题是，无论本意是怎样的，此种施压都有可能损害中国政治的主体性，并附加产生一种内政与外交的紧张状态。这时，由基本权利而引发的问题便超出了法律领域，政府为了应对此种威胁而采取的措施，又可能延缓国内基本权利保障的步伐。按照国际人道主义干预的理论，只有在人权受到极端侵害的情况下，如种族灭绝、大规模屠杀或实行奴隶制，才能进行人道主义干预。① 毕竟，基本权利保障是一个国家主权范围内的问题，尤其在现代世界，这是每个国家存在的目的之一，也是一国政府要实现的主要功能，也可以说，基本权利是现代国家主权的"内在问题"。改善国民的基本权利享有状况，归根结底要靠该国政府和人民的努力。进入一国主权范围内，所谓主权和人权之争自然也就消弭于无形。现代各国都在本国宪法中载明了公民的基本权利，可以说是从制度到法律层面证明了这一点。借用凯尔森"根本规范"的概念，宪

---

① 转引自李林《人权的普遍性与相对性：一种国际的视角》，《学习与探索》2006 年第 1 期。

法中关于个人尊严与人权保障的相关原理，就相当于宪法的"根本规范"。由是，政府越是能吸纳、包容民众的权利要求，越是尊重和保护基本权利，其执政理念和举措就越能为民众所接受、越具有生命力，这也是中国国家建设与社会发展的必由之路。

（三）民治与为民

为民是中国政治一以贯之的目标，而民治只是手段。在古代社会，以及政治转型时期，由精英团体执政为民并无错误。因为，在古代社会，由于社会发展程度的限制，并不能在如此庞大的国家进行有效的内部交流，亦不能保持对自治地方的有效控制，这时，只能采用一种精英政治。而到了社会转型时期，为了应付转型时期的种种难题，亦需要一个坚强的领导核心。

只是，两千多年的政治实践亦表明，依靠精英治理，并不能充分地保障国民利益，随着时间的推移，不受国民控制的精英团体内部日益盘根错节，社会问题也日积月累，在权益分配时，强势团体利用政治、经济和社会优势地位影响分配规则，使一为民的国家逐渐转变为特权国家。这时，只有依靠民治，才能消除政治的异化，从而使为民的理想长期实现。

也就是说，民治这样的手段，并不总是对国民有益的，但是，对于现代社会而言，在已知的诸种治理手段中，它却是最可靠的一种手段。如果它不能被采用，要么因为社会仍不是现代社会，要么因为暂时性的国家形势。当此类原因皆被消除时，限制民治就由符合国民利益变为不符合国民利益了。

而国民利益是什么？就是基本权利。民治本身不是权利，但它是权利的保障，亦如"君臣父子"之道一样，是现代政治与法治的纲常。若非此种秩序的建立，如何能保障国民的人身自由、迁徙自由、教育之权利、基本劳动权、社会保障权，诸如此类。如非依靠此种机制，政治中所表现的腐化会再次循环，在面对政府的侵害时国民无法自保，在利益的分配时，国民亦无从获利。

不过，民治与精英之治相互对立又相互依存。为了实现基本权利保障，我们需要国家统一、政治局势的缓和、强有力的中央等前提，民治的实现不能否定这些前提。也就是说，要想推动基本权利保障事业的发展，就需要发展民治，需要渐进的变革，慢慢熬出一个适合国民利益的制度。如果不能做到这一点，那么，当中央权威丧失之日，亦是旧日轮回开始之时，中国人只能重新为统一、和平与社会秩序而努力，而基本权利保障事业亦将再次延期。

第二章　中国宪法中的核心权利

在《公民权利和政治权利国际公约》、《经济、社会、文化权利国际公约》中，并没有特别强调一种或几种人权对于其他权利的实现有什么特别作用。但中国宪法特别关心与强调三项权利：第一项是人民自决权，指的是国家独立，也就是近代中国反对帝国主义的任务；第二项是参政权，指的是主权在民的实现，也就是近代中国反封建的任务；第三项是相当生活水准，也就是转型前后，中国政治皆至为关注的民生问题。

宪法突出三项权利，并非立法之喜好，对于晚清以来的中国革命和中国宪制，这三项权利是至为重要的。因为，民族、民权、民生，乃中国政治家与普通百姓最为关注的问题。并且，为实现此三项权利而采取的行动，不仅决定了近代中国宪法的具体面目，也决定了两大国际公约中所讲的其他各项人权的实现情况。

一　人民自决权

人民自决权在《公民权利和政治权利国际公约》、《经济、社会、文化权利国际公约》中皆有规定，内容如下：

一、所有人民都有自决权。他们凭这种权利自由决定他们的政治地位，并自由谋求他们的经济、社会和文化的发展。

二、所有人民得为他们自己的目的自由处置他们的天然财富和资源，而不损害根据基于互利原则的国际经济合作和国际法而产生的任何义务。在任何情况下不得剥夺一个人民自己的生存手段。

三、本公约缔约各国，包括那些负责管理非自治领土和托管领土的国家，应在符合联合国宪章规定的条件下，促进自决权的实现，并尊重这种权利。

自决权是一项集体性质的权利，是"所有人民"的权利。从"所有人民都有……"表述中可以得出这项权利不需要别人赋予，是一项永久性权利，不会随着政治地位独立的取得而被用尽。但是作为自决权受益者的所有人民，具体的限制范围尚未有明确定论。就该问题唯一没有争议的一点就是：生活在殖民统治或类似的外国征服之下的人民享有自决权。[①]

这项权利可以做两解。一方面是从国际上讲，即一国国民可以决定自己的政治、经济与文化生活方式。另一方面是从国内讲，即该国国民选择的政治、经济与文化生活方式确是出于民主。从文本表达的意思来讲，主要是指前一种。后一项理解所主张的权利，应归于参政权。

（一）人民自决权对于中国的意义

首先需要明确的是，近代以来，中国所处的国际环境发生了很大的变化。我们今日进行立论的诸多前提，过去并不存在。从理论上找不到合理性的行为，却往往能从历史场景中发现合理的解释。

自 15 世纪起，西欧开始进入大航海时代。葡萄牙人达伽马打通了从欧洲到印度的航道，意大利人哥伦布打通了到美洲的航道，葡萄牙人麦哲伦率领的船队在西班牙政府的支持下，在 1522 年完成环球旅行，打通了全球航道。至此，欧洲终于可以摆脱对中东商道的依赖，通过大海贯穿东西，实现自由贸易。日益繁盛的海洋贸易将西欧从封闭状态中解脱出来，欧洲人一步步走向了世界。这一过程也是欧洲各国进行殖民扩张的过程。先是西班牙、葡萄牙兴起，然后是荷兰时代，再后英法争霸，最后英国成为头号殖民强国。到 19 世纪 70 年代，西方各主要国家开始进行第二次工业革命，对外殖民的需求和能力都变强了。非洲被瓜分完毕，独立后的拉美各国渐被英、美、德控制。大洋洲的澳大利亚和新西兰都是前英国自治领地，印度被英国占领。这时，中国成为主要扩张目标。而在此以前，中国既未影响到西方，也未曾受到西方的影响，一直沿着自己的轨道前行。[②]

---

① 〔奥〕曼弗雷德·诺瓦克：《〈公民权利和政治权利国际公约〉评注》，孙世彦、毕小青译，三联书店，2008，第 23 页。

② 〔英〕理查德·托尼：《中国的土地和劳动》，安佳译，商务印书馆，2014，第 3 页。

直到 1840 年鸦片战争，中国战败，鸦片贸易合法化。1860 年英法联军攻入北京，火烧圆明园。1895 年甲午战争中中国战败，赔款两亿两。1900 年八国联军再次攻入北京，中国赔款本息九亿八千万两。待袁世凯做总统，日本提出二十一条。袁世凯死后各国扶植军阀打内战。1937 年，抗日战争起。1949 年，中华人民共和国成立，又陷入冷战的包围圈。

150 年来，中国所走过的路，乃由孙中山所言的"次殖民地"一步步迈向"强国梦"。这一段历史正是研究宪法及其基本权利条款无法忽视的大背景。中国的宪法及其基本权利条款，很大程度上是被这个局势所塑造的。在一个弱肉强食的社会，当自身经济军事实力较弱的时候，只有要求国民做出更多的牺牲，才能维护国家的生存与发展。如果不要求国民去牺牲，如果不实行半军事化的体制，那么，中国就会像印度那样完全被西方列强控制，国民的基本权利又从何谈起？当然，每个时代有每个时代的使命，现在环境已经发生了变化。人民自决、国家独立的问题解决以后，如何保障国民的基本权利，成为新的时代问题。这可以说是社会在不同发展阶段所面临的不同问题，也是现代国家的普遍追求。

（二）旧革命者的态度

旧革命者是指自辛亥革命至南京国民政府时期的革命者，也就是毛泽东所说的旧民主主义者。他们对于侵略中国的帝国主义者，有相当的仇恨；但很多时候，对于西方国家，也持友邦的心态。

国民党人对于西方列强的判断，较为系统地体现在蒋介石的《中国之命运》中。其在第二章阐述了国耻的由来与革命的兴起，在第三章分析了不平等条约影响之深刻变化。在第三章中，有如下论述：

> 凡为军阀者，莫不与列强之帝国主义发生关系。所谓民国政府已为军阀所控制，军阀则利用之结欢于列强，以求自固。而列强亦利用之，使中国内乱纠缠不已，以攫取利权，各占势力范围。由此点观测，可知中国内乱，实有造于列强。列强在中国利益冲突，乃假手于军阀，杀我民以求逞。[1]

---

[1]　蒋介石：《中国之命运》，正中书局，1943，第 74 页。

又有：

> 济南的五三事件，国民政府与国民革命军受尽了日寇的侮辱，也受尽了国内的指摘。我当时就对我全军将士告诫说："图报国仇，谋雪国耻，要使中国不受帝国主义的欺负，真正达到独立自由的目的，今日只有忍辱负重，卧薪尝胆，十年生聚，十年教训，效法往哲先贤的志节，深信失土必能收回，国耻必可洗血。果能如此，就是达到大同世界自由平等的境域，亦非难事。"这一段话，是在"五三"事件中，我们国民革命军里面，上自统帅，下至士兵，复仇雪耻，含茹蕴积的唯一箴言。十五年来，我们的将士是没有一天忘怀的。[1]

虽然有此种表示，但旧革命者对于列强的判断，常以实际利益为转移。早期革命党人以日本为避难所，因此对日有好感；孙中山联俄联共时期，对苏联人有好感；德国援助中国时期，蒋介石对德国有好感。试举两例。孙中山临终前，致信于苏联，信中说：

> 我在此身患不治之症。我的心念，此时转向于你们，转向于我党及我国的将来。你们是自由的共和国大联合之首领，此自由的共和国大联合，是不朽的列宁遗于被压迫民族的世界的真正遗产。[2]

类似地，约15年后，蒋介石把同样的赞美献给了英美：

> 我们中华民族，经五十年的革命流血，五年半的抗战牺牲，乃使不平等条约百周年的沉痛历史，改变为不平等条约撤废的光荣纪录，这不仅是我们中华民族在历史上为起死回生最重要的一页，而亦是英美各友邦对世界对人类的平等自由建立了一座光明的灯塔。尤其是我们同盟联合各国，证明了此次战争的目的所在，是为人道为正义而抗战的事实，这实在是英美的政府和人民最光明最正大的举动。尤其是美国，对我政府的希望完全一致，并无一点保留的要

---

[1] 蒋介石：《中国之命运》，正中书局，1943，第90页。
[2] 《孙中山选集》，人民出版社，1956，第922页。

求，更为欣慰。他们这个举动，不仅是增加了我们同盟国战斗的力量，尤其对侵略各国在精神上给予了他们一个最大的打击。①

也就是说，旧革命党人对于列强的认知在于"利"。当他们说打倒帝国主义时，首先指的是打倒帝国主义对中国的侵略，虽然，他们也有世界大同的理想，但逻辑前提主要是：打倒帝国主义本身，才能打倒帝国主义对中国的压迫。如果中国国势增强，列强能平等待我，那么，纵使列强仍为帝国主义，亦不妨害它们是中国的亲密友邦。所以，以蒋介石为例，他讲帝国主义，固然批判其本身的恶，但亦强调自身问题：

> 然而我全国军民必须知道独立自由的地位，都是要"求之在我"的，我常常告诉我们同胞说："要自立，才可以独立；要自强，才可以自由。"中华民国要能自立自强，才可以做独立自由的国家，全国军民，更要能自立自强，才可以做独立自由的国民。②

此种自我批判，在《中国之命运》中有大段的表述。此种问题，关键点不在于"中国人是否应当自我反省"，而在于，旧革命者对于列强及其背后的社会制度的容忍程度。

基于此种立场，自《中华民国临时约法》到1936年《中华民国宪法草案》，皆只强调主权为国民所有，而不强调反对帝国主义与改变旧国际秩序。

《中华民国临时约法》（1912 年）
　　第二条　中华民国之主权，属于国民全体。
《中华民国宪法草案》（1913 年）
　　第一条　中华民国永远为统一民主国。
《中华民国宪法》（1923 年）
　　第一条　中华民国永远为统一民主国。
　　第二条　中华民国主权，属于国民全体。

---

① 《中美、中英平等新约告成告全国军民书》，转引自中国第二历史档案馆编《民国档案史料汇编五辑二编外交》，江苏古籍出版社，1997，第534页。
② 蒋介石：《中国之命运》，正中书局，1943，第209页。

《中华民国训政时期约法》（1931 年）

第二条　中华民国之主权属于国民全体。凡依法律享有中华民国国籍者，为中华民国国民。

《中华民国宪法草案》（1936 年）

第一条　中华民国为三民主义共和国。

第二条　中华民国之主权属于国民全体。

只是到了第二次世界大战结束，《联合国宪章》签署，旧的殖民秩序被部分破坏，新的国际原则得到宣示。此时，《中华民国宪法》才有机会提出国际正义、世界和平的主张。新旧宪法之所以有此不同，不在于思想的转变，而在于第二次世界大战给了中国一个国际环境，中国以战胜国的身份亦得以对未来抱有期望。

《中华民国宪法》（1947 年）

第一条　中华民国基于三民主义，为民有民治民享之民主共和国。

第二条　中华民国之主权属于国民全体。

第一四一条　中华民国之外交，应本独立自主之精神，平等互惠之原则，敦睦邦交，尊重条约及联合国宪章，以保护侨民权益，促进国际合作，提倡国际正义，确保世界和平。

（三）新革命者的立场

新民主主义革命时期，共产党人与国民党人处于同一时代，但认知各异。蒋介石写《中国之命运》，全以不平等条约为中心，只说不平等条约的恶，而不说帝国主义者本身的恶。而共产党人却以为，列强侵略中国，在于其自身制度的罪恶，中国人民的朋友只有社会主义国家和被列强压迫的国家。毛泽东在《全世界革命力量团结起来，反对帝国主义的侵略》中写道：

以苏联为首的世界革命统一战线，战胜了法西斯主义的德意日。这是十月革命的结果。假如没有十月革命，假如没有苏联共产党，没有苏联，没有苏联领导的西方和东方的反对帝国主义的革命统一战线，还能设想战胜法西斯德意日及其走狗们吗？……第二次世界大战胜利以后，代替法西斯德意日的地位而疯狂地准备着新的世界战争、威胁全世界的美国帝国主义及其在各国的走狗们，反映了资本主义世界的极端腐败及其濒于灭亡的恐怖情绪。[①]

共产党人对帝国主义的不妥协固然不仅仅来自利益，也不仅仅来自实力与理论，还来自特定的历史关系。毛泽东在《友谊，还是侵略?》中写道：

> 艾奇逊当面撒谎，将侵略写成了"友谊"。
>
> 参加八国联军打败中国，迫出庚子赔款，又用之于"教育中国学生"，从事精神侵略，也算一项"友谊"的表示。
>
> 治外法权是"废除"了，强奸沈崇案的犯人回到美国，却被美国海军部宣布无罪释放，也算一项"友谊"的表示。
>
> "战时和战后的对华援助"，据白皮书说是四十五亿余美元，据我们统计是五十九亿一千四百余万美元，帮助蒋介石杀死几百万中国人，也算一项"友谊"的表示。[②]

毛泽东的这段文字，不是一种理论，而是一种自信，也是屈辱了几十年可以翻身做主时的控诉。这样一种心态影响了新中国成立后的政策选择，毛泽东在《论人民民主专政》中说："资产阶级的共和国，外国有过的，中国不能有，因为中国是受帝国主义压迫的国家。唯一的路是经过工人阶级领导的人民共和国。"

《中国人民政治协商会议共同纲领》（1949 年）

序言

中国人民解放战争和人民革命的伟大胜利，已使帝国主义、封建主义和官僚资本主义在中国的统治时代宣告结束。中国人民由被压迫的地位变成为新社会新国家的主人，而以人民民主专政的共和国代替那封建买办法西斯专政的国民党反动统治……

---

① 《毛泽东选集》第 4 卷，人民出版社，1991，第 1357～1358 页。
② 《毛泽东选集》第 4 卷，人民出版社，1991，第 1505～1506 页。

第一条　中华人民共和国为新民主主义即人民民主主义的国家，实行工人阶级领导的、以工农联盟为基础的、团结各民主阶级和国内各民族的人民民主专政，反对帝国主义、封建主义和官僚资本主义，为中国的独立、民主、和平、统一和富强而奋斗。

第三条　中华人民共和国必须取消帝国主义国家在中国的一切特权，没收官僚资本归人民的国家所有，有步骤地将封建半封建的土地所有制改变为农民的土地所有制，保护国家的公共财产和合作社的财产，保护工人、农民、小资产阶级和民族资产阶级的经济利益及其私有财产，发展新民主主义的人民经济，稳步地变农业国为工业国。

第七条　中华人民共和国必须镇压一切反革命活动，严厉惩罚一切勾结帝国主义、背叛祖国、反对人民民主事业的国民党反革命战争罪犯和其他怙恶不悛的反革命首要分子。对于一般的反动分子、封建地主、官僚资本家，在解除其武装、消灭其特殊势力后，仍须依法在必要时期内剥夺他们的政治权利，但同时给以生活出路，并强迫他们在劳动中改造自己，成为新人。假如他们继续进行反革命活动，必须予以严厉的制裁。

第十一条　中华人民共和国联合世界上一切爱好和平、自由的国家和人民，首先是联合苏联、各人民民主国家和各被压迫民族，站在国际和平民主阵营方面，共同反对帝国主义侵略，以保障世界的持久和平。

第七章　外交政策

第五十四条　中华人民共和国外交政策的原则，为保障本国独立、自由和领土主权的完整，拥护国际的持久和平和各国人民间的友好合作，反对帝国主义的侵略政策和战争政策。

第五十五条　对于国民党政府与外国政府所订立的各项条约和协定，中华人民共和国中央人民政府应加以审查，按其内容，分别予以承认，或废除，或修改，或重订。

第五十六条　凡与国民党反动派断绝关系、并对中华人民共和国采取友好态度的外国政府，中华人民共和国中央人民政府可在平等、互利及互相尊重领土主权的基础上，与之谈判，建立外交关系。

第五十七条　中华人民共和国可在平等和互利的基础上，与外国的政府和人民恢复并发展通商贸易关系。

第五十八条　中华人民共和国中央应尽力保护国外华侨的正当权益。

第五十九条　中华人民共和国人民政府保护守法的外国侨民。

第六十条　中华人民共和国对于外国人民因拥护人民利益参加和平民主斗争受其本国政府压迫而避难于中国境内者，应予以居留权。

《中华人民共和国宪法》（1954 年）

序言

中国人民经过一百多年的英勇奋斗，终于在中国共产党领导下，在 1949 年取得了反对帝国主义、封建主义和官僚资本主义的人民革命的伟大胜利，因而结束了长时期被压迫、被奴役的历史，建立了人民民主专政的中华人民共和国……

《中华人民共和国宪法》（1975 年）

序言

中华人民共和国的成立，标志着中国人民经过一百多年的英勇奋斗，终于在中国共产党领导下，用人民革命战争推翻了帝国主义、封建主义和官僚资本主义的反动统治，取得了新民主主义革命的伟大胜利，开始了社会主义革命和无产阶级专政的新的历史阶段。

……

社会主义社会是一个相当长的历史阶段。在这个历史阶段中，始终存在着阶级、阶级矛盾和阶级斗争，存在着社会主义同资本主义两条道路的斗争，存在着资本主义复辟的危险性，存在着帝国主义、社会帝国主义进行颠覆和侵略的威胁。这些矛盾，只能靠无产阶级专政下继续革命的理论和实践来解决。

……

在国际事务中，我们要坚持无产阶级国际主义。中国永远不做超级大国。我们要同社会主义国家、同一切被压迫人民和被压迫民族加强团结，互相支援；在互相尊重主权和领土完整、互不侵犯、互不干涉内政、平等互利、和平共处五项原则的基础上，争取和社会制度不同的国家和平共处，反对帝国主义、社会帝国主义的侵略政策和战争政策，反对超级大国的霸权主义。

第十条……

中华人民共和国武装力量的任务，是保卫社会主义革命和社会主义建设的成果，保卫国家的主权、领土完整和安全，防御帝国主义、社会帝国主义及其走狗的颠覆和侵略。

《中华人民共和国宪法》（1978 年）

序言

中国人民经过一百多年的英勇奋斗，终于在伟大领袖和导师毛泽东主席为首的中国共产党的领导下，用人民革命战争推翻了帝国主义、封建主义和官僚资本主义的反动统治，取得了新民主主义革命的彻底胜利，在 1949 年建立了中华人民共和国。

……

我们要坚持无产阶级对资产阶级的斗争，坚持社会主义道路对资本主义道路的斗争，反对修正主义，防止资本主义复辟，准备对付社会帝国主义和帝国主义对我国的颠覆和侵略。

……

在国际事务中，我们要在互相尊重主权和领土完整、互不侵犯、互不干涉内政、平等互利、和平共处五项原则的基础上，建立和发展同各国的关系。我国永远不称霸，永远不做超级大国。我们要坚持无产阶级国际主义，按照关于三个世界的理论，加强同全世界无产阶级、被压迫人民和被压迫民族的团结，加强同社会主义国家的团结，加强同第三世界国家的团结，联合一切受到社会帝国主义和帝国主义超级大国侵略、颠覆、干涉、控制、欺负的国家，结成最广泛的国际统一战线，反对超级大国的霸权主义，反对新的世界战争，为人类的进步和解放事业而奋斗。

第十条……

中华人民共和国武装力量的根本任务是：保卫社会主义革命和社会主义建设，保卫国家的主权、领土完整和安全，防御社会帝国主义、帝国主义及其走狗的颠覆和侵略。

（四）现行宪法

第二次世界大战以后，英法等国的殖民地纷纷独立，旧的殖民秩序也就消亡了。曾经占主导地位的殖民文化与殖民制度，随之被否定。而核武器的产生也制约了大国间的战争，由此，一个新的国际环境形成了。这也是自晚清以来，中国人一直期盼的平等与互相尊重的国际秩序。只有在这种国际秩序里，人民自决权才成为一种可能。

现行宪法在序言里回顾了晚清以来中国人民反帝的历程，讲述了中国的独立，也讲述了独立对于世界新秩序的贡献。从权利角度来说，它讲述的是人民自决权如何在中国得以实现，也讲述了中国对于这项人权在世界范围内得以实现所做的贡献。

《中华人民共和国宪法》（1982 年）

序言

……

一九一一年孙中山先生领导的辛亥革命，废除了封建帝制，创立了中华民国。但是，中国人民反对帝国主义和封建主义的历史任务还没有完成。

一九四九年，以毛泽东主席为领袖的中国共产党领导中国各族人民，在经历了长期的艰难曲折的武装斗争和其他形式的斗争以后，终于推翻了帝国主义、封建主义和官僚资本主义的统治，取得了新民主主义革命的伟大胜利，建立了中华人民共和国。从此，中国人民掌握了国家的权力，成为国家的主人。

中华人民共和国成立以后，我国社会逐步实现了由新民主主义到社会主义的过渡。生产资料私有制的社会主义改造已经完成，人剥削人的制度已经消灭，社会主义制度已经确立。工人阶级领导的、以工农联盟为基础的人民民主专政，实质上即无产阶级专政，得到巩固和发展。中国人民和中国人民解放军战胜了帝国主义、霸权主义的侵略、破坏和武装挑衅，维护了国家的独立和安全，增强了国防。经济建设取得了重大的成就，独立的、比较完整的社会主义工业体系已经基本形成，农业生产显著提高。教育、科学、文化等事

业有了很大的发展，社会主义思想教育取得了明显的成效。广大人
民的生活有了较大的改善。

　　……

　　中国革命和建设的成就是同世界人民的支持分不开的。中国的
前途是同世界的前途紧密地联系在一起的。中国坚持独立自主的对
外政策，坚持互相尊重主权和领土完整、互不侵犯、互不干涉内政、
平等互利、和平共处的五项原则，发展同各国的外交关系和经济、
文化的交流；坚持反对帝国主义、霸权主义、殖民主义，加强同世
界各国人民的团结，支持被压迫民族和发展中国家争取和维护民族
独立、发展民族经济的正义斗争，为维护世界和平和促进人类进步
事业而努力。

二　参政权

根据《公民权利和政治权利国际公约》第 25 条的规定，参政权
是指：

　　每个公民应有下列权利和机会，不受第二条所述的区分和不受
不合理的限制：

　　（甲）直接或通过自由选择的代表参与公共事务；

　　（乙）在真正的定期的选举中选举和被选举，这种选举应是普遍
的和平等的并以无记名投票方式进行，以保证选举人的意志的自由
表达；

　　（丙）在一般的平等的条件下，参加本国公务。

此处所指的参政权，主要是两项：第一项是选举权与被选举权；第
二项是参加本国公务的权利。

（一）选举权与被选举权

对于此项权利，各部宪法皆承认其存在。但享受主体的范围却有
区别。

1. 晚清时期

晚清时，选举权由国民享有，但没明确国民的范围。而被选举权则

限于合于法律规定者：

《钦定宪法大纲》（1908 年）

　　四　召集、开闭、停展及解散议院之权。解散之时，即令国民重行选举新议员，其被解散之旧议员，即与齐民无异，倘有抗违，量其情节以相当之法律处治。

　　附臣民权利义务（其细目当于宪法起草时酌定）

　　一　臣民中有合于法律命令所定资格者，得为文武官吏及议员。

《重大信条十九条》（1911 年）

　　第七条　上院议员，由国民于有法定特别资格者公选之。

2. 民国时期

到了中华民国时期，依照宪法的规定，选举权与被选举权为公民普遍享有。选举的对象主要是议员，总统等重要官员由议员选举产生。

《中华民国临时约法》（1912 年）

　　第十二条　人民有选举及被选举之权。

　　第十六条　中华民国之立法权，以参议院行之。

　　第十七条　参议院以第十八条所定各地方所选派之参议员组织之。

　　第十八条　参议员每行省、内蒙古、外蒙古、西藏，各选派五人，青海选派一人；其选派方法，由各地方自定之。参议院会议时，每参议员有一表决权。

《中华民国宪法草案》（1913 年）

　　第十五条　中华民国人民，依法律有选举及被选举之权。

　　第二十条　中华民国之立法权，由国会行之。

　　第二十一条　国会以参议院、众议院构成之。

　　第二十二条　参议院以法定最高级地方议会及其他选举团体选出之议员组织之。

　　第二十三条　众议院以各选举区比例人口选举之议员组织之。

　　第二十四条　两院议员之选举，以法律定之。

《中华民国宪法》（1923 年）

　　第十七条　中华民国人民依法律有选举权及被选举权。

第三十九条　中华民国之立法权，由国会行之。

第四十条　国会以参议院，众议院构成之。

第四十一条　参议院以法定最高级地方议会及其他选举团体选出之议员组织之。

第四十二条　众议院以各选举区比例人口选出之议员组织之。

第四十三条　两院议员之选举，以法律定之。

《中华民国训政时期约法》（1931年）

第七条　中华民国国民，依新中国成立大纲第八条之规定，在完全自治之县，享有新中国成立大纲第九条所定选举、罢免、创制、复决之权。

第三十一条　选举、罢免、创制、复决四种政权之行使，由国民政府训导之。

《中华民国宪法草案》（1936年）

第十九条　人民有依法律选举、罢免、创制、复决之权。

第二十七条　国民大会以下列国民代表组织之：

一　每县市及其同等区域各选出代表一人，但其人口逾三十万者，每增加五十万人，增选代表一人。县市同等区域以法律定之；

二　蒙古、西藏选出代表，其名额以法律定之；

三　侨居国外之国民选出代表，共名额以法律定之。

第二十八条　国民代表之选举，以普遍、平等、直接、无记名投票之方法行之。

第二十九条　中华民国国民年满二十岁者，有依法律选举代表权；年满二十五岁者，有依法律被选举代表权。

第三十条　国民代表任期六年。国民代表违法或失职时，原选举区依法律罢免之。

《中华民国宪法》（1947年）

第一七条　人民有选举、罢免、创制及复决之权。

第二五条　国民大会依本宪法之规定，代表全国国民行使政权。

第二六条　国民大会以下列代表组织之：

一　每县市及其同等区域各选出代表一人，但其人口逾五十万人者，每增加五十万人，增选代表一人。县市同等区域以法律定之。

二　蒙古选出代表，每盟四人，每特别旗一人。

三　西藏选出代表，其名额以法律定之。

四　各民族在边疆地区选出代表，其名额以法律定之。

五　侨居国外之国民选出代表，其名额以法律定之。

六　职业团体选出代表，其名额以法律定之。

七　妇女团体选出代表，其名额以法律定之。

第六二条　立法院为国家最高立法机关，由人民选举之立法委员组织之，代表人民行使立法权。

第六三条　立法院有议决法律案、预算案、戒严案、大赦案、宣战案、媾和案、条约案，及国家其他重要事项之权。

第六四条　立法院立法委员依下列规定选出之：

一　各省、各直辖市选出者，其人口在三百万以下者五人，其人口超过三百万者，每满一百万人增选一人。

二　蒙古各盟旗选出者。

三　西藏选出者。

四　各民族在边疆地区选出者。

五　侨居国外之国民选出者。

六　职业团体选出者。

立法委员之选举及前项第二款至第六款立法委员名额之分配，以法律定之。妇女在第一项各款之名额，以法律定之。

第十二章　选举罢免创制复决

第一二九条　本宪法所规定之各种选举，除本宪法别有规定外，以普遍、平等、直接及无记名投票之方法行之。

第一三〇条　中华民国国民年满20岁者，有依法选举之权。除本宪法及法律别有规定者外，年满23岁者，有依法被选举之权。

第一三一条　本宪法所规定各种选举之候选人，一律公开竞选。

第一三二条　选举应严禁威胁利诱。选举诉讼，由法院审判之。

第一三三条　被选举人得由原选举区依法罢免之。

第一三四条　各种选举，应规定妇女当选名额，其办法以法律定之。

第一三五条　内地生活习惯特殊之国民代表名额及选举，其办法以法律定之。

第一三六条　创制、复决两权之行使，以法律定之。

除中央议员的选举外，民国时期还有三部宪法规定了地方的选举制度。

《中华民国宪法》（1923年）

第一二六条　省自治法，由省议会、县议会及全省各法定之职业团体选出之代表，组织省自治法会议制定之。

前项代表除由县议会各选出一人外，由省议会选出者，不得逾由县议会所选出代表总额之半数；其由各法定之职业团体选出者亦同。但由省议会、县议会选出之代表，不以各该议会之议员为限。其选举法由省法律定之。

第一二七条　左列各规定，各省均适用之：

一　省设省议会，为单一制之代议机关。其议员依直接选举方法选出之。

二　省设省务院，执行省自治行政，以省民直接选举之省务员五人至九人组织之，任期四年。在未能直接选举以前，得适用前条之规定，组织选举会选举之。但现役军人，非解职一年后，不得被选。

三　省务院设院长一人，由省务员互选之。

四　住居省内一年以上之中华民国人民，于省之法律上一律平等，完全享有公民权利。

第一二八条　左列各规定，各县均适用之：

一　县设县议会，于县以内之自治事项，有立法权。

二　县设县长，由县民直接选举之。依县参事会之赞襄，执行县自治行政。但司法尚未独立，及下级自治尚未完成以前，不适用之。

……

《中华民国宪法草案》（1936年）

第一〇五条　县民关于县自治事项，依法律行使创制、复决之权，对于县长及其他县自治人员，依法律行使选举、罢免之权。

第一〇六条　县设县议会，议员由县民大会选举之，任期三年，连选得连任。

第一〇八条　县设县政府，置县长一人，由县民大会选举之，任期三年，连选得连任。

县长候选人以经中央考试或铨定合格者为限。

第一一〇条 县议会之组织、职权，县议员之选举、罢免，县政府之组织及县长之选举、罢免，以法律定之。

第一一二条 市设市议会，议员由市民大会选举之，每年改选三分之一。

第一一三条 市设市政府，置市长一人，由市民大会选举之，任期三年，连选得连任。

市长候选人以经中央考试或铨定合格者为限。

第一一五条 市议会之组织、职权，市议员之选举、罢免，市政府之组织及市长之选举、罢免，以法律定之。

《中华民国宪法》（1947 年）

第一一二条 省得召集省民代表大会，依据省县自治通则，制定省自治法；但不得与宪法抵触。

省民代表大会之组织及选举，以法律定之。

第一一三条 省自治法应包含下列各款：

一 省设省议会，省议会议员由省民选举之。

二 省设省政府，置省长一人，省长由省民选举之。

三 省与县之关系。

属于省之立法权，由省议会行之。

第一一四条 省自治法制定后，须即送司法院。司法院如认为有违宪之处，应将违宪条文宣布无效。

第一二一条 县实行县自治。

第一二三条 县得召集县民代表大会，依据省县自治通则，制定县自治法，但不得与宪法及省自治法抵触。

第一二三条 县民关于县自治事项，依法律行使创制、复决之权，对于县长及其他县自治人员，依法律行使选举、罢免之权。

第一二四条 县设县议会。县议会议员由县民选举之，属于县之立法权，由县议会行之。

3.《共同纲领》时期

中华人民共和国时期，宪法对中央和地方的选举问题皆做了规定。

《中国人民政治协商会议共同纲领》（1949 年）

第三条　中华人民共和国人民依法有选举权和被选举权。

第七条　中华人民共和国必须镇压一切反革命活动，严厉惩罚一切勾结帝国主义、背叛祖国、反对人民民主事业的国民党反革命战争罪犯和其他怙恶不悛的反革命首要分子。对于一般的反动分子、封建地主、官僚资本家，在解除其武装、消灭其特殊势力后，仍须依法在必要时期内剥夺他们的政治权利，但同时给以生活出路，并强迫他们在劳动中改造自己，成为新人。假如他们继续进行反革命活动，必须予以严厉的制裁。

第十二条　中华人民共和国的国家政权属于人民。人民行使国家政权的机关为各级人民代表大会和各级人民政府。各级人民代表大会由人民用普选方法产生之。各级人民代表大会选举各级人民政府。各级人民代表大会闭会期间，各级人民政府为行使各级政权的机关。国家最高政权机关为全国人民代表大会。全国人民代表大会闭会期间，中央人民政府为行使国家政权的最高机关。

第十四条　凡人民解放军初解放的地方，应一律实施军事管制，取消国民党反动政权机关，由中央人民政府或前线军政机关委任人员组织军事管制委员会和地方人民政府，领导人民建立革命秩序，镇压反革命活动，并在条件许可时召集各界人民代表会议。在普选的地方人民代表大会召开以前，由地方各界人民代表会议逐步地代行人民代表大会的职权。军事管制时间的长短，由中央人民政府依据各地的军事政治情况决定之。凡在军事行动已经完全结束、土地改革已经彻底实现、各界人民已有充分组织的地方，即应实行普选，召开地方的人民代表大会。

4. 社会主义时期
《中华人民共和国宪法》（1954 年）

第二十三条　全国人民代表大会由省、自治区、直辖市、军队和华侨选出的代表组成。全国人民代表大会代表名额和代表产生办法，包括少数民族代表的名额和产生办法，由选举法规定。

第三十八条　全国人民代表大会代表受原选举单位的监督。原选举单位有权依照法律规定的程序随时撤换本单位选出的代表。

第三十九条　中华人民共和国主席由全国人民代表大会选举。有选举权和被选举权的年满三十五岁的中华人民共和国公民可以被选为中华人民共和国主席。中华人民共和国主席任期四年。

第五十五条　地方各级人民代表大会都是地方国家权力机关。

第五十六条　省、直辖市、县、设区的市的人民代表大会代表由下一级的人民代表大会选举；不设区的市、市辖区、乡、民族乡、镇的人民代表大会代表由选民直接选举。地方各级人民代表大会代表名额和代表产生办法由选举法规定。

第八十六条　中华人民共和国年满十八岁的公民，不分民族、种族、性别、职业、社会出身、宗教信仰、教育程度、财产状况、居住期限，都有选举权和被选举权。但是有精神病的人和依照法律被剥夺选举权和被选举权的人除外。

妇女有同男子平等的选举权和被选举权。

《中华人民共和国宪法》（1975 年）

第三条　中华人民共和国的一切权力属于人民。人民行使权力的机关，是以工农兵代表为主体的各级人民代表大会。

各级人民代表大会和其他国家机关，一律实行民主集中制。

各级人民代表大会代表，由民主协商选举产生。原选举单位和选民，有权监督和依照法律的规定随时撤换自己选出的代表。

第二十七条　年满十八岁的公民，都有选举权和被选举权。依照法律被剥夺选举权和被选举权的人除外。

《中华人民共和国宪法》（1978 年）

第二十条　全国人民代表大会是最高国家权力机关。

第二十一条　全国人民代表大会由省、自治区、直辖市人民代表大会和人民解放军选出的代表组成。代表应经过民主协商，由无记名投票选举产生。

全国人民代表大会每届任期五年。如果遇到特殊情况，可以延长本届全国人民代表大会的任期，或者提前召开下届全国人民代表大会。

第三十五条　地方各级人民代表大会都是地方国家权力机关。

省、直辖市、县、设区的市的人民代表大会代表,由下一级的人民代表大会经过民主协商,无记名投票选举;不设区的市、市辖区、人民公社、镇的人民代表大会代表,由选民经过民主协商,无记名投票直接选举。

省、直辖市的人民代表大会每届任期五年。县、市、市辖区的人民代表大会每届任期三年。人民公社、镇的人民代表大会每届任期两年。

地方各级人民代表大会会议每年至少举行一次,由本级革命委员会召集。

地方各级人民代表大会代表的选举单位和选民,有权监督和依照法律的规定随时撤换自己选出的代表。

第四十四条 年满十八岁的公民,都有选举权和被选举权。依照法律被剥夺选举权和被选举权的人除外。

《中华人民共和国宪法》（1982 年）

第三条 中华人民共和国的国家机构实行民主集中制的原则。

全国人民代表大会和地方各级人民代表大会都由民主选举产生,对人民负责,受人民监督。

国家行政机关、审判机关、检察机关都由人民代表大会产生,对它负责,受它监督。

中央和地方的国家机构职权的划分,遵循在中央的统一领导下,充分发挥地方的主动性、积极性的原则。

第三十四条 中华人民共和国年满十八周岁的公民,不分民族、种族、性别、职业、家庭出身、宗教信仰、教育程度、财产状况、居住期限,都有选举权和被选举权;但是依照法律被剥夺政治权利的人除外。

第五十七条 中华人民共和国全国人民代表大会是最高国家权力机关。它的常设机关是全国人民代表大会常务委员会。

第五十八条 全国人民代表大会和全国人民代表大会常务委员会行使国家立法权。

第五十九条 全国人民代表大会由省、自治区、直辖市和军队选出的代表组成。各少数民族都应当有适当名额的代表。

第七十六条　全国人民代表大会代表必须模范地遵守宪法和法律，保守国家秘密，并且在自己参加的生产、工作和社会活动中，协助宪法和法律的实施。

全国人民代表大会代表应当同原选举单位和人民保持密切的联系，听取和反映人民的意见和要求，努力为人民服务。

第七十七条　全国人民代表大会代表受原选举单位的监督。原选举单位有权依照法律规定的程序罢免本单位选出的代表。

第七十八条　全国人民代表大会和全国人民代表大会常务委员会的组织和工作程序由法律规定。

第七十九条　中华人民共和国主席、副主席由全国人民代表大会选举。

有选举权和被选举权的年满四十五周岁的中华人民共和国公民可以被选为中华人民共和国主席、副主席。

……

第九十六条　地方各级人民代表大会是地方国家权力机关。

县级以上的地方各级人民代表大会设立常务委员会。

第九十七条　省、直辖市、设区的市的人民代表大会代表由下一级的人民代表大会选举；县、不设区的市、市辖区、乡、民族乡、镇的人民代表大会代表由选民直接选举。

地方各级人民代表大会代表名额和代表产生办法由法律规定。

(二) 参与本国公务

1. 晚清与民国时期

在晚清与民国宪法中，对此项权利多有明确规定。

《钦定宪法大纲》(1908 年)

一臣民中有合于法律命令所定资格者，得为文武官吏及议员。

《重大信条十九条》(1911 年)

无相关规定

《中华民国临时约法》(1912 年)

第十一条　人民有应任官考试之权。

《中华民国宪法草案》（1913 年）

第十六条　中华民国人民，依法律有从事公职之权。

《中华民国宪法》（1923 年）

第十八条中华民国人民依法律有从事公职之权。

《中华民国训政时期约法》（1931 年）

第二十四条　人民依法律有服公务之权。

《中华民国宪法草案》（1936 年）

第二十条　人民有依法律应考试之权。

第二十三条　人民有依法律服公务之义务。

《中华民国宪法》（1947 年）

第一八条　人民有应考试、服公职之权。

2. 中华人民共和国时期

到了中华人民共和国时期，由于中国共产党是工人阶级的先锋队，所以，干部主要由中国共产党党员担任，人民行使的是选举权与监督权，因此，宪法中不再强调公民有考试与担任公职的权利，而是强调官员需要紧密联系群众，并且受群众监督。

《中国人民政治协商会议共同纲领》（1949 年）

第十八条　中华人民共和国的一切国家机关，必须厉行廉洁的、朴素的、为人民服务的革命工作作风，严惩贪污，禁止浪费，反对脱离人民群众的官僚主义作风。

第十九条　在县市以上的各级人民政府内，设人民监察机关，以监督各级国家机关和各种公务人员是否履行其职责，并纠举其中之违法失职的机关和人员。人民和人民团体有权向人民监察机关或人民司法机关控告任何国家机关和任何公务人员的违法失职行为。

《中华人民共和国宪法》（1954 年）

第十七条　一切国家机关必须依靠人民群众，经常保持同群众的密切联系，倾听群众的意见，接受群众的监督。

第十八条　一切国家机关工作人员必须效忠人民民主制度，服从宪法和法律，努力为人民服务。

第九十七条　中华人民共和国公民对于任何违法失职的国家机

关工作人员，有向各级国家机关提出书面控告或者口头控告的权利。由于国家机关工作人员侵犯公民权利而受到损失的人，有取得赔偿的权利。

《中华人民共和国宪法》（1975年）

第十一条 国家机关和工作人员，必须认真学习马克思主义、列宁主义、毛泽东思想，坚持无产阶级政治挂帅，反对官僚主义，密切联系群众，全心全意为人民服务。各级干部都必须参加集体生产劳动。

国家机关都必须实行精简的原则。它的领导机构，都必须实行老、中、青三结合。

第十二条 无产阶级必须在上层建筑其中包括各个文化领域对资产阶级实行全面的专政。文化教育、文学艺术、体育卫生、科学研究都必须为无产阶级政治服务，为工农兵服务，与生产劳动相结合。

第十三条 大鸣、大放、在辩论、大字报，是人民群众创造的社会主义革命的新形式。国家保障人民群众运用这种形式，造成一个又有集中又有民主，又有纪律又有自由，又有统一意志又有个人心情舒畅、生动活泼的政治局面，以利于巩固中国共产党对国家的领导，巩固无产阶级专政。

第二十七条……

公民对于任何违法失职的国家机关工作人员，有向各级国家机关提出书面控告或者口头控告的权利，任何人不得刁难、阻碍和打击报复。……

《中华人民共和国宪法》（1978年）

第十五条 国家机关必须经常保持同人民群众的密切联系，依靠人民群众，倾听群众意见，关心群众疾苦，精兵简政，厉行节约，提高效能，反对官僚主义。

国家机关各级领导人员的组成，必须按照无产阶级革命事业接班人的条件，实行老、中、青三结合的原则。

第十六条 国家机关工作人员必须认真学习马克思主义、列宁主义、毛泽东思想，全心全意地为人民服务，努力钻研业务，积极参加集体生产劳动，接受群众监督，模范地遵守宪法和法律，正确地执行国家的政策，实事求是，不得弄虚作假，不得利用职权谋取私利。

第十七条　国家坚持社会主义的民主原则，保障人民参加管理国家，管理各项经济事业和文化事业，监督国家机关和工作人员。

第五十五条　公民对于任何违法失职的国家机关和企业、事业单位的工作人员，有权向各级国家机关提出控告。公民在权利受到侵害的时候，有权向各级国家机关提出申诉。对这种控告和申诉，任何人不得压制和打击报复。

《中华人民共和国宪法》（1982 年）

第二条　中华人民共和国的一切权力属于人民。

人民行使国家权力的机关是全国人民代表大会和地方各级人民代表大会。

人民依照法律规定，通过各种途径和形式，管理国家事务，管理经济和文化事业，管理社会事务。

第二十七条　一切国家机关实行精简的原则，实行工作责任制，实行工作人员的培训和考核制度，不断提高工作质量和工作效率，反对官僚主义。

一切国家机关和国家工作人员必须依靠人民的支持，经常保持同人民的密切联系，倾听人民的意见和建议，接受人民的监督，努力为人民服务。

第四十一条　中华人民共和国公民对于任何国家机关和国家工作人员，有提出批评和建议的权利；对于任何国家机关和国家工作人员的违法失职行为，有向有关国家机关提出申诉、控告或者检举的权利，但是不得捏造或者歪曲事实进行诬告陷害。

对于公民的申诉、控告或者检举，有关国家机关必须查清事实，负责处理。任何人不得压制和打击报复。

由于国家机关和国家工作人员侵犯公民权利而受到损失的人，有依照法律规定取得赔偿的权利。

三　相当生活水准

根据《经济、社会、文化权利国际公约》第 10 条，相当生活水准是指：

  一、本公约缔约各国承认人人有权为他自己和家庭获得相当的生活水准，包括足够的食物、衣着和住房，并能不断改进生活条件。各缔约国将采取适当的步骤保证实现这一权利，并承认为此而实行基于自愿同意的国际合作的重要性。

  二、本公约缔约各国既确认人人享有免于饥饿的基本权利，应为下列目的，个别采取必要的措施或经由国际合作采取必要的措施，包括具体的计划在内：

  （甲）用充分利用科技知识、传播营养原则的知识、和发展或改革土地制度以使天然资源得到最有效的开发和利用等方法，改进粮食的生产、保存及分配方法；

  （乙）在顾到粮食入口国家和粮食出口国家的问题的情况下，保证世界粮食供应，会按照需要，公平分配。

虽然，从理论上讲，相当生活水准可以包括许多方面，比如较多的工业品、信息服务、医疗服务等，但为照顾发展中国家的实际，公约中强调的仅仅是粮食保障，指的是免于饥饿的权利。中国宪法制定时不受此种限制，规定的是一种更为广泛的提高生活水准的权利，以及为了此种权利，而在政治、经济、社会方面进行全面的改造。

提高国民生活水准问题，也就是传统意义上的民生问题。此种问题应分两个方面来理解。一方面是对民生的重视，这是立场。对此问题，各部宪法是没有分歧的。另一方面是具体措施，这是制度。对于具体的制度，各部宪法会有截然不同的态度。为了使国民免于饥饿而采取的某项土地制度，可能被认为是导致饥饿的根源，而这种因果关系，恰恰是争论的焦点。

（一）赋税

1. 晚清

在农业社会，由于生产方式的原因，国家保障民生的手段主要有三种：一是供给农民土地；二是减轻赋税；三是救灾。除此之外，国家并没有太大的活动空间。

中国历史上土地都是私有的，这决定了其小农经济的生产模式。但土地私有也会出现地主豪强拥有大量土地，剥削农民、佃户的情况。太平天国时期，有洪仁玕的《天朝田亩制度》，提出要以户为单位，平均分配土地；清末，又有孙中山提出"建立民国，平均地权"的方案。

比较关键的问题是赋税，存在一个两难的局面。如果要国家转型，维持一个执行多项社会管理职能的强力政府，就需大量资金。1910年，清政府向各省督抚调查截至1916年各地筹备立宪所需费用，据直隶、江西等九省的奏报，共需银4亿多两，推及全国，年需银不下1亿两。[1] 端方曾说："以中国之大，只求一里有两个警察，年已需五万万，以全国岁入，办一警察尚复不够，何论其他。"[2] 这也就说明，如果要变革，只能抛弃传统的轻税政策，改为大量征税。正是基于此种考虑，《钦定宪法大纲》强调了政府"依法征税"的权力。这时，儒家政治的轻税制约不再有效，以法律的名义，政府可以不断加重赋税，以积聚国家转型所需的资金。

《钦定宪法大纲》（1908年）

　　一臣民按法律所定，有纳税、当兵之义务。

　　一臣民现完之赋税，非经新定法律更改，悉仍照旧输纳。

但是，农业社会的产出毕竟有限，剩余本来就低。历史经验表明征税加上各种附加费达到农产品的15%就是一个界限，超越这个界限，国家的征税成本将大大上升以致得不偿失。[3] 晚清政府几次高征税都引起了农民的集体抗议行动。以至于江苏巡抚陈夔龙说，在征税问题上，"惟有仰恳天恩，密饬在廷诸臣将陆军学堂诸事从容措理，勿事急促，一面密饬各省疆臣体察地方情形，如实力有未逮，准就已练之兵，已兴之学，认真整顿，毋庸汲汲扩充。其余新政事同一律，冀以稍纾财力，与民休息，俟数年之后，闾阎元气大复，庶几民和政局。"[4]

---

① 周育民：《晚清财政与社会变迁》，上海人民出版社，2000，第399~400页。
② 何刚德：《客座偶谈》第1卷，山西古籍出版社，1997，第3页。
③ 转引自周其仁《产权与制度变迁：中国改革的经验研究》，北京大学出版社，2010，第9页。
④ 《江苏巡抚陈夔龙奏新政请毋庸扩充立宪变法或暂缓施行折》，载故宫博物院明清档案部编《清末筹备立宪档案史料》，中华书局，1979，第177~178页。

2. 北洋时期

自《重大信条十九条》至 1923 年《中华民国宪法》，是中国政治秩序激烈变动的时期。旧的统治秩序被否定，而新的统一国家没有成形。由于统一政府名存实亡，不能控制各派政治力量，所以，各派政治力量处于弱肉强食、物竞天择的状态。生存是第一需求，这就需要大量征税，而改善民生，只能被视为远期理想。此时，中国政治生活的核心是夺权，经济建设之展开、经济制度之重构，皆无暇顾及，所以，此阶段宪法之重点在于权力的分配。若要理解此阶段之赋税制度，需从此处着眼。

一方面，中央实力不足，便不能弱化宪法体制上对中央征收赋税权力的制约。

《重大信条十九条》（1911 年）

第十四条　本年度预算，未经国会议决者，不得照前年度预算开支。又预算案内，不得有既定之岁出，预算案外，不得为非常财政之处分。

第十五条　皇室经费之制定及增减，由国会议决。

《中华民国临时约法》（1912 年）

第十三条　人民依法律有纳税之义务。

第十九条　参议院之职权如下：

一　议决一切法律案；

二　议决临时政府之预算、决算；

三　议决全国之税法、币制及度量衡之准则；

四　议决公债之募积及国库有负担之契约；

……

《中华民国宪法草案》（1913 年）

第十七条　中华民国人民，依法律有纳租税之义务。

第十章　会计

第九十五条　新科租税及变更税率，以法律定之。

第九十六条　现行租税未经法律变更者，仍旧征收。

第九十七条　募集国债及缔结增加国库负担之契约，须经国会议决。

第九十八条　国家岁出岁入，每年由政府编成预算案，修正或否决时，须求众议院之同意。如不得同意时，原议决案即成为预算。

第九十九条　政府因特别事业，得于预算内预定年限，设继续费。

第一〇〇条　政府为备预算不足或预算所未及，得于预算内设预备费。预备费之支出，须求众议院追认。

第一〇一条　左列各款支出，非经政府同意，国会不得废除或削减之：

一　法律上属于国家之义务者；

二　履行条约所必需者；

三　法律之规定所必需者；

四　继续费。

第一〇二条　国会对于预算案，不得为岁出之增加。

第一〇三条　会计年度开始，预算未成立时，政府每月依前年度预算十二分之一施行。

第一〇四条　为对外战争或戡定内乱，不能召集国会时，政府经国会委员会之议决，得为财政紧急处分。但须于国会开会后七日内，请求众议院追认。

第一〇五条　国家岁出之支付命令，须先经审计院之核准。

第一〇六条　国家岁入岁出之决算案，每年经审计院审定，由政府报告于国会。

众议院对于决算否认时，国务员应负其责。

第一〇七条　审计院以参议院选举之审计员组织之。审计员任期九年，每届三年，改选三分之一。审计员之选举及职任，以法律定之。

第一〇八条　审计院设院长一人，由审计员互选之。审计院院长关于决算报告，得于两院列席及发言。

《中华民国宪法》（1923 年）

第十九条　中华民国人民依法律有纳租税之义务。

第十一章　会计

第一〇九条　新课租税及变更税率，以法律定之。

第一一〇条　募集国债及缔结增加国库负担之契约，须经国会议定。

第一一一条　凡直接有关国民负担之财政案，众议院有先议权。

第一一二条　国家岁出岁入，每年由政府编成预算案，于国会开会后十五日内，先提出于众议院。

参议院对于众议院议决之预算案，修正或否决时，须求众议院之同意。如不得同意，原议决案即成为预算。

第一一三条　政府因特别事业，得于预算案内预定年限，设继续费。

第一一四条　政府为备预算不足或预算所未及，得于预算案内设预备费。

预备费之支出，须于次会期请求众议院追认。

第一一五条　左列各款支出，非经政府同意，国会不得废除或削减之：

一　法律上属于国家之义务者；

二　履行条约所必需者；

三　法律之规定所必需者；

四　继续费。

第一一六条　国会对于预算案，不得为岁出之增加。

第一一七条　会计年度开始，预算未成立时，政府每月依前年度预算十二分之一施行。

第一一八条　为对外防御战争或勘定内乱，救济非常灾变，时机紧急，不能息牒集国会时，政府得为财政紧急处分。但须于次期国会开会后七日内，请求众议院追认。

第一一九条　国家岁出之支付命令，须先经审计院之核准。

第一二〇条　国家岁出岁入之决算案，每年经审计院审定，由政府报告于国会。

众议院对于决算案或追认案否认时，国务员应负其责。

第一二一条　审计院之组织及审计员之资格，以法律定之。

第一二二条　审计院院长，由参议院选举之。审计院院长关于决算报告，得于两院列席及发言。

第一二三条　国会议定之预算及追认案，大总统应于送达后公布之。

另一方面，地方军阀林立，便需要在宪法中照顾地方的赋税权。

《中华民国宪法》（1923 年）

第二十三条　左列事项，由国家立法并执行之：

……

八　关税、盐税、印花税、烟酒税其他消费税，及全国税率应行划一之租税；

……

第二十五条　左列事项，由省立法并执行，或令县执行之：

……

五　田赋、契税及其他省税；

六　省债；

……

前项所定各款，有涉及二省以上者，除法律别有规定外，得共同办理。其经费不足时，经国会议决，由国库补助之。

第二十七条　国家对于各省课税之种类及其征收方法，为免左列诸弊，或因维持公共利益之必要时，得以法律限制之：

一　妨害国家收入或通商；

二　二重课税；

三　对于公共道路或其他交通设施之利用，课以过重或妨碍交通之规费；

四　各省及各地方间，因保护其产物，对于输入商品，为不利益之课税；

五　各省及各地方间，物品通过之课税。

第二十九条　国家预算不敷，或因财政紧急处分，经国会议决，得比较各省岁收额数，用累进率分配其负担。

第三十条财力不足或遇非常灾变之地方，经国会议决，得由国库补助之。

第一二八条 左列各规定，各县均适用之：

……

三 县于负担省税总额内，有保留权，但不得逾总额十分之四。

四 县有财产及自治经费，省政府不得处分之。

五 县因天灾事变或自治经费不足时，得请求省务院，经省议会议决，由省库补助之。

六 县有奉行国家法令及省法令之义务。

第一二九条 省税与县税之划分，由省议会议决之。

3. 国民党时期

1926 年国民革命军开始北伐，1927 年南京国民政府成立，1928 年东北易帜，中国在形式上得以统一。此时，中国的政治局面已与北洋时期不同，国民政府在政治上居于优势地位，相应的，在赋税问题的表现上就是，存在保护中央与弱化限制的趋势。首先，政权统一后，国民政府对于制宪拥有主导权，亦有政军统一的强烈愿望。这时，在赋税问题上，中央与地方分权的规定更倾向于保护中央，不用过多顾及地方。其次，国民政府的政治目标是统一与国家建设，由此需要更多的财政支持，因此，在制宪时，议会对赋税的限制措施就会被弱化，或者名存实亡。不过，虽然有此种趋势，但国民政府对国家的控制力仍然较弱，因此，宪法亦会有一种矛盾之性格。

《中华民国训政时期约法》（1931 年）

第二十五条 人民依法律有纳税之义务。

第六十一条 中央与地方课税之划分，以法律定之。

第六十二条 中央对于各地方之课税，为免除下列各款之弊害，以法律限制之：

一 妨害社会公共利益；

二 妨害中央收入之来源；

三 复税；

四 妨害交通；

五 为一地方之利益于他地方货物之输入为不公平之课税；

六　各地方之物品通过税。

第七十条　国家之岁入、岁出，由国民政府编定预算、决算公布之。

《中华民国宪法草案》（1936 年）

第二十一条　人民有依法律纳税之义务。

第一二九条　下列各款事项，在中央应经立法院之议决，其依法律得以省区或县市单行规章为之者，应经各族法定机关之议决：

一　税赋、捐费、罚金、罚锾或其他有强制性收入之设定及其征收率之变更；

二　募集公债、处分公有财产或缔结增加公库负担之契约；

三　公营、专卖、独占或其他有营利性事业之设定或取消；

四　专卖、独占或其他特权之授予或取消。

省区及县市政府，非经法律特许，不得募集外债或直接利用外资。

第一三〇条　中华民国领域内，一切货物应许自由流通，非依法律不得禁阻。

关税为中央税收，应于货物出入国境时征收之，以一次为限。

各级政府不得于国内征收货物通过税。

对于货物之一切税捐，其征收权属于中央政府，非依法律不得为之。

《中华民国宪法》（1947 年）

第一九条　人民有依法律纳税之义务。

第五七条　行政院依下列规定，对立法院负责：

……

三　行政院对于立法院决议之法律案、预算案、条约案，如认为该决议案有窒碍难行时，得经总统之核可，于该决议案送达行政院十日内，移请立法院复议。复议时，如经出席立法委员三分之二维持原案，行政院院长应即接受该决议或辞职。

第五八条　行政院设行政院会议，由行政院院长、副院长、各部会首长及不管部会之政务委员组织之，以院长为主席。行政院院长、各部会首长，须将应行提出于立法院之法律案、预算案、戒严案、大赦案、宣战案、媾和案、条约案及其他重要事项，或涉及各部会共同关系之事项，提出于行政院会议议决之。

第五九条　行政院子会计年度开始三个月前，应将下年度预算提出于立法院。

第六〇条　行政院于会计年度结束后四个月内，应提出决算于监察院。

第六三条　立法院有议决法律案、预算案、戒严案、大赦案、宣战案、媾和案、条约案，及国家其他重要事项之权。

第一〇七条　下列事项，由中央立法并执行之：

……

六　中央财政与国税。

七　国税与省税、县税之划分。

……

第一〇九条下列事项，由省立法并执行之，或交由县执行之：

……

七　省财政及省税。

八　省债。

……

第一一〇条下列事项，由县立法并执行之：

……

六　县财政及县税。

七　县债。

……

4. 中华人民共和国时期

中华人民共和国成立以后，军阀力量被消灭，国家实现了统一，中央政府对政治、经济、文化各领域掌控有力。虽然，工业化进展很快，但是，经济仍处于较低的水平。中央政府为了实现工业化，也为了满足各方面的国家需求，迫切需要大量的财力与人力。这时，税收制度就发生了变化。也就是说，民国时期，财富在民间，赋税便需要取之于民。而到了中华人民共和国时期，实行生产资料公有制，税收制度也发生了一些变化，以公有制利润形式上缴的赋税成为主要税源。尤其是在1975

年到 1978 年这一段时期，1975 年宪法和 1978 年宪法不再明确规定公民纳税的义务。

由此可见，公有制不光是一种所有权制度，也相应地决定了税收制度。通过此种机制，国家实现了统一、制度改革与工业化。在三大目标基本实现后，赋税制度才有了另一个发展方向上的空间。

《中国人民政治协商会议共同纲领》（1949 年）

第八条　中华人民共和国国民均有保卫祖国、遵守法律、遵守劳动纪律、爱护公共财产、应征公役兵役和缴纳赋税的义务。

第二十八条　国营经济为社会主义性质的经济。凡属有关国家经济命脉和足以操纵国民生计的事业，均应由国家统一经营。凡属国有的资源和企业，均为全体人民的公共财产，为人民共和国发展生产、繁荣经济的主要物质基础和整个社会经济的领导力量。

《中华人民共和国宪法》（1954 年）

第六条　国营经济是全民所有制的社会主义经济，是国民经济中的领导力量和国家实现社会主义改造的物质基础。国家保证优先发展国营经济。矿藏、水流，由法律规定为国有的森林、荒地和其他资源，都属于全民所有。

第二十七条　全国人民代表大会行使下列职权：

……

（十）审查和批准国家的预算和决算；

……

第五十八条　地方各级人民代表大会在本行政区域内，保证法律、法令的遵守和执行，规划地方的经济建设、文化建议和公共事业，审查和批准地方的预算和决算，保护公共财产，维护公共秩序，保障公民权利，保障少数民族的平等权利。

第一百零二条　中华人民共和国公民有依照法律纳税的义务。

《中华人民共和国宪法》（1975 年）

第五条　中华人民共和国的生产资料所有制现阶段主要有两种：社会主义全民所有制和社会主义劳动群众集体所有制。

国家允许非农业的个体劳动者在城镇街道组织、农村人民公社的生产队统一安排下，从事在法律许可范围内的，不剥削他人的个体劳动。同时，要引导他们逐步走上社会主义集体化的道路。

第六条　国营经济是国民经济中的领导力量。

矿藏、水流，国有的森林、荒地和其他资源，都属于全民所有。

国家可以依照法律规定的条件，对城乡土地和其他生产资料实行征购、征用或者收归国有。

第七条　农村人民公社是政社合一的组织。

现阶段农村人民公社的集体所有制经济，一般实行三级所有、队为基础，即以生产队为基本核算单位的公社、生产大队和生产队三级所有。

在保证人民公社集体经济的发展和占绝对优势的条件下，人民公社社员可以经营少量的自留地和家庭副业，牧区社员可以有少量的自留畜。

第八条　社会主义的公共财产不可侵犯。国家保证社会主义经济的巩固和发展，禁止任何人利用任何手段，破坏社会主义经济和公共利益。

《中华人民共和国宪法》（1978 年）

第五条　中华人民共和国的生产资料所有制现阶段主要有两种：社会主义全民所有制和社会主义劳动群众集体所有制。

国家允许非农业的个体劳动者在城镇或者农村的基层组织统一安排和管理下，从事法律许可范围内的，不剥削他人的个体劳动。同时，引导他们逐步走上社会主义集体化的道路。

第六条　国营经济即社会主义全民所有制经济，是国民经济中的领导力量。

矿藏，水流，国有的森林、荒地和其他海陆资源，都属于全民所有。

国家可以依照法律规定的条件，对土地实行征购、征用或者收归国有。

第七条　农村人民公社经济是社会主义劳动群众集体所有制经济，现在一般实行公社、生产大队、生产队三级所有，而以生产队为基本核算单位。生产大队在条件成熟的时候，可以向大队为基本核算单位过渡。

在保证人民公社集体经济占绝对优势的条件下，人民公社社员可以经营少量的自留地和家庭副业，在牧区还可以有少量的自留畜。

第八条　社会主义的公共财产不可侵犯。国家保障社会主义全民所有制经济和社会主义劳动群众集体所有制经济的巩固和发展。

国家禁止任何人利用任何手段，扰乱社会经济秩序，破坏国家经济计划，侵吞、挥霍国家和集体的财产，危害公共利益。

第二十二条　全国人民代表大会行使下列职权：

……

（七）审查和批准国民经济计划、国家的预算和决算；

……

第五十七行公民必须爱护和保卫公共财产，遵守劳动纪律，遵守公共秩序，尊重社会公德，保守国家机密。

从 1982 年开始，国家重新允许个体经济，在集体经济内部，也允许联产承包等多种经营形式。到 1988 年，宪法修正案规定"私营经济在法律规定的范围内存在和发展"。1993 年，国家实行社会主义市场经济。相应地，从 1994 年开始，国家实施了新中国成立以来规模最大、范围最广的税制改革。这次改革围绕建立社会主义市场经济体制和建设小康社会的目标，构建适应社会主义市场经济体制要求的税制体系，设立了多层次、多类别的税种和征收体制，主要为了寻求国家消费与国民消费的兼顾。

《中华人民共和国宪法》（1982 年）

第六条　中华人民共和国的社会主义经济制度的基础是生产资料的社会主义公有制，即全民所有制和劳动群众集体所有制。

社会主义公有制消灭人剥削人的制度，实行各尽所能，按劳分配的原则。

第七条　国营经济是社会主义全民所有制经济，是国民经济中的主导力量。国家保障国营经济的巩固和发展。

第八条　农村人民公社、农业生产合作社和其他生产、供销、信用、消费等各种形式的合作经济，是社会主义劳动群众集体所有制经济。参加农村集体经济组织的劳动者，有权在法律规定的范围内经营自留地、自留山、家庭副业和饲养自留畜。

城镇中的手工业、工业、建筑业、运输业、商业、服务业等行业的各种形式的合作经济，都是社会主义劳动群众集体所有制经济。

国家保护城乡集体经济组织的合法的权利和利益，鼓励、指导和帮助集体经济的发展。

第九条　矿藏、水流、森林、山岭、草原、荒地、滩涂等自然资源，都属于国家所有，即全民所有；由法律规定属于集体所有的森林和山岭、草原、荒地、滩涂除外。

国家保障自然资源的合理利用，保护珍贵的动物和植物。禁止任何组织或者个人用任何手段侵占或者破坏自然资源。

第十条　城市的土地属于国家所有。

农村和城市郊区的土地，除由法律规定属于国家所有的以外，属于集体所有；宅基地和自留地、自留山，也属于集体所有。

国家为了公共利益的需要，可以依照法律规定对土地实行征用。

任何组织或者个人不得侵占、买卖、出租或者以其他形式非法转让土地。

第十一条　在法律规定范围内的城乡劳动者个体经济，是社会主义公有制经济的补充。国家保护个体经济的合法的权利和利益。

国家通过行政管理，指导、帮助和监督个体经济。

第十二条　社会主义的公共财产神圣不可侵犯。

国家保护社会主义的公共财产。禁止任何组织或者个人用任何手段侵占或者破坏国家的和集体的财产。

第五十六条　中华人民共和国公民有依照法律纳税的义务。

第六十二条　全国人民代表大会行使下列职权：

……

（九）审查和批准国民经济和社会发展计划和计划执行情况的报告；

（十）审查和批准国家的预算和预算执行情况的报告；

1988 年宪法修正案

第一条　宪法第十一条增加规定："国家允许私营经济在法律规

定的范围内存在和发展。私营经济是社会主义公有制经济的补充。国家保护私营经济的合法的权利和利益，对私营经济实行引导、监督和管理。"

1993 年宪法修正案

第五条 宪法第七条："国营经济是社会主义全民所有制经济，是国民经济中的主导力量。国家保障国营经济的巩固和发展。"修改为："国有经济，即社会主义全民所有制经济，是国民经济中的主导力量。国家保障国有经济的巩固和发展。"

第六条 宪法第八条第一款："农村人民公社、农业生产合作社和其他生产、供销、信用、消费等各种形式的合作经济，是社会主义劳动群众集体所有制经济。参加农村集体经济组织的劳动者，有权在法律规定的范围内经营自留地、自留山、家庭副业和饲养自留畜。"修改为："农村中的家庭联产承包为主的责任制和生产、供销、信用、消费等各种形式的合作经济，是社会主义劳动群众集体所有制经济。参加农村集体经济组织的劳动者，有权在法律规定的范围内经营自留地、自留山、家庭副业和饲养自留畜。"

第七条 宪法第十五条："国家在社会主义公有制基础上实行计划经济。国家通过经济计划的综合平衡和市场调节的辅助作用，保证国民经济按比例地协调发展。""禁止任何组织或者个人扰乱社会经济秩序，破坏国家经济计划。"修改为："国家实行社会主义市场经济。""国家加强经济立法，完善宏观调控。""国家依法禁止任何组织或者个人扰乱社会经济秩序。"

第八条 宪法第十六条："国营企业在服从国家的统一领导和全面完成国家计划的前提下，在法律规定的范围内，有经营管理的自主权。""国营企业依照法律规定，通过职工代表大会和其他形式，实行民主管理。"修改为："国有企业在法律规定的范围内有权自主经营。""国有企业依照法律规定，通过职工代表大会和其他形式，实行民主管理。"

第九条 宪法第十七条："集体经济组织在接受国家计划指导和遵守有关法律的前提下，有独立进行经济活动的自主权。""集体经济组织依照法律规定实行民主管理，由它的全体劳动者选举和罢免管理人员，决定经营管理的重大问题。"修改为："集体经济组织在遵守有关法律的前提下，有独立进行经济活动的自主权。""集体经济组织实行民主管理，依照法律规定选举和罢免管理人员，决定经营管理的重大问题。"

第十条 宪法第四十二条第三款："劳动是一切有劳动能力的公民的光荣职责。国营企业和城乡集体经济组织的劳动者都应当以国家主人翁的态度对待自己的劳动。国家提倡社会主义劳动竞赛，奖励劳动模范和先进工作者。国家提倡公民从事义务劳动。"修改为："劳动是一切有劳动能力的公民的光荣职责。国有企业和城乡集体经济组织的劳动者都应当以国家主人翁的态度对待自己的劳动。国家提倡社会主义劳动竞赛，奖励劳动模范和先进工作者。国家提倡公民从事义务劳动。"

1999 年宪法修正案

第十四条 宪法第六条："中华人民共和国的社会主义经济制度的基础是生产资料的社会主义公有制，即全民所有制和劳动群众集体所有制。""社会主义公有制消灭人剥削人的制度，实行各尽所能，按劳分配的原则。"修改为："中华人民共和国的社会主义经济制度的基础是生产资料的社会主义公有制，即全民所有制和劳动群众集体所有制。社会主义公有制消灭人剥削人的制度，实行各尽所能、按劳分配的原则。""国家在社会主义初级阶段，坚持公有制为主体、多种所有制经济共同发展的基本经济制度，坚持按劳分配为主体、多种分配方式并存的分配制度。"

第十五条 宪法第八条第一款："农村中的家庭联产承包为主的责任制和生产、供销、信用、消费等各种形式的合作经济，是社会主义劳动群众集体所有制经济。参加农村集体经济组织的劳动者，有权在法律规定的范围内经营自留地、自留山、家庭副业和饲养自留畜。"修改为："农村集体经济组织实行家庭承包经营为基础、统分结合的双层经营体制。农村中的生产、供销、信用、消费等各种形式的合作经济，是社会主义劳动群众集体所有制经济。参加农村集体经济组织的劳动者，有权在法律规定的范围内经营自留地、自留山、家庭副业和饲养自留畜。"

第十六条　宪法第十一条："在法律规定范围内的城乡劳动者个体经济，是社会主义公有制经济的补充。国家保护个体经济的合法的权利和利益。""国家通过行政管理，指导、帮助和监督个体经济。""国家允许私营经济在法律规定的范围内存在和发展。私营经济是社会主义公有制经济的补充。国家保护私营经济的合法的权利和利益，对私营经济实行引导、监督和管理。"修改为："在法律规定范围内的个体经济、私营经济等非公有制经济，是社会主义市场经济的重要组成部分。""国家保护个体经济、私营经济的合法的权利和利益。国家对个体经济、私营经济实行引导、监督和管理。"

2004 年宪法修正案

第二十一条宪法第十一条第二款"国家保护个体经济、私营经济的合法的权利和利益。国家对个体经济、私营经济实行引导、监督和管理。"修改为："国家保护个体经济、私营经济等非公有制经济的合法的权利和利益。国家鼓励、支持和引导非公有制经济的发展，并对非公有制经济依法实行监督和管理。"

（二）经济制度改革

税收制度是一种分配机制，要想民富与国富并重，只能推动国家经济体制改革，以求得总产出的增加，这是保证国民相当生活水准这一人权的根本手段。

要想进行经济体制改革，首要的前提就是中央政府对于国家要有完整控制力。如果处于战乱与分裂，政令不能行于全国，中央甚至难以巩固，也就没有推行经济体制改革的动力与意义。所以宪法中的经济体制改革条文，首先出现于《中华民国训政时期约法》，并在此后的宪法条文中皆有规定。

《中华民国训政时期约法》（1931 年）

第四章　生计

第三十三条　展国民生计，国家对于人民生产事业，应予以奖励及保护。

第三十四条　为发展农村经济，改善农民生活，增进佃农福利，国家应积极实施下列事项：

一　垦殖全国荒地，开发农田水利；

二　设立农业金融机关，奖励农村合作事业；

三　实施仓储制度，预防灾荒，充裕民食；

四　发展农业教育，注重科学实验，厉行农业推广，增加农业生产；

五　奖励地方兴筑农村道路，便利物产运输。

第三十五条　国家应兴办油、煤、金、铁矿业，并对于民业矿业，予以奖励及保护。

第三十六条　国家应创办国营航业，并对于民业航业，予以奖励及保护。

第三十七条　人民得自由选择职业及营业，但有妨害公共利益者，国家得以法律限制或禁止之。

第三十八条　人民有缔结契约之自由，在不妨害公共利益及善良风化范围内，受法律之保障。

第三十九条　人民为改良经济生活及促进劳资互助，得依法组织职业团体。

第四十条　劳资双方应本协调互利原则发展生产事业。

第四十一条　为改良劳工生活状况，国家应实施保护劳工法规。

妇女、儿童从事劳动者，应按其年龄及身体状态，施以特别之保护。

第四十二条　为预防及救济因伤病废老而不能劳动之农民工人等，国家应施行劳动保险制度。

第四十三条　为谋国民经济之发展，国家应提倡各种合作事业。

第四十四条　人民生活必需品之产销及价格，国家得调正或限制之。

第四十五条　借贷之重利及不动产使用之重租，应以法律禁止之。

第四十六条　现役军人因服务而致残废者，国家应施以相当之救济。

《中华民国宪法草案》（1936 年）

第六章　国民经济

第一一六条　中华民国之经济制度，应以民生主义为基础，以谋国民生计之均足。

第一一七条　中华民国领域内之土地，属于国民全体；其经人民依法律取得所有权者，其所有权受法律之保障及限制。

国家对于人民取得所有权之土地，得按照土地所有权人申报，或政府估定之地价，依法律征税或征收之。

土地所有权人，对于其所有土地负充分使用之义务。

第一一八条　附着于土地之矿及经济上可供公众利用之天然力，属于国家所有，不因人民取得土地所有权而受影

第一一九条　土地价位非因施以劳力资本而增加者，应以征收土地增值税方法，收归人民公共享受。

第一二〇条　国家对于土地之分配整理，以扶植自耕农及自行使用土地人为原则。

第一二一条　国家对于私人之财富及私营企业，认为有妨害国民生计之均衡发展时，得依法律节制之。

第一二二条　国家对于国民生产事业及对外贸易，应奖励、指导及保护之。

第一二三条　公用事业及其他有独占性之企业，以国家公营为原则，但因必要得特许国民私营之。

国家对于前项特许之私营事业，因国防上之紧急需要，得临时管理之，并得依法律收归公营，但应予以适当之补偿。

第一二四条　国家为改良劳工生活，增进其生产技能及救济劳工失业，应实施保护劳工政策。

妇女儿童从事劳动者，应按其年龄及身体状态，施以特别之保护。

第一二五条　劳资双方应本协调互助原则，发展生产事业。

第一二六条　国家为谋农业之发展及农民之福利，应充裕农村经济，改善农村生活，并以科学方法，提高农民耕作效能。

国家对于农产品之种类、数量及分配，得调节之。

第一二七条　人民因服兵役、工役或公务，而致残废或死亡者，国家应予以适当之救济或抚恤。

第一二八条　老弱残废无力生活者，国家应予以适当之救济。

第一二九条　下列各款事项，在中央应经立法院之议决，其依法律得以省区或县市单行规章为之者，应经各族法定机关之议决：

一　税赋、捐费、罚金、罚锾或其他有强制性收入之设定及其征收率之变更；

二　募集公债、处分公有财产或缔结增加公库负担之契约；

三　公营、专卖、独占或其他有营利性事业之设定或取消；

四　专卖、独占或其他特权之授予或取消。

省区及县市政府，非经法律特许，不得募集外债或直接利用外资。

第一三〇条　中华民国领域内，一切货物应许自由流通，非依法律不得禁阻。

关税为中央税收，应于货物出入国境时征收之，以一次为限。

各级政府不得于国内征收货物通过税。

对于货物之一切税捐，其征收权属于中央政府，非依法律不得为之。

《中华民国宪法》（1947年）

第一五条　人民之生存权、工作权及财产权，应予保障。

第三节　国民经济

第一四二条　国民经济应以民生主义为基本原则，实施平均地权，节制资本，以谋国计民生之均足。

第一四三条　中华民国领土内之土地属于国民全体。人民依法取得之土地所有权，应受法律之保障与限制。私有土地应照价纳税，政府并得照价收买。

附着于土地之矿，及经济上可供公众利用之天然力，属于国家所有，不因人民取得土地所有权而受影响。

土地价值非因施以劳力资本而增加者，应由国家征收土地增值税，归人民共享之。

国家对于土地之分配与整理，应以扶植自耕农及自行使用土地人为原则，并规定其适当经营之面积。

第一四四条　公用事业及其他有独占性之企业，以公营为原则，共经法律许可者，得由国民经营之。

第一四五条　国家对于私人财富及私营事业，认为有妨害国计民生之平衡发展者，应以法律限制之。

合作事业应受国家之奖励与扶助。

国民生产事业及对外贸易，应受国家之奖励、指导及保护。

第一四六条　国家应运用科学技术以兴修水利，增进地力，改善农业环境，规划土地利用，开发农业资源，促成农业之工业化。

第一四七条　中央为谋省与省间之经济平衡发展，对于贫瘠之省，应酌予补助。

省为谋县与县间之经济平衡发展，对于贫瘠之县，应酌予补助。

第一四八条　中华民国领域内，一切货物应许自由流通。

第一四九条　金融机构，应依法受国家之管理。

第一五〇条　国家应普设平民金融机构，以救济失业。

第一五一条　国家对于侨居国外之国民，应扶助并保护其经济事业之发展。

《中华民国宪法》与《中华人民共和国宪法》的经济条文自然有区别，但亦有相通之处。二者皆是中央政府主导国家经济变革意图的体现。只是政治背景不同，二者措施的力度便不同；政治思维不同，二者措施的内容也就不同。

《中国人民政治协商会议共同纲领》（1949 年）

第三条　中华人民共和国必须取消帝国主义国家在中国的一切特权，没收官僚资本归人民的国家所有，有步骤地将封建半封建的土地所有制改变为农民的土地所有制，保护国家的公共财产和合作社的财产，保护工人、农民、小资产阶级和民族资产阶级的经济利益及其私有财产，发展新民主主义的人民经济，稳步地变农业国为工业国。

第四章　经济政策

第二十六条　中华人民共和国经济建设的根本方针，是以公私兼顾、劳资两利、城乡互助、内外交流的政策，达到发展生产、繁荣经济之目的。国家应在经营范围、原料供给、销售市场、劳动条件、技术设备、财政政策、金融政策等方面，调剂国营经济、合作社经济、农民和手工业者的个体经济、私人资本主义经济和国家资本主义经济，使各种社会经济成分在国营经济领导之下，分工合作，各得其所，以促进整个社会经济的发展。

第二十七条　土地改革为发展生产力和国家工业化的必要条件。凡已实行土地改革的地区，必须保护农民已得土地的所有权。凡尚未实行土地改革的地区，必须发动农民群众，建立农民团体，经过清除土匪恶霸、减租减息和分配土地等项步骤，实现耕者有其田。

第二十八条　国营经济为社会主义性质的经济。凡属有关国家经济命脉和足以操纵国民生计的事业，均应由国家统一经营。凡属国有的资源和企业，均为全体人民的公共财产，为人民共和国发展生产、繁荣经济的主要物质基础和整个社会经济的领导力量。

第二十九条　合作社经济为半社会主义性质的经济，为整个人民经济的一个重要组成部分。人民政府应扶助其发展，并给以优待。

第三十条　凡有利于国计民生的私营经济事业，人民政府应鼓励其经营的积极性，并扶助其发展。

第三十一条　国家资本与私人资本合作的经济为国家资本主义性质的经济。在必要和可能的条件下，应鼓励私人资本向国家资本主义方向发展，例如为国家企业加工或与国家合营，或用租借形式经营国家的企业，开发国家的富源等。

第三十二条　在国家经营的企业中，目前时期应实行工人参加生产管理的制度，即建立在厂长领导之下的工厂管理委员会。私人经营的企业，为实现劳资两利的原则，应由工会代表工人职员与资方订立集体合同。公私企业目前一般应实行八小时至十小时的工作制，特殊情况得斟酌办理。人民政府应按照各地各业情况规定最低工资。逐步实行劳动保险制度。保护青工女工的特殊利益。实行工矿检查制度，批改进工矿的安全和卫生设备。

第三十三条　中央人民政府应争取早日制定恢复和发展全国公私经济各主要部门的总计划，规定中央和地方在经济建设上分工合作的范围，统一调剂中央各经济部门和地方各经济部门的相互联系。中央各经济部门和地方各经济部门在中央人民政府统一领导之下各自发挥其创造性和积极性。

第三十四条　关于农林渔牧业：在一切已彻底实现土地改革的地区，人民政府应组织农民及一切可以从事农业的劳动力以发展农业生产及其副业为中心任务，并应引导农民逐步地按照自愿和互利的原则，组织各种形式的劳动互助和生产合作。在新解放区，土地改革工作的每一步骤均应与恢复和发展农业生产相结合。人民政府应根据国家计划和人民生活的需要，争取于短时期内恢复并超过战前粮食、工业原料和外销物资的生产水平，应注意兴修水利，防洪防旱，恢复和发展畜力，增加肥料，改良农具和种子，防止病虫害，救济灾荒，并有计划地移民开垦。保护森林，并有计划地发展林业。保护沿海渔场，发展水产业。保护和发展畜牧业，防止兽疫。

第三十五条　关于工业：应以有计划有步骤地恢复和发展重工业为重点，例如矿业、钢铁业、动力工业、机器制造业、电器工业和主要化学工业等，以创立国家工业化的基础。同时，应恢复和增加纺织业及其他有利于国计民生的轻工业的生产，以供应人民日常消费的需要。

第三十六条　关于交通：必须迅速恢复并逐步增建铁路和公路，疏清河流，推广水运，改善并发展邮政和电信事业，有计划有步骤地建造各种交通工具和创办民用航空。

第三十七条　关于商业：保护一切合法的公私贸易。实行对外贸易的管制，并采用保护贸易政策。在国家统一的经济计划内实行国内贸易的自由，但对于扰乱市场的投机商业必须严格取缔。国营贸易机关应负调剂供求、稳定物价和扶助人民合作事业的责任。人民政府应采取必要的办法，鼓励人民储蓄，便利侨汇，引导社会游资及无益于国计民生的商业资本投入工业及其他生产事业。

第三十八条　关于合作社：鼓励和扶助广大劳动人民根据自愿原则，发展合作事业。在城镇中和乡村中组织供销合作社、消费合作社、信用合作社、生产合作社和运输合作社，在工厂、机关和学校中应尽先组织消费合作社。

第三十九条　关于金融：金融事业应受国家严格管理。货币发行权属于国家。禁止外币在国内流通。外汇、外币和金银的买卖，应由国家银行经理。依法营业的私人金融事业，应受国家的监督和指导。凡进行金融投机、破坏国家金融事业者，应受严厉制裁。

第四十条　关于财政：建立国家预算决算制度，划分中央和地方的财政范围，厉行精简节约，逐步平衡财政收支，积累国家生产资金。国家的税收政策，应以保障革命战争的供给、照顾生产的恢复和发展及国家建设的需要为原则，简化税制，实行合理负担。

《中华人民共和国宪法》（1954 年）

第四条　中华人民共和国依靠国家机关和社会力量，通过社会主义工业化和社会主义改造，保证逐步消灭剥削制度，建立社会主义社会。

第五条　中华人民共和国的生产资料所有制现在主要有下列各种：国家所有制，即全民所有制；合作社所有制，即劳动群众集体所有制；个体劳动者所有制；资本家所有制。

第六条　国营经济是全民所有制的社会主义经济，是国民经济中的领导力量和国家实现社会主义改造的物质基础。国家保证优先发展国营经济。矿藏、水流，由法律规定为国有的森林、荒地和其他资源，都属于全民所有。

第七条　合作社经济是劳动群众集体所有制的社会主义经济，或者是劳动群众部分集体所有制的半社会主义经济。劳动群众部分集体所有制是组织个体农民、个体手工业者和其他个体劳动者走向劳动群众集体所有制的过渡形式。国家保护合作社的财产，鼓励、指导和帮助合作社经济的发展，并且以发展生产合作为改造个体农业和个体手工业的主要道路。

第八条　国家依照法律保护农民的土地所有权和其他生产资料所有权。国家指导和帮助个体农民增加生产，并且鼓励他们根据自愿的原则组织生产合作、供销合作和信用合作。国家对富农经济采取限制和逐步消灭的政策。

第九条　国家依照法律保护手工业者和其他非农业的个体劳动者的生产资料所有权。国家指导和帮助个体手工业者和其他非农业的个体劳动者改善经营，并且鼓励他们根据自愿的原则组织生产合作和供销合作。

第十条　国家依照法律保护资本家的生产资料所有权和其他资

本所有权。国家对资本主义工商业采取利用、限制和改造的政策。国家通过国家行政机关的管理、国营经济的领导和工人群众的监督，利用资本主义工商业的有利于国计民生的积极作用，限制它们的不利于国计民生的消极作用，鼓励和指导它们转变为各种不同形式的国家资本主义经济，逐步以全民所有制代替资本家所有制。国家禁止资本家的危害公共利益、扰乱社会经济秩序、破坏国家经济计划的一切非法行为。

第十一条　国家保护公民的合法收入、储蓄、房屋和各种生活资料的所有权。

第十二条　国家依照法律保护公民的私有财产的继承权。

第十三条　国家为了公共利益的需要，可以依照法律规定的条件，对城乡土地和其他生产资料实行征购、征用或者收归国有。

第十四条　国家禁止任何人利用私有财产破坏公共利益。

第十五条　国家用经济计划指导国民经济的发展和改造，使生产力不断提高，以改进人民的物质生活和文化生活，巩固国家的独立和安全。

第十九条　中华人民共和国保卫人民民主制度，镇压一切叛国的和反革命的活动，惩办一切卖国贼和反革命分子。国家依照法律在一定时期内剥夺封建地主和官僚资本家的政治权利，同时给以生活出路，使他们在劳动中改造成为自食其力的公民。

《中华人民共和国宪法》（1975 年）

第五条　中华人民共和国的生产资料所有制现阶段主要有两种：社会主义全民所有制和社会主义劳动群众集体所有制。

国家允许非农业的个体劳动者在城镇街道组织、农村人民公社的生产队统一安排下，从事在法律许可范围内的，不剥削他人的个体劳动。同时，要引导他们逐步走上社会主义集体化的道路。

第六条　国营经济是国民经济中的领导力量。

矿藏、水流，国有的森林、荒地和其他资源，都属于全民所有。

国家可以依照法律规定的条件，对城乡土地和其他生产资料实行征购、征用或者收归国有。

第七条　农村人民公社是政社合一的组织。

现阶段农村人民公社的集体所有制经济，一般实行三级所有、队为基础，即以生产队为基本核算单位的公社、生产大队和生产队三级所有。

在保证人民公社集体经济的发展和占绝对优势的条件下，人民公社社员可以经营少量的自留地和家庭副业，牧区社员可以有少量的自留畜。

第八条　社会主义的公共财产不可侵犯。国家保证社会主义经济的巩固和发展，禁止任何人利用任何手段，破坏社会主义经济和公共利益。

第九条　国家实行"不劳动者不得食"、"各尽所能、按劳分配"的社会主义原则。

国家保护公民的劳动收入、储蓄、房屋和各种生活资料的所有权。

第十条　国家实行抓革命，促生产，促工作，促战备的方针，以农业为基础，以工业为主导，充分发挥中央和地方两个积极性，促进社会主义经济有计划、按比例地发展，在社会生产不断提高的基础上，逐步改进人民的物质生活和文化生活，巩固国家的独立和安全。

第十四条　国家保卫社会主义制度，镇压一切叛国的和反革命的活动，惩办一切卖国贼和反革命分子。

国家依照法律在一定时期内剥夺地主、富农、反动资本家和其他坏分子的政治权利，同时给以生活出路，使他们在劳动中改造成为守法的自食其力的公民。

《中华人民共和国宪法》（1978 年）

第五条　中华人民共和国的生产资料所有制现阶段主要有两种：社会主义全民所有制和社会主义劳动群众集体所有制。

国家允许非农业的个体劳动者在城镇或者农村的基层组织统一安排和管理下，从事法律许可范围内的，不剥削他人的个体劳动。同时，引导他们逐步走上社会主义集体化的道路。

第六条　国营经济即社会主义全民所有制经济，是国民经济中的领导力量。

矿藏，水流，国有的森林、荒地和其他海陆资源，都属于全民所有。

国家可以依照法律规定的条件，对土地实行征购、征用或者收归国有。

第七条　农村人民公社经济是社会主义劳动群众集体所有制经济，现在一般实行公社、生产大队、生产队三级所有，而以生产队为基本核算单位。生产大队在条件成熟的时候，可以向大队为基本核算单位过渡。

在保证人民公社集体经济占绝对优势的条件下，人民公社社员可以经营少量的自留地和家庭副业，在牧区还可以有少量的自留畜。

第八条　社会主义的公共财产不可侵犯。国家保障社会主义全民所有制经济和社会主义劳动群众集体所有制经济的巩固和发展。

国家禁止任何人利用任何手段，扰乱社会经济秩序，破坏国家经济计划，侵吞、挥霍国家和集体的财产，危害公共利益。

第九条　国家保护公民的合法收入、储蓄、房屋和其他生活资料的所有权。

第十条　国家实行"不劳动者不得食"、"各尽所能、按劳分配"的社会主义原则。

劳动是一切有劳动能力的公民的光荣职责。国家提倡社会主义劳动竞赛，在无产阶级政治挂帅的前提下，实行精神鼓励和物质鼓励相结合而以精神鼓励为主的方针，鼓励公民在劳动中的社会主义积极性和创造性。

第十一条　国家坚持鼓足干劲、力争上游、多快好省地建设社会主义的总路线，有计划、按比例、高速度地发展国民经济，不断提高社会生产力，以巩固国家的独立和安全，逐步改善人民的物质生活和文化生活。

国家在发展国民经济中，坚持独立自主、自力更生、艰苦奋斗、勤俭新中国成立的方针，以农业为基础、工业为主导的方针，在中央统一领导下充分发挥中央和地方两个积极性的方针。

国家保护环境和自然资源，防治污染和其他公害。

《中华人民共和国宪法》（1982 年）

第六条　中华人民共和国的社会主义经济制度的基础是生产资

料的社会主义公有制，即全民所有制和劳动群众集体所有制。

社会主义公有制消灭人剥削人的制度，实行各尽所能，按劳分配的原则。

第七条　国营经济是社会主义全民所有制经济，是国民经济中的主导力量。国家保障国营经济的巩固和发展。

第八条　农村人民公社、农业生产合作社和其他生产、供销、信用、消费等各种形式的合作经济，是社会主义劳动群众集体所有制经济。参加农村集体经济组织的劳动者，有权在法律规定的范围内经营自留地、自留山、家庭副业和饲养自留畜。

城镇中的手工业、工业、建筑业、运输业、商业、服务业等行业的各种形式的合作经济，都是社会主义劳动群众集体所有制经济。

国家保护城乡集体经济组织的合法的权利和利益，鼓励、指导和帮助集体经济的发展。

第九条　矿藏、水流、森林、山岭、草原、荒地、滩涂等自然资源，都属于国家所有，即全民所有；由法律规定属于集体所有的森林和山岭、草原、荒地、滩涂除外。

国家保障自然资源的合理利用，保护珍贵的动物和植物。禁止任何组织或者个人用任何手段侵占或者破坏自然资源。

第十条　城市的土地属于国家所有。

农村和城市郊区的土地，除由法律规定属于国家所有的以外，属于集体所有；宅基地和自留地、自留山，也属于集体所有。

国家为了公共利益的需要，可以依照法律规定对土地实行征用。

任何组织或者个人不得侵占、买卖、出租或者以其他形式非法转让土地。

一切使用土地的组织和个人必须合理地利用土地。

第十一条　在法律规定范围内的城乡劳动者个体经济，是社会主义公有制经济的补充。国家保护个体经济的合法的权利和利益。

国家通过行政管理，指导、帮助和监督个体经济。

第十二条　社会主义的公共财产神圣不可侵犯。

国家保护社会主义的公共财产。禁止任何组织或者个人用任何手段侵占或者破坏国家的和集体的财产。

第十三条 国家保护公民的合法的收入、储蓄、房屋和其他合法财产的所有权。

国家依照法律规定保护公民的私有财产的继承权。

第十四条 国家通过提高劳动者的积极性和技术水平，推广先进的科学技术，完善经济管理体制和企业经营管理制度，实行各种形式的社会主义责任制，改进劳动组织，以不断提高劳动生产率和经济效益，发展社会生产力。

国家厉行节约，反对浪费。

国家合理安排积累和消费，兼顾国家、集体和个人的利益，在发展生产的基础上，逐步改善人民的物质生活和文化生活。

第十五条 国家在社会主义公有制基础上实行计划经济。国家通过经济计划的综合平衡和市场调节的辅助作用，保证国民经济按比例地协调发展。

禁止任何组织或者个人扰乱社会经济秩序，破坏国家经济计划。

第十六条 国营企业在服从国家的统一领导和全面完成国家计划的前提下，在法律规定的范围内，有经营管理的自主权。

国营企业依照法律规定，通过职工代表大会和其他形式，实行民主管理。

第十七条 集体经济组织在接受国家计划指导和遵守有关法律的前提下，有独立进行经济活动的自主权。

集体经济组织依照法律规定实行民主管理，由它的全体劳动者选举和罢免管理人员，决定经营管理的重大问题。

第十八条 中华人民共和国允许外国的企业和其他经济组织或者个人依照中华人民共和国法律的规定在中国投资，同中国的企业或者其他经济组织进行各种形式的经济合作。

在中国境内的外国企业和其他外国经济组织以及中外合资经营的企业，都必须遵守中华人民共和国的法律。它们的合法的权利和利益受中华人民共和国法律的保护。

1988 年宪法修正案

第一条 宪法第十一条增加规定："国家允许私营经济在法律规定的范围内存在和发展。私营经济是社会主义公有制经济的补充。

国家保护私营经济的合法的权利和利益，对私营经济实行引导、监督和管理。"

1993 年宪法修正案

第五条 宪法第七条："国营经济是社会主义全民所有制经济，是国民经济中的主导力量。国家保障国营经济的巩固和发展。"修改为："国有经济，即社会主义全民所有制经济，是国民经济中的主导力量。国家保障国有经济的巩固和发展。"

第六条 宪法第八条第一款："农村人民公社、农业生产合作社和其他生产、供销、信用、消费等各种形式的合作经济，是社会主义劳动群众集体所有制经济。参加农村集体经济组织的劳动者，有权在法律规定的范围内经营自留地、自留山、家庭副业和饲养自留畜。"修改为："农村中的家庭联产承包为主的责任制和生产、供销、信用、消费等各种形式的合作经济，是社会主义劳动群众集体所有制经济。参加农村集体经济组织的劳动者，有权在法律规定的范围内经营自留地、自留山、家庭副业和饲养自留畜。"

第七条 宪法第十五条："国家在社会主义公有制基础上实行计划经济。国家通过经济计划的综合平衡和市场调节的辅助作用，保证国民经济按比例地协调发展。""禁止任何组织或者个人扰乱社会经济秩序，破坏国家经济计划。"修改为："国家实行社会主义市场经济。""国家加强经济立法，完善宏观调控。""国家依法禁止任何组织或者个人扰乱社会经济秩序。"

第八条 宪法第十六条："国营企业在服从国家的统一领导和全面完成国家计划的前提下，在法律规定的范围内，有经营管理的自主权。""国营企业依照法律规定，通过职工代表大会和其他形式，实行民主管理。"修改为："国有企业在法律规定的范围内有权自主经营。""国有企业依照法律规定，通过职工代表大会和其他形式，实行民主管理。"

第九条 宪法第十七条："集体经济组织在接受国家计划指导和遵守有关法律的前提下，有独立进行经济活动的自主权。""集体经济组织依照法律规定实行民主管理，由它的全体劳动者选举和罢免管理人员，决定经营管理的重大问题。"修改为："集体经济组织在遵守有关法律的前提下，有独立进行经济活动的自主权。""集体经济组织实行民主管理，依照法律规定选举和罢免管理人员，决定经营管理的重大问题。"

第十条　宪法第四十二条第三款："劳动是一切有劳动能力的公民的光荣职责。国营企业和城乡集体经济组织的劳动者都应当以国家主人翁的态度对待自己的劳动。国家提倡社会主义劳动竞赛，奖励劳动模范和先进工作者。国家提倡公民从事义务劳动。"修改为："劳动是一切有劳动能力的公民的光荣职责。国有企业和城乡集体经济组织的劳动者都应当以国家主人翁的态度对待自己的劳动。国家提倡社会主义劳动竞赛，奖励劳动模范和先进工作者。国家提倡公民从事义务劳动。"

1999 年宪法修正案

第十四条　宪法第六条："中华人民共和国的社会主义经济制度的基础是生产资料的社会主义公有制，即全民所有制和劳动群众集体所有制。""社会主义公有制消灭人剥削人的制度，实行各尽所能，按劳分配的原则。"修改为："中华人民共和国的社会主义经济制度的基础是生产资料的社会主义公有制，即全民所有制和劳动群众集体所有制。社会主义公有制消灭人剥削人的制度，实行各尽所能、按劳分配的原则。""国家在社会主义初级阶段，坚持公有制为主体、多种所有制经济共同发展的基本经济制度，坚持按劳分配为主体、多种分配方式并存的分配制度。"

第十五条　宪法第八条第一款："农村中的家庭联产承包为主的责任制和生产、供销、信用、消费等各种形式的合作经济，是社会主义劳动群众集体所有制经济。参加农村集体经济组织的劳动者，有权在法律规定的范围内经营自留地、自留山、家庭副业和饲养自留畜。"修改为："农村集体经济组织实行家庭承包经营为基础、统分结合的双层经营体制。农村中的生产、供销、信用、消费等各种形式的合作经济，是社会主义劳动群众集体所有制经济。参加农村集体经济组织的劳动者，有权在法律规定的范围内经营自留地、自留山、家庭副业和饲养自留畜。"

第十六条　宪法第十一条："在法律规定范围内的城乡劳动者个

体经济，是社会主义公有制经济的补充。国家保护个体经济的合法的权利和利益。""国家通过行政管理，指导、帮助和监督个体经济。""国家允许私营经济在法律规定的范围内存在和发展。私营经济是社会主义公有制经济的补充。国家保护私营经济的合法的权利和利益，对私营经济实行引导、监督和管理。"修改为："在法律规定范围内的个体经济、私营经济等非公有制经济，是社会主义市场经济的重要组成部分。""国家保护个体经济、私营经济的合法的权利和利益。国家对个体经济、私营经济实行引导、监督和管理。"

2004 年宪法修正案

　　第二十一条　宪法第十一条第二款"国家保护个体经济、私营经济的合法的权利和利益。国家对个体经济、私营经济实行引导、监督和管理。"修改为："国家保护个体经济、私营经济等非公有制经济的合法的权利和利益。国家鼓励、支持和引导非公有制经济的发展，并对非公有制经济依法实行监督和管理。"

第三章　公民权利与政治权利

按照国际人权条约的传统分类，公民权利与政治权利包含被称为"第一代人权"的基本权利，比如：生命权、人身自由与安全、禁止奴隶制度、法律人格的承认、隐私权、宗教信仰自由、对少数人的保护等，这些权利又被称为"消极权利"，要求对国家权力进行限制，通常通过国家的不作为来实现。《公民权利和政治权利国际公约》规定，缔约国"采取必要步骤，制定必要之立法或其他措施"，以切实保障公民权利与政治权利的实现。公民权利与政治权利是任何一个健全社会得以存在、维系的重要组成部分，但这些权利不能单独存在，还要有其他的制度，如完善的政府组织、具有民主共识的国民、行之有效的法律制度相配合。在这一切都还没有建立或者不够健全时，社会依然要生存，公民权利和政治权利就表现为实现程度不一的各种变体。

从中国近代化转型之初，中国革命就渐次展开，以诸多追求理想社会状态的现实措施来推动社会转型的深入，直至当下。说到底，权利是一种社会实践，其目的是实现具体的人的尊严和业已制度化的作为基本权利的人的潜能。从来权利都不可能从天而降，人权不是"天赋"的，而是"人赋"的，它产生于人的活动，体现了一种对人的潜能的特定道德观的社会选择。就如人权学者唐纳利所言，权利"是一种自我实现的道德预言"。①近代以来中国制度改进的这种"非现实性理想—现实性非理想—现实性理想"的发展过程，决定了公民权利与政治权利的形态及特征，亦使相关权利呈现出一种曲折中上升的态势。

一　人身自由及安全

根据《公民权利和政治权利国际公约》第 9 条的规定，人身自由及

---

① Jack Donnelly, *Universal Human Rights in Theory and Practice*, Cornell University Press, 1989, p. 16.

安全是指：

一、人人有权享有人身自由和安全。任何人不得加以任意逮捕或拘禁。除非依照法律所确定的根据和程序，任何人不得被剥夺自由。

二、任何被逮捕的人，在被逮捕时应被告知逮捕他的理由，并应被迅速告知对他提出的任何指控。

三、任何因刑事指控被逮捕或拘禁的人，应被迅速带见审判官或其他经法律授权行使司法权力的官员，并有权在合理的时间内受审判或被释放。等候审判的人受监禁不应作为一般规则，但可规定释放时应保证在司法程序的任何其他阶段出席审判，并在必要时报到听候执行判决。

四、任何因逮捕或拘禁被剥夺自由的人，有资格向法庭提起诉讼，以便法庭能不拖延地决定拘禁他是否合法以及如果拘禁不合法时命令予以释放。

五、任何遭受非法逮捕或拘禁的受害者，有得到赠偿的权利。

该权利的具体内容分两部分，前四项是对人身自由权的宣告和程序保障。第五项是损害赔偿。对于前四项权利，《重大信条十九条》中没有规定，《共同纲领》中有特殊的规定。除此之外，其他几部宪法皆有不同程度的认可。

中国传统政治思维中对人身自由的观念和当代观念有一些区别。就当代的权利理念而言，限制人身自由只能依照法律，这是一种严格的法律保障，不仅是指行政内部的限制，还包括立法、司法对行政的限制。但中国传统政治思维中，历来认为"普天之下，莫非王土；率土之滨，莫非王臣"。这里的"王土"，不仅指所有权，而且表明了对民众的"治权"。从人身自由的角度讲，也就不允许存在任何政府外的力量来对民众施以人身控制，由此，人身自由保障主要指对"个别官员"权力滥用的限制，而非现代意义上的立法、司法对于行政的限制。

但自清末以来，中国政治逐渐转入现代轨道，接受了现代权利理念，宪法中规定了种种"法律对政府的限制"，以保障人身自由及安全。

《钦定宪法大纲》（1908 年）

一　臣民非按照法律所定，不加以逮捕、监禁、处罚。

四　臣民可以请法官审判其呈诉之案件。

五　臣民应专受法律所定审判衙门之审判。

《重大信条十九条》（1911 年）

无相关规定

《中华民国临时约法》（1912 年）

第六条　人民得享有下列各项之自由权：一人民之身体，非依法律，不得逮捕、拘禁、审问、处罚；

第九条　人民有诉讼于法院，受其审判之权。

《中华民国宪法草案》（1913 年）

第五条　中华民国人民，非依法律不受逮捕、监禁、审问或处罚。人民被羁押时，得依法律以保护状请求提至法庭审查其理由。

第十三条　中华民国人民，依法律有诉讼于法院之权。

《中华民国宪法》（1923 年）

第五条　中华民国人民，非依法律不受逮捕、监禁、审问或处罚。人民被羁押时，得依法律以保护状请求提至法庭审查其理由。

第十五条　中华民国人民依法律有诉讼于法院之权。

《中华民国训政时期约法》（1931 年）

第八条　人民非依法律不得逮捕拘禁审问处罚。人民因犯罪嫌疑被逮捕拘禁者，其执行逮捕或拘禁之机关，至迟应于二十四小时内移送审判机关审问。本人或他人并得依法请求于二十四小时内提审。

第九条　人民除现役军人外，非依法律不受军事审判。

第二十一条　人民依法律有诉讼于法院之权。

第二十二条　人民依法律有提起诉愿及行政诉讼之权。

《中华民国宪法草案》（1936 年）

第九条　人民有身体之自由，非依法律，不得逮捕、拘禁、审问或处罚。人民国犯罪嫌疑被逮捕拘禁者，其执行机关应即将逮捕拘禁原因，告知本人及其亲属，并至迟于二十四小时内移送于该管法院审问；本人或他人亦得声请该管法院于二十四小时内向执行机关提审。法院对于前项声请，不得拒绝，执行机关对于法院之提审，亦不得拒绝。

第十条　人民除现役军人外，不受军事裁判。

第十八条人民有依法律请愿、诉愿及诉讼之权。

《中华民国宪法》（1947 年）

第八条 人民身体之自由，应予保障。除现行犯之逮捕，由法律另定外，非经司法或警察机关依法定程序，不得逮捕拘禁；非由法院依法定程序，不得审问处罚。非依法定程序之逮捕、拘禁、审问、处罚，得拒绝之。

人民因犯罪嫌疑被逮捕拘禁时，其逮捕拘禁机关应将逮捕拘禁原因，以书面告知本人及其本人指定之亲友，并至迟于二十四小时内移送该管法院审问。本人或他人亦得声请该管法院，于二十四小时内向逮捕之机关提审。

法院对于前项声请，不得拒绝，并不得先令逮捕拘禁之机关查复；逮捕拘禁之机关，对于法院之提审；不得拒绝或迟延。

人民遭受任何机关非法逮捕拘禁时，其本人或他人得向法院声请追究，法院不得拒绝，并应于二十四小时内，向逮捕拘禁之机关追究，依法处理。

第九条 人民除现役军人外，不受军事审判。

第一六条 人民有请愿、诉愿及诉讼之权。

从以上历部宪法的规定可以看出，国家对公民人身自由的保障转变为现代的理解方式。但是，对公民人身自由的保障，还受制于特定的"社会发展阶段"。新中国成立之初，明确地规定要镇压反革命分子，并在此后的宪法中规定要镇压阶级敌人。到 1982 年宪法以后，当政权被认为处于"安全之处境"，能对社会实现有效控制时，才真正开启权力优化之路，即通过社会主义民主政治建设，来实现对权力的有效控制。

《中国人民政治协商会议共同纲领》（1949 年）

第七条 中华人民共和国必须镇压一切反革命活动，严厉惩罚一切勾结帝国主义、背叛祖国、反对人民民主事业的国民党反革命战争罪犯和其他怙恶不悛的反革命首要分子。对于一般的反动分子、封建地主、官僚资本家，在解除其武装、消灭其特殊势力后，仍须依法在必要时期内剥夺他们的政治权利，但同时给以生活出路，并强迫他们在劳动中改造自己，成为新人。假如他们继续进行反革命活动，必须予以严厉的制裁。

《中华人民共和国宪法》（1954 年）

第八十九条　中华人民共和国公民的人身自由不受侵犯。任何公民，非经人民法院决定或者人民检察院批准，不受逮捕。

《中华人民共和国宪法》（1975 年）

第二十六条　……公民的人身自由和住宅不受侵犯。任何公民，非经人民法院决定或者公安机关批准，不受逮捕。

《中华人民共和国宪法》（1978 年）

第四十七条　公民的人身自由和住宅不受侵犯。任何公民，非经人民法院决定或者人民检察院批准并由公安机关执行，不受逮捕。

《中华人民共和国宪法》（1982 年）

第三十七条　中华人民共和国公民的人身自由不受侵犯。

任何公民，非经人民检察院批准或者决定或者人民法院决定，并由公安机关执行，不受逮捕。

禁止非法拘禁和以其他方法非法剥夺或者限制公民的人身自由，禁止非法搜查公民的身体。

对于第五项权利，只有个别宪法做了明确规定。

《中华民国宪法草案》（1936 年）

第二十六条　凡公务员违法侵害人民之自由或权利者，除依法律惩戒外，应负刑事及民事责任；被害人民就其所受损害，并得依法律向国家请求赔偿。

《中华民国宪法》（1947 年）

第二十四条　凡公务员违法侵害人民之自由或权利者，除依法律受惩戒外，应负刑事及民事责任。被害人民就其所受损害，并得依法律向国家请求赔偿。

《中华人民共和国宪法》（1954 年）

第九十七条　中华人民共和国公民对于任何违法失职的国家机关工作人员，有向各级国家机关提出书面控告或者口头控告的权利。

由于国家机关工作人员侵犯公民权利而受到损失的人，有取得赔偿的权利。

《中华人民共和国宪法》（1982 年）

第四十一条 中华人民共和国公民对于任何国家机关和国家工作人员，有提出批评和建议的权利；对于任何国家机关和国家工作人员的违法失职行为，有向有关国家机关提出申诉、控告或者检举的权利，但是不得捏造或者歪曲事实进行诬告陷害。

对于公民的申诉、控告或者检举，有关国家机关必须查清事实，负责处理。任何人不得压制和打击报复。

由于国家机关和国家工作人员侵犯公民权利而受到损失的人，有依照法律规定取得赔偿的权利。

在 1994 年颁布的《国家赔偿法》中，针对行政赔偿作出了专门规定，这是对公民人身自由保障的救济与完善：

第三条 行政机关及其工作人员在行使行政职权时有下列侵犯人身权情形之一的，受害人有取得赔偿的权利：

（一）违法拘留或者违法采取限制公民人身自由的行政强制措施的；

（二）非法拘禁或者以其他方法非法剥夺公民人身自由的；

（三）以殴打、虐待等行为或者唆使、放纵他人以殴打、虐待等行为造成公民身体伤害或者死亡的；

（四）违法使用武器、警械造成公民身体伤害或者死亡的；

（五）造成公民身体伤害或者死亡的其他违法行为。

二 迁徙自由和住所选择之自由

迁徙自由和住所选择之自由是指：

一、合法处在一国领土内的每一个人在该领土内有权享受迁徙自由和选择住所的自由。

二、人人有自由离开任何国家，包括其本国在内。

三、上述权利，除法律所规定并为保护国家安全、公共秩序、公共卫生或道德、或他人的权利和自由所必需且与本公约所承认的其他权利不抵触的限制外，应不受任何其他限制。

四、任何人进入其本国权利，不得任意加以剥夺。①

本项权利包括三部分：第一项是指国民在领土内迁徙的自由；第二项是离开本国的自由；第三项是进入本国的自由。后两项自由，可以针对本国公民，也可以针对外国公民。本国公民部分，各部宪法皆无规定。

具体相应规定的宪法条文如下。

《中华民国宪法草案》（1913 年）

第八条　中华民国人民有选择住居及职业之自由，非依法律不受制限。

《中华民国宪法》（1923 年）

第九条　中华民国人民有选择住居及职业之自由，非依法律，不受制限。

《中华民国训政时期约法》（1931 年）

第十二条　人民有迁徙之自由，非依法律不得停止或限制之。

《中华民国宪法草案》（1936 年）

第十二条　人民有迁徙之自由，非依法律，不得限制之。

《中华民国宪法》（1947 年）

第一〇条　人民有居住及迁徙之自由。

《中国人民政治协商会议共同纲领》（1949 年）

第五条　中华人民共和国人民有思想、言论、出版、集会、结社、通讯、人身、居住、迁徙、宗教信仰及示威游行的自由权。

《中华人民共和国宪法》（1954 年）

第九十条　中华人民共和国公民的住宅不受侵犯，通信秘密受法律的保护。中华人民共和国公民有居住和迁徙的自由。

从以上条文可以看到，作为重要的"自由权"之一的迁徙自由，

① 《公民权利和政治权利国际公约》第 12 条。

在 1954 年宪法中出现过。但 1958 年 1 月，以《中华人民共和国户口登记条例》为标志，政府开始对人口自由流动实行严格限制和管控，明确将城乡居民区分为"农业户口"和"非农业户口"两种不同户籍。由此开启的"城乡二元"体制在事实上废弃了 1954 年宪法关于迁徙自由的规定，1975 年宪法"删除了"公民的"居住和迁徙的自由"，在此后至今的历部宪法中均未恢复此项自由。宪法中公民"居住和迁徙的自由"的缺失，为"城乡二元"户籍制提供了法理基础。长期以来，户籍制度以及由此衍生的身份、福利、待遇等差别对待造成了现实中的层级制社会结构。在社会生活已经发生巨大变化的今天，人口流动性大大增强，要求平等对待的呼声更加强烈，城乡的阻隔和分化势头必须得到扭转。公民选择住所及迁徙自由应该重新回到宪法，成为撬动户籍制度改革的杠杆，并且，由此带动土地流转、城镇化建设、医疗和养老保险及社会管理等一系列机制的改革，使社会更趋平等与自由。

三　对免受干涉及攻击之保护

所谓对免受干涉及攻击之保护是指：

一、任何人的私生活、家庭、住宅或通信不得加以任意或非法干涉，他的荣誉和名誉不得加以非法攻击。

二、人人有权享受法律保护，以免受这种干涉或攻击。[①]

对于此项权利，中国宪法一向是分开规定，住宅受保护是一项权利，通信自由是一项权利，荣誉和名誉又是一项权利。

首先，住宅方面的规定如下。

《钦定宪法大纲》（1908 年）

一臣民之财产及居住，无故不加侵扰。

《重大信条十九条》（1911 年）

无相关规定

---

① 《公民权利和政治权利国际公约》第 17 条。

《中华民国临时约法》（1912 年）

第六条 人民得享有下列各项之自由权：

……

二 人民之家宅，非依法律，不得侵入或搜索；

《中华民国宪法草案》（1913 年）

第六条 中华民国人民之住居，非依法律不受侵入或搜索。

《中华民国宪法》（1923 年）

第七条 中华民国人民之住居，非依法律，不受侵入或搜索。

《中华民国训政时期约法》（1931 年）

第十条 人民之住所，非依法律不得侵入搜索或封锢。

《中华民国宪法草案》（1936 年）

第十一条 人民有居住之自由，其居住处所，非依法律，不得侵入、搜索或封锢。

《中华民国宪法》（1947 年）

无相关规定

《中国人民政治协商会议共同纲领》（1949 年）

无相关规定

《中华人民共和国宪法》（1954 年）

第九十条 中华人民共和国公民的住宅不受侵犯，通信秘密受法律的保护。中华人民共和国公民有居住和迁徙的自由。

《中华人民共和国宪法》（1975 年）

第二十六条 ……公民的人身自由和住宅不受侵犯。任何公民，非经人民法院决定或者公安机关批准，不受逮捕。

《中华人民共和国宪法》（1978 年）

第四十七条 公民的人身自由和住宅不受侵犯。任何公民，非经人民法院决定或者人民检察院批准并由公安机关执行，不受逮捕。

《中华人民共和国宪法》（1982 年）

第三十九条 中华人民共和国公民的住宅不受侵犯。禁止非法搜查或者非法侵入公民的住宅。

其次，通信自由方面的规定如下。

《钦定宪法大纲》（1908 年）

　　无相关规定

《重大信条十九条》（1911 年）

　　无相关规定

《中华民国临时约法》（1912 年）

　　第六条　人民得享有下列各项之自由权：

　　……

　　五　人民有书信秘密之自由；

《中华民国宪法草案》（1913 年）

　　第七条　中华民国人民通信之秘密，非依法律不受侵犯。

《中华民国宪法》（1923 年）

　　第八条　中华民国人民通信之秘密，非依法律，不受侵犯。

《中华民国训政时期约法》

　　第十三条　人民有通信、通电秘密之自由，非依法律不得停止或限制之。

《中华民国宪法草案》（1936 年）

　　第十四条　人民有秘密通讯之自由，非依法律，不得限制之。

《中华民国宪法》（1947 年）

　　第一二条　人民有秘密通讯之自由。

《中国人民政治协商会议共同纲领》（1949 年）

　　第五条　中华人民共和国人民有思想、言论、出版、集会、结社、通讯、人身、居住、迁徙、宗教信仰及示威游行的自由权。

《中华人民共和国宪法》（1954 年）

　　第九十条　中华人民共和国公民的住宅不受侵犯，通信秘密受法律的保护。中华人民共和国公民有居住和迁徙的自由。

《中华人民共和国宪法》（1975 年）

　　第二十八条　公民有言论、通信、出版、集会、结社、游行、示威、罢工的自由，有信仰宗教的自由和不信仰宗教、宣传无神论的自由。

《中华人民共和国宪法》（1978 年）

　　第四十五条　公民有言论、通信、出版、集会、结社、游行、示威、罢工的自由，有运用"大鸣、大放、大辩论、大字报"的权利。

1980 年修正决议

中华人民共和国第五届全国人民代表大会第三次会议同意第五届全国人民代表大会常务委员会提出的关于建议修改《中华人民共和国宪法》第四十五条的议案，为了充分发扬社会主义民主，健全社会主义法制，维护安定团结的政治局面，保障社会主义现代化建设的顺利进行，决定：将《中华人民共和国宪法》第四十五条"公民有言论、通信、出版、集会、结社、游行、示威、罢工的自由，有运用'大鸣、大放、大辩论、大字报'的权利。"修改为"公民有言论、通信、出版、集会、结社、游行、示威、罢工的自由。"取消原第四十五条中"有运用'大鸣、大放、大辩论、大字报'的权利"的规定。

《中华人民共和国宪法》（1982 年）

第四十条　中华人民共和国公民的通信自由和通信秘密受法律的保护。除因国家安全或者追查刑事犯罪的需要，由公安机关或者检察机关依照法律规定的程序对通信进行检查外，任何组织或者个人不得以任何理由侵犯公民的通信自由和通信秘密。

再次，在荣誉和名誉方面，只有现行中华人民共和国宪法有规定：

《中华人民共和国宪法》（1982 年）

第三十八条　中华人民共和国公民的人格尊严不受侵犯。禁止用任何方法对公民进行侮辱、诽谤和诬告陷害。

四　宗教信仰自由

根据《公民权利和政治权利国际公约》第 18 条的规定，宗教信仰自由是指：

一、人人有权享受思想、良心和宗教自由。此项权利包括维持或改变他的宗教或信仰的自由，以及单独或集体、公开或秘密地以礼拜、戒律、实践和教义来表明他的宗教或信仰的自由。

二、任何人不得遭受足以损害他维持或改变他的宗教或信仰自由的强迫。

三、表示自己的宗教或信仰的自由，仅只受法律所规定的以及为保障公共安全、秩序、卫生或道德、或他人的基本权利和自由所必需的限制。

四、本公约缔约各国承担，尊重父母和（如适用时）法定监护人保证他们的孩子能按照他们自己的信仰接受宗教和道德教育的自由。

历史上，在信奉基督教和伊斯兰教传统的国家，宗教与政治紧密关联，世俗政府与宗教势力时合时斗，盘根错节，政府就会有尊奉或者压制某些宗教的做法。所以，宗教问题对于这些国家有特别重要的意义。而在中国，民间宗教如佛教与道教皆主张出世，政府对宗教信仰自由持保护态度，对此做出的限制是宗教活动不得干涉政治，亦不能受外国势力支配。

对于这项权利，晚清两部宪法没有涉及，大致是因为条文简略，与态度无关。《中华民国临时约法》没有明确提及宗教信仰自由，但主张国民不得因宗教信仰而不平等。此后宪法皆有明文规定，具体如下。

《钦定宪法大纲》（1908 年）

没有相关规定

《重大信条十九条》（1911 年）

没有相关规定

《中华民国临时约法》（1912 年）

第五条　中华民国人民，一律平等，无种族、阶级、宗教之区别。

第六条　人民得享有下列各项之自由权：

……

七　人民有信教之自由。

《中华民国宪法草案》（1913 年）

第十一条　中华民国人民有信仰宗教之自由，非依法律不受制限。

《中华民国宪法》（1923 年）

第十二条　中华民国人民，有尊崇孔子及信仰宗教之自由，非依法律，不受制限。

《中华民国训政时期约法》（1931 年）

　　第十一条　人民有信仰宗教之自由。

《中华民国宪法草案》（1936 年）

　　第十五条　人民有信仰宗教之自由，非依法律，不得限制之。

《中华民国宪法》（1947 年）

　　第一三条　人民有信仰宗教之自由。

《中国人民政治协商会议共同纲领》（1949 年）

　　第五条　中华人民共和国人民有思想、言论、出版、集会、结社、通讯、人身、居住、迁徙、宗教信仰及示威游行的自由权。

《中华人民共和国宪法》（1954 年）

　　第八十八条　中华人民共和国公民有宗教信仰的自由。

《中华人民共和国宪法》（1975 年）

　　第二十八条　公民有言论、通信、出版、集会、结社、游行、示威、罢工的自由，有信仰宗教的自由和不信仰宗教、宣传无神论的自由。

《中华人民共和国宪法》（1978 年）

　　第四十六条　公民有信仰宗教的自由和不信仰宗教、宣传无神论的自由。

《中华人民共和国宪法》（1982 年）

　　第三十六条　中华人民共和国公民有宗教信仰自由。

　　任何国家机关、社会团体和个人不得强制公民信仰宗教或者不信仰宗教，不得歧视信仰宗教的公民和不信仰宗教的公民。

　　国家保护正常的宗教活动。任何人不得利用宗教进行破坏社会秩序、损害公民身体健康、妨碍国家教育制度的活动。

　　宗教团体和宗教事务不受外国势力的支配。

五　表达自由

　　表达自由的重要性毋庸赘言。古典自由主义集大成者约翰·密尔在其名著《论自由》中对思想和表达自由曾做过简洁而精彩的辩护。他认为，由于理性的限制，人类的认识过程是一个不断试错的过程。历史一再证明，流行的意见常常被时间证明是错误的，而真理则往往被当时的世代认作荒诞不经的奇谈怪论。为了使真理不被压制，保持纠错的可能性，就必须严格保护思想自由和言论自由。

根据《公民权利和政治权利国际公约》第19条的规定，表达自由是指：

一、人人有权持有主张，不受干涉。

二、人人有自由发表意见的权利；此项权利包括寻求、接受和传递各种消息和思想的自由，而不论国界，也不论口头的、书写的、印刷的、采取艺术形式的、或通过他所选择的任何其他媒介。

三、本条第二款所规定的权利的行使带有特殊的义务和责任，因此得受某些限制，但这些限制只应由法律规定并为下列条件所必需：

（甲）尊重他人的权利或名誉；

（乙）保障国家安全或公共秩序，或公共卫生或道德。

此处的表达自由包含了思想自由的意思，也就是第一款"人人有权持有主张"。表达自由是外在形式和交流通道，而思想自由是内在核心和主体实质，两者是一外一内的关系。承认表达自由也意味着承认内含于表达的思想自由，这样的一显一隐实际上不言而喻，由此，很多情况下"思想、良心和言论自由"，被简称为"表达自由"。

对于这项权利，除《重大信条十九条》因为条文简略的原因没有涉及，其余各部宪法皆有规定，具体如下。

《钦定宪法大纲》（1908 年）

附臣民权利义务（其细目当于宪法起草时酌定）

二　臣民于法律范围以内，所有言论、著作、出版及集会、结社等事，均准其自由。

《重大信条十九条》（1911 年）

没有相关规定

《中华民国临时约法》（1912 年）

第六条　人民得享有下列各项之自由权：

……

四　人民有言论、著作、刊行及集会、结社之自由。

《中华民国宪法草案》（1913 年）

第十条　中华民国人民有言论、著作及刊行之自由，非依法律不受制限。

《中华民国宪法》（1923 年）

第十一条　中华民国人民有言论、著作及刊行之自由，非依法律，不受制限。

《中华民国训政时期约法》（1931 年）

第十五条　人民有发表言论及刊行著作之自由，非依法律不得停止或限制之。

《中华民国宪法草案》（1936 年）

第十三条　人民有言论、著作及出版之自由，非依法律，不得限制之。

《中华民国宪法》（1947 年）

第一一条　人民有言论、讲学、著作及出版之自由。

《中国人民政治协商会议共同纲领》（1949 年）

第五条　中华人民共和国人民有思想、言论、出版、集会、结社、通讯、人身、居住、迁徙、宗教信仰及示威游行的自由权。

《中华人民共和国宪法》（1954 年）

第八十七条　中华人民共和国公民有言论、出版、集会、结社、游行、示威的自由。国家供给必需的物质上的便利，以保证公民享受这些自由。

《中华人民共和国宪法》（1975 年）

第二十八条　公民有言论、通信、出版、集会、结社、游行、示威、罢工的自由，有信仰宗教的自由和不信仰宗教、宣传无神论的自由。

《中华人民共和国宪法》（1978 年）

第四十五条　公民有言论、通信、出版、集会、结社、游行、示威、罢工的自由，有运用"大鸣、大放、大辩论、大字报"的权利。

1980 年修正决议

中华人民共和国第五届全国人民代表大会第三次会议同意第五

届全国人民代表大会常务委员会提出的关于建议修改《中华人民共和国宪法》第四十五条的议案，为了充分发扬社会主义民主，健全社会主义法制，维护安定团结的政治局面，保障社会主义现代化建设的顺利进行，决定：将《中华人民共和国宪法》第四十五条"公民有言论、通信、出版、集会、结社、游行、示威、罢工的自由，有运用'大鸣、大放、大辩论、大字报'的权利。"修改为"公民有言论、通信、出版、集会、结社、游行、示威、罢工的自由。"取消原第四十五条中"有运用'大鸣、大放、大辩论、大字报'的权利"的规定。

《中华人民共和国宪法》（1982 年）

　　第三十五条　中华人民共和国公民有言论、出版、集会、结社、游行、示威的自由。

六　集会之权利

《公民权利和政治权利国际公约》第 21 条规定：

　　和平集会的权利应被承认。对此项权利的行使不得加以限制，除去按照法律以及在民主社会中为维护国家安全或公共安全、公共秩序，保护公共卫生或道德或他人的权利和自由的需要而加的限制。

对于本项权利，各部宪法的具体规定如下。

《钦定宪法大纲》（1908 年）

　　一　臣民于法律范围以内，所有言论、著作、出版及集会、结社等事，均准其自由。

《重大信条十九条》（1911 年）

　　没有相关规定

《中华民国临时约法》（1912 年）

　　第六条　人民得享有下列各项之自由权：

　　……

　　四、人民有言论、著作、刊行及集会、结社之自由。

《中华民国宪法草案》（1913 年）

第九条　中华民国人民有集会、结社之自由，非依法律不受制限。

《中华民国宪法》（1923 年）

第十条　中华民国人民有集会、结社之自由，非依法律，不受制限。

《中华民国训政时期约法》（1931 年）

第十四条　人民有结社、集会之自由，非依法律不得停止或限制之。

《中华民国宪法草案》（1936 年）

第十六条　人民有集会结社之自由，非依法律，不得限制定之。

《中华民国宪法》（1947 年）

第一四条　人民有集会及结社之自由。

《中国人民政治协商会议共同纲领》（1949 年）

第五条　中华人民共和国人民有思想、言论、出版、集会、结社、通讯、人身、居住、迁徙、宗教信仰及示威游行的自由权。

《中华人民共和国宪法》（1954 年）

第八十七条　中华人民共和国公民有言论、出版、集会、结社、游行、示威的自由。国家供给必需的物质上的便利，以保证公民享受这些自由。

《中华人民共和国宪法》（1975 年）

第二十八条　公民有言论、通信、出版、集会、结社、游行、示威、罢工的自由，有信仰宗教的自由和不信仰宗教、宣传无神论的自由。

《中华人民共和国宪法》（1978 年）

第四十五条　公民有言论、通信、出版、集会、结社、游行、示威、罢工的自由，有运用"大鸣、大放、大辩论、大字报"的权利。

1980 年修正决议

中华人民共和国第五届全国人民代表大会第三次会议同意第五届全国人民代表大会常务委员会提出的关于建议修改《中华人民共

和国宪法》第四十五条的议案，为了充分发扬社会主义民主，健全社会主义法制，维护安定团结的政治局面，保障社会主义现代化建设的顺利进行，决定：将《中华人民共和国宪法》第四十五条"公民有言论、通信、出版、集会、结社、游行、示威、罢工的自由，有运用'大鸣、大放、大辩论、大字报'的权利。"修改为"公民有言论、通信、出版、集会、结社、游行、示威、罢工的自由。"取消原第四十五条中"有运用'大鸣、大放、大辩论、大字报'的权利"的规定。

《中华人民共和国宪法》（1982 年）

第三十五条 中华人民共和国公民有言论、出版、集会、结社、游行、示威的自由。

七 结社之自由

结社自由通常指的是：

一、人人有权享受与他人结社的自由，包括组织和参加工会以保护他的利益的权利。

二、对此项权利的行使不得加以限制。除去法律所规定的限制以及在民主社会中为维护国家安全或公共安全、公共秩序，保护公共卫生或道德，或他人的权利和自由所必需的限制。……不应禁止对军队或警察成员的行使此项权利加以合法的限制。[1]

中国宪法，向来把集会权与结社权并列，具体规定同于集会权。值得关注的是，按照国际人权条约规定的通例，结社权包含组织与参加工会的权利，此条在中国宪法中是单列的，而且只是中华人民共和国的几部宪法中有过规定。由于工会问题在《经济、社会、文化权利国际公约》的基本劳动权中规定甚详，拟在基本劳动权一节进行分析，此处不再赘述。

八 对家庭的保护

家庭是构成社会的基本单元，国家对家庭的保护也属于其保护公民

---

① 《公民权利和政治权利国际公约》第 22 条。

权的义务之一。《公民权利和政治权利国际公约》第23条规定：

一、家庭是天然的和基本的社会单元，并应受社会和国家的保护。

二、已达结婚年龄的男女缔婚和成立家庭的权利应被承认。

三、只有经男女双方的自由的和完全的同意，才能缔婚。

四、本公约缔约各国应采取适当步骤以保证缔婚双方在缔婚、结婚期间和解除婚约时的权利和责任平等。在解除婚约的情况下，应为儿童规定必要的保护办法。

对于此项权利，仅见于中华人民共和国时期各部宪法性文件。大致是因为，在新中国成立以前，长期战乱，军事统一与政治重构是第一要务，至于社会改造，则无暇顾及。只是在中国共产党最终取得政权后，全面的社会改造才得以展开。

《中国人民政治协商会议共同纲领》（1949年）

第六条　中华人民共和国废除束缚妇女的封建制度。妇女在政治的、经济的、文化教育的、社会的生活各方面，均有与男子平等的权利。实行男女婚姻自由。

《中华人民共和国宪法》（1954年）

第九十六条　中华人民共和国妇女在政治的、经济的、文化的、社会的和家庭的生活各方面享有同男子平等的权利。婚姻、家庭、母亲和儿童受国家的保护。

《中华人民共和国宪法》（1975年）

第二十七条……

妇女在各方面享有同男子平等的权利。

婚姻、家庭、母亲和儿童受国家的保护。

……

《中华人民共和国宪法》（1978年）

第五十三条　妇女在政治的、经济的、文化的、社会的和家庭的生活各方面享有同男子平等的权利。男女同工同酬。

男女婚姻自主。婚姻、家庭、母亲和儿童受国家的保护。

国家提倡和推行计划生育。

《中华人民共和国宪法》（1982 年）

第四十九条　婚姻、家庭、母亲和儿童受国家的保护。

夫妻双方有实行计划生育的义务。

父母有抚养教育未成年子女的义务，成年子女有赡养扶助父母的义务。

禁止破坏婚姻自由，禁止虐待老人、妇女和儿童。

此外，在《经济、社会、文化权利国际公约》中，也有对家庭之保障和援助的特别规定：

一、对作为社会的自然和基本的单元的家庭，特别是对于它的建立和当它负责照顾和教育未独立的儿童时，应给予尽可能广泛的保护和协助。缔婚必须经男女双方自由同意。

二、对母亲，在产前和产后的合理期间，应给以特别保护。在此期间，对有工作的母亲应给以给薪休假或有适当社会保障福利金的休假。

三、应为一切儿童和少年采取特殊的保护和协助措施，不得因出身或其他条件而有任何歧视。儿童和少年应予保护免受经济和社会的剥削。雇佣他们做对他们的道德或健康有害或对生命有危险的工作或做足以妨害他们正常发育的工作，依法应受惩罚。各国亦应规定限定的年龄，凡雇佣这个年龄以下的童工，应予禁止和依法应受惩罚。

对家庭之保障和援助包含三项内容。第一项主要是关于婚姻家庭的，晚清与民国的宪法中皆没有规定此项权利。中华人民共和国宪法中对此有明文规定，但不是每一部都明确指出了婚姻自由这一公民权利。具体如下。

《中国人民政治协商会议共同纲领》（1949 年）

第六条　中华人民共和国废除束缚妇女的封建制度。妇女在政治的、经济的、文化教育的、社会的生活各方面，均有与男子平等的权利。实行男女婚姻自由。

《中华人民共和国宪法》（1954 年）

第九十六条　中华人民共和国妇女在政治的、经济的、文化的、社会的和家庭的生活各方面享有同男子平等的权利。婚姻、家庭、母亲和儿童受国家的保护。

《中华人民共和国宪法》（1975 年）

第二十七条　……

婚姻、家庭、母亲和儿童受国家的保护。

《中华人民共和国宪法》（1978 年）

第五十三条　妇女在政治的、经济的、文化的、社会的和家庭的生活各方面享有同男子平等的权利。男女同工同酬。

男女婚姻自主。婚姻、家庭、母亲和儿童受国家的保护。

国家提倡和推行计划生育。

《中华人民共和国宪法》（1982 年）

第四十九条　婚姻、家庭、母亲和儿童受国家的保护。

夫妻双方有实行计划生育的义务。

父母有抚养教育未成年子女的义务，成年子女有赡养扶助父母的义务。

禁止破坏婚姻自由，禁止虐待老人、妇女和儿童

第二项是关于生育保障的权利，此涉及国家的人口政策问题，计划生育在最近的两部宪法中有明确规定。

《中华人民共和国宪法》（1978 年）

第五十三条　妇女在政治的、经济的、文化的、社会的和家庭的生活各方面享有同男子平等的权利。男女同工同酬。

男女婚姻自主。婚姻、家庭、母亲和儿童受国家的保护。

国家提倡和推行计划生育。

《中华人民共和国宪法》（1982 年）

第四十九条　婚姻、家庭、母亲和儿童受国家的保护。

夫妻双方有实行计划生育的义务。

父母有抚养教育未成年子女的义务，成年子女有赡养扶助父母的义务。

禁止破坏婚姻自由，禁止虐待老人、妇女和儿童

第三项是关于儿童的权利，此项权利见下分析。

九 儿童之权利

关于儿童之权利，其保护性规定主要见诸国际人权两公约：

> 每一儿童应有权享受家庭、社会和国家为其未成年地位给予的必要保护措施，不因种族、肤色、性别、语言、宗教、国籍或社会出身、财产或出生而受任何歧视。[①]

对于儿童权利保护，在新中国成立后的宪法中都有原则性规定。尤其是对儿童权益中比较重要的受教育权一项，现行宪法还有特别规定。

《钦定宪法大纲》（1908 年）

无相关规定

《重大信条十九条》（1911 年）

无相关规定

《中华民国临时约法》（1912 年）

无相关规定

《中华民国宪法草案》（1913 年）

无相关规定

《中华民国宪法》（1923 年）

无相关规定

《中华民国训政时期约法》（1931 年）

第四十一条 为改良劳工生活状况，国家应实施保护劳工法规。

妇女、儿童从事劳动者，应按其年龄及身体状态，施以特别之保护。

《中华民国宪法草案》（1936 年）

无相关规定

---

① 《公民权利和政治权利国际公约》第 24 条。

《中华民国宪法》（1947 年）

第一五六条 为奠定民族生存发展之基础，应保护母性，并实施妇女儿童福利政策。

《中国人民政治协商会议共同纲领》（1949 年）

无相关规定

《中华人民共和国宪法》（1954 年）

第九十六条 中华人民共和国妇女在政治的、经济的、文化的、社会的和家庭的生活各方面享有同男子平等的权利。婚姻、家庭、母亲和儿童受国家的保护。

《中华人民共和国宪法》（1975 年）

第二十七条 ……

婚姻、家庭、母亲和儿童受国家的保护。

《中华人民共和国宪法》（1978 年）

第五十一条 公民有受教育的权利。国家逐步增加各种类型的学校和其他文化教育设施，普及教育，以保证公民享受这种权利。

国家特别关怀青少年的健康成长。

《中华人民共和国宪法》（1982 年）

第四十六条 中华人民共和国公民有受教育的权利和义务。

国家培养青年、少年、儿童在品德、智力、体质等方面全面发展。

十 少数人之权利

少数人是权利保障问题中的一个特殊群体，《公民权利和政治权利国际公约》第 27 条规定：

在那些存在着人种的、宗教的或语言的少数人的国家中，不得否认这种少数人同他们的集团中的其他成员共同享有自己的文化、信奉和实行自己的宗教或使用自己的语言的权利。

在中国，宗教上的少数人的权利主要体现于宗教自由。而人种与语言方面的少数人，主要指少数民族。对于少数民族权利的规定，中华人民共和国历部宪法都有详尽规定，以保障在统一国家内各少数民族得到平等发展、和谐共处。

《钦定宪法大纲》（1908 年）

　　没有相关规定

《重大信条十九条》（1911 年）

　　没有相关规定

《中华民国临时约法》（1912 年）

　　第五条　中华民国人民，一律平等，无种族、阶级、宗教之区别。

《中华民国宪法草案》（1913 年）

　　第四条　中华民国人民于法律上无种族、阶级、宗教之别，均为平等。

《中华民国宪法》（1923 年）

　　第五条　中华民国人民于法律上无种族、阶级、宗教之别，均为平等。

　　第一三五条　内外蒙古、西藏、青海，因地方人民之公意，得划分为省、县两级，适用本章各规定。但未设省、县以前，其行政制度，以法律定之。

《中华民国训政时期约法》（1931 年）

　　第六条　中华民国国民，无男女、种族、宗教、阶级之区别，在法律上一律平等。

　　第八十条　蒙古、西藏之地方制度，得就地方情形，另以法律定之。

《中华民国宪法草案》（1936 年）

　　第五条　中华民国各民族均为中华国族之构成分子，一律平等。

　　第八条　中华民国人民在法律上一律平等。

　　第六十七条　立法委员由各省、蒙古、西藏及侨居国外国民所选出之国民代表举行预选，依下列名额，各提出候选人名单于国民大会选举之，其人选不以国民代表为限：

　　一　各省人口未满五百万者，每省四人；五百万以上，未满一千万者，每省六人；一千万以上，未满一千五百万者，每省八人；一千五百万以上，未满二千万者，每省十人；二千万以上，未满二千五百万者，每省十二人；二千五百万以上，未满三千万者，每省十四人；三千万以上者，每省十六人；

二　蒙古、西藏各八人。

《中华民国宪法》（1947 年）

第五条　中华民国各民族一律平等。

第七条　中华民国人民，不分男女、宗教、种族、阶级、党派，在法律上一律平等。

第一六八条　国家对于边疆地区各民族之地位，应予以合法之保障，并于其地方自治事业，特别予以扶植。

第一六九条　国家对于边疆地区各民族之教育、文化、交通、水利、卫生及其他经济、社会事业、应积极举办，并扶助其发展，对于土地使用，应依其气候，土壤性质，及人民生活习惯之所宜，予以保障及发展。

《中国人民政治协商会议共同纲领》（1949 年）

第九条　中华人民共和国境内各民族，均有平等的权利和义务。

第六章　民族政策

第五十条　中华人民共和国境内各民族一律平等，实行团结互助，反对帝国主义和各民族内部的人民公敌，使中华人民共和国成为各民族友爱合作的大家庭。反对大民族主义和狭隘民族主义，禁止民族间的歧视、压迫和分裂各民族团结的行为。

第五十一条　各少数民族聚居的地区，应实行民族的区域自治，按照民族聚居的人口多少和区域大小，分别建立各种民族自治机关。凡各民族杂居的地方及民族自治区内，各民族在当地政权机关中均应有相当名额的代表。

第五十二条　中华人民共和国境内各少数民族，均有按照统一的国家军事制度，参加人民解放军及组织地方人民公安部队的权利。

第五十三条　各少数民族均有发展其语言文学、保持或改革其风俗习惯及宗教信仰的自由。人民政府应帮助各少数民族的人民大众发展其政治、经济、文化、教育的建设事业。

《中华人民共和国宪法》（1954 年）

序言

我国各民族已经团结成为一个自由平等的民族大家庭。在发扬各民族间的友爱互助、反对帝国主义、反对各民族内部的人民公敌、反对大民族主义和地方民族主义的基础上，我国的民族团结将继续加强。国家在经济建设和文化建设的过程中将照顾各民族的需要，而在社会主义改造的问题上将充分注意各民族发展的特点。

第三条　中华人民共和国是统一的多民族的国家。各民族一律平等。禁止对任何民族的歧视和压迫，禁止破坏各民族团结的行为。各民族都有使用和发展自己的语言文字的自由，都有保持或者改革自己的风俗习惯的自由。各少数民族聚居的地方实行区域自治。各民族自治地方都是中华人民共和国不可分离的部分。

第五节　民族自治地方的自治机关

第六十七条　自治区、自治州、自治县的自治机关的组织，应当根据宪法第二章第四节规定的关于地方国家机关的组织的基本原则。自治机关的形式可以依照实行区域自治的民族大多数人民的意愿规定。

第六十八条　在多民族杂居的自治区、自治州、自治县的自治机关中，各有关民族都应当有适当名额的代表。

第六十九条　自治区、自治州、自治县的自治机关行使宪法第二章第四节规定的地方国家机关的职权。

第七十条　自治区、自治州、自治县的自治机关依照宪法和法律规定的权限行使自治权。自治区、自治州、自治县的自治机关依照法律规定的权限管理本地方的财政。自治区、自治州、自治县的自治机关依照国家的军事制度组织本地方的公安部队。自治区、自治州、自治县的自治机关可以依照当地民族的政治、经济和文化的特点，制定自治条例和单行条例，报请全国人民代表大会常务委员会批准。

第七十一条　自治区、自治州、自治县的自治机关在执行职务的时候，使用当地民族通用的一种或者几种语言文字。

第七十二条　各上级国家机关应当充分保障各自治区、自治州、自治县的自治机关行使自治权，并且帮助各少数民族发展政治、经济和文化的建设事业。

第八十五条 中华人民共和国公民在法律上一律平等。

《中华人民共和国宪法》（1975 年）

序言

我们要巩固工人阶级领导的以工农联盟为基础的各族人民的大团结，发展革命统一战线。要正确区别和处理敌我矛盾和人民内部矛盾。要继续开展阶级斗争、生产斗争和科学实验三大革命运动，独立自主，自力更生，艰苦奋斗，勤俭新中国成立，鼓足干劲，力争上游，多快好省地建设社会主义，备战、备荒、为人民。

第四条 中华人民共和国是统一的多民族的国家。实行民族区域自治的地方，都是中华人民共和国不可分离的部分。

各民族一律平等。反对大民族主义和地方民族主义。

各民族都有使用自己的语言文字的自由。

第四节 民族自治地方的自治机关

第二十四条 自治区、自治州、自治县都是民族自治地方，它的自治机关是人民代表大会和革命委员会。

民族自治地方的自治机关除行使宪法第二章第三节规定的地方国家机关的职权外，可以依照法律规定的权限行使自治权。

各上级国家机关应当充分保障各民族自治地方的自治机关行使自治权，积极支持各少数民族进行社会主义革命和社会主义建设。

《中华人民共和国宪法》（1978 年）

序言

我们要巩固和发展工人阶级领导的，以工农联盟为基础的，团结广大知识分子和其他劳动群众，团结爱国民主党派、爱国人士、台湾同胞、港澳同胞和国外侨胞的革命统一战线。要加强全国各民族的大团结。要正确区别和处理敌我矛盾和人民内部矛盾。要在全国人民中努力造成又有集中又有民主，又有纪律又有自由，又有统一意志、又有个人心情舒畅、生动活泼那样一种政治局面，以利于调动一切积极因素，克服一切困难，更好地巩固无产阶级专政，较快地建设我们的国家。

第四条 中华人民共和国是统一的多民族的国家。

各民族一律平等。各民族间要团结友爱，互相帮助，互相学习。禁止对任何民族的歧视和压迫，禁止破坏各民族团结的行为，反对大民族主义和地方民族主义。

各民族都有使用和发展自己的语言文字的自由，都有保持或者改革自己的风俗习惯的自由。

各少数民族聚居的地方实行区域自治。各民族自治地方都是中华人民共和国不可分离的部分。

第四节　民族自治地方的自治机关

第三十八条　自治区、自治州、自治县的自治机关是人民代表大会和革命委员会。

民族自治地方的人民代表大会和革命委员会的产生、任期、职权和派出机构的设置等，应当根据宪法第二章第三节规定的关于地方国家机关的组织的基本原则。

在多民族居住的民族自治地方的自治机关中，各有关民族都应当有适当名额的代表。

第三十九条　民族自治地方的自治机关除行使宪法规定的地方国家机关的职权外，依照法律规定的权限行使自治权。

民族自治地方的自治机关可以依照当地民族的政治、经济和文化的特点，制定自治条例和单行条例，报请全国人民代表大会常务委员会批准。

民族自治地方的自治机关在执行职务的时候，使用当地民族通用的一种或者几种语言文字。

第四十条　各上级国家机关应当充分保障各民族自治地方的自治机关行使自治权，充分考虑各少数民族的特点和需要，大力培养各少数民族干部，积极支持和帮助各少数民族进行社会主义革命和社会主义建设，发展社会主义经济和文化。

1979 年宪法修正决议

六、第三十八条第一款修改为："自治区、自治州、自治县的自治机关是人民代表大会和人民政府。"

第二款修改为："民族自治地方的人民代表大会和人民政府的产生、任期、职权和派出机构的设置等，应当根据宪法第二章第三节规定的关于地方国家机关的组织的基本原则。"

《中华人民共和国宪法》（1982 年）

序言

中华人民共和国是全国各族人民共同缔造的统一的多民族国家。平等、团结、互助的社会主义民族关系已经确立，并将继续加强。在维护民族团结的斗争中，要反对大民族主义，主要是大汉族主义，也要反对地方民族主义。国家尽一切努力，促进全国各民族的共同繁荣

第四条　中华人民共和国各民族一律平等。国家保障各少数民族的合法的权利和利益，维护和发展各民族的平等、团结、互助关系。禁止对任何民族的歧视和压迫，禁止破坏民族团结和制造民族分裂的行为。

国家根据各少数民族的特点和需要，帮助各少数民族地区加速经济和文化的发展。

各少数民族聚居的地方实行区域自治，设立自治机关，行使自治权。各民族自治地方都是中华人民共和国不可分离的部分。

各民族都有使用和发展自己的语言文字的自由，都有保持或者改革自己的风俗习惯的自由。

第三十三条　凡具有中华人民共和国国籍的人都是中华人民共和国公民。

中华人民共和国公民在法律面前一律平等。

任何公民享有宪法和法律规定的权利，同时必须履行宪法和法律规定的义务。

第六节　民族自治地方的自治机关

第一百一十二条　民族自治地方的自治机关是自治区、自治州、自治县的人民代表大会和人民政府。

第一百一十三条　自治区、自治州、自治县的人民代表大会中，除实行区域自治的民族的代表外，其他居住在本行政区域内的民族也应当有适当名额的代表。

自治区、自治州、自治县的人民代表大会常务委员会中应当有实行区域自治的民族的公民担任主任或者副主任。

第一百一十四条　自治区主席、自治州州长、自治县县长由实

行区域自治的民族的公民担任。

第一百一十五条 自治区、自治州、自治县的自治机关行使宪法第三章第五节规定的地方国家机关的职权，同时依照宪法、民族区域自治法和其他法律规定的权限行使自治权，根据本地方实际情况贯彻执行国家的法律、政策。

第一百一十六条 民族自治地方的人民代表大会有权依照当地民族的政治、经济和文化的特点，制定自治条例和单行条例。自治区的自治条例和单行条例，报全国人民代表大会常务委员会批准后生效。自治州、自治县的自治条例和单行条例，报省或者自治区的人民代表大会常务委员会批准后生效，并报全国人民代表大会常务委员会备案。

第一百一十七条 民族自治地方的自治机关有管理地方财政的自治权。凡是依照国家财政体制属于民族自治地方的财政收入，都应当由民族自治地方的自治机关自主地安排使用。

第一百一十八条 民族自治地方的自治机关在国家计划的指导下，自主地安排和管理地方性的经济建设事业。

国家在民族自治地方开发资源、建设企业的时候，应当照顾民族自治地方的利益。

第一百一十九条 民族自治地方的自治机关自主地管理本地方的教育、科学、文化、卫生、体育事业，保护和整理民族的文化遗产，发展和繁荣民族文化。

第一百二十条 民族自治地方的自治机关依照国家的军事制度和当地的实际需要，经国务院批准，可以组织本地方维护社会治安的公安部队。

第一百二十一条 民族自治地方的自治机关在执行职务的时候，依照本民族自治地方自治条例的规定，使用当地通用的一种或者几种语言文字。

第一百二十二条 国家从财政、物资、技术等方面帮助各少数民族加速发展经济建设和文化建设事业。

国家帮助民族自治地方从当地民族中大量培养各级干部、各种专业人才和技术工人。

第四章　经济、社会、文化权利

近代以降，充分地实现经济、社会、文化权利既是国民也是政府所追求的目的。而此种权利的实现，需要深入地进行社会变革，而此种变革又要以政治变革为前提。在政治建设未完成，社会改造未开始的时候，叙述经济、社会、文化权利为时过早，所以，经济、社会、文化权利体现在中国宪法中，大致可分为三个时期。

第一个时期从晚清到北洋，在此阶段，政治经济变革刚刚开始，宪法以政治转型为中心，对于经济、社会、文化权利基本不涉及。

第二个时期是国民党统治时期。国民党在形式上统一中国后，政治问题得以初步解决，经济建设得以初步展开，这时，宪法中开始较多地出现经济、社会、文化权利的规定，并在实践层面展开了一些实验和尝试。然而政治的发展决定了社会变革的力度，虽有关注民生的愿望，但政治变革仍是时代的主题，故而宪法中规定甚多，实践中展开的却较少。

第三个时期是中华人民共和国时期，首先对社会进行了深入而彻底的改造，并构建了有效的管理体制，这时，在实践层面，国民的经济、社会、文化权利才得以实现，比如教育之权利、享受最高的体质和心理健康之权利等。但此方面的权利是要以经济实力为后盾的，所以，更全面的实现还要等到改革开放以后，特别是当下持续建设小康社会的进程。

一　基本劳动权及工作条件

基本劳动权又称工作权，或者称就业权。

一、本公约缔约各国承认工作权，包括人人应有机会凭其自由选择和接受的工作来谋生的权利，并将采取适当步骤来保障这一权利。

二、本公约缔约各国为充分实现这一权利而采取的步骤应包括技术的和职业的指导和训练，以及在保障个人基本政治和经济自由的条件下达到稳定的经济、社会和文化的发展和充分的生产就业的计划、政策和技术。①

此项权利主要包含两个方面的内容。第一个方面是工作自由，对此项权利，民国宪法多有规定。但是到了中华人民共和国成立早期，由于计划经济的原因，一般不做此种规定。第二个方面是职业培训与工作机会。此项在民国时倒是少有规定，大致是因为经济发展状况局限，政府在此方面有心无力。到了中华人民共和国时期，宪法条文强调了对公民工作权的保障。

此外，工作权中还应包括对工作报酬的考虑，《经济、社会、文化权利国际公约》第7条甲项第2款特别规定，要"保证他们（工作者）自己和他们的家庭得有符合本公约规定的过得去的生活"。为了方便分析，此处一并讨论。

如果把工作权不仅理解为工作机会，而且理解为财富获取的一种手段的话，那么，晚清时期基本就是国民工作权没能得到实现的时期。既然工作权的重要价值在于财富的获取，那么，必然要从形式上的工作自由，进展到实质上的经济改革。此种进步的实质是国家工业化、商业化，并使普通国民通过对工商业活动的参与，分享生产力进步所带来的财富增长。

首先，晚清时期的中国仍是个农业社会，国民普遍通过务农而获得粮食，工作权也无从谈起。

《钦定宪法大纲》（1908年）

无相关规定

《重大信条十九条》（1911年）

无相关规定

到了民国时期，国家经济开始转型，国民开始拥有务农之外的工作机会，这时，宪法中规定了工作自由。但是，对于更为实质的财富获得问题，则必须等到国家经济发展之后才能逐渐解决。

---

① 《经济、社会、文化权利国际公约》第6条。

《中华民国临时约法》（1912 年）

无相关规定

《中华民国宪法草案》（1913 年）

第八条　中华民国人民有选择住居及职业之自由，非依法律不受制限。

《中华民国宪法》（1923 年）

第九条　中华民国人民有选择住居及职业之自由，非依法律，不受制限。

《中华民国训政时期约法》（1931 年）

第三十七条　人民得自由选择职业及营业，但有妨害公共利益者，国家得以法律限制或禁止之。

《中华民国宪法草案》（1936 年）

无相关规定

《中华民国宪法》（1947 年）

第一五条　人民之生存权、工作权及财产权，应予保障。

第一五二条　人民具有工作能力者，国家应予以适当之工作机会。

由于国家长期战乱，经济建设迟滞，国民生活无从改善。中华人民共和国成立后，执政党着手进行大规模的社会改造，使国民普遍获得工作机会，更获得生活的改善。无论是耕者有其田、公有制，还是计划经济，皆有工作机会和富裕生活这两方面的目的。虽然计划经济足以使人人有工作可做，但不能保证人人过上富裕生活，因此，在 1978 年后转为改革开放。国家试图在保证平均收入水平提高的前提下，提高就业率。

《中国人民政治协商会议共同纲领》（1949 年）

第二十七条　土地改革为发展生产力和国家工业化的必要条件。凡已实行土地改革的地区，必须保护农民已得土地的所有权。凡尚未实行土地改革的地区，必须发动农民群众，建立农民团体，经过清除土匪恶霸、减租减息和分配土地等项步骤，实现耕者有其田。

第三十条　凡有利于国计民生的私营经济事业，人民政府应鼓励其经营的积极性，并扶助其发展。

《中华人民共和国宪法》（1954 年）

第九十一条 中华人民共和国公民有劳动的权利。国家通过国民经济有计划的发展，逐步扩大劳动就业，改善劳动条件和工资待遇，以保证公民享受这种权利。

《中华人民共和国宪法》（1975 年）

第九条 国家实行"不劳动者不得食"、"各尽所能、按劳分配"的社会主义原则。

国家保护公民的劳动收入、储蓄、房屋和各种生活资料的所有权。

《中华人民共和国宪法》（1978 年）

第四十八条 公民有劳动的权利。国家根据统筹兼顾的原则安排劳动就业，在发展生产的基础上逐步提高劳动报酬，改善劳动条件，加强劳动保护，扩大集体福利，以保证公民享受这种权利。

《中华人民共和国宪法》（1982 年）

第四十二条 中华人民共和国公民有劳动的权利和义务。

国家通过各种途径，创造劳动就业条件，加强劳动保护，改善劳动条件，并在发展生产的基础上，提高劳动报酬和福利待遇。

劳动是一切有劳动能力的公民的光荣职责。国营企业和城乡集体经济组织的劳动者都应当以国家主人翁的态度对待自己的劳动。国家提倡社会主义劳动竞赛，奖励劳动模范和先进工作者。国家提倡公民从事义务劳动。

国家对就业前的公民进行必要的劳动就业训练。

除了保证就业率，积极创造工作条件和工作环境，也是国家为保障工作权的义务之一。《经济、社会、文化权利国际公约》第 7 条专门对此作出规定：

本公约缔约各国承认人人有权享受公正或良好的工作条件，特别要保证：

（甲）最低限度给予所有工人以下列报酬：

（1）公平的工资和同值工作同酬而没有任何歧视，特别是保证妇女享受不差于男子所享受的工作条件，并享受同工同酬；

（2）保证他们自己和他们的家庭得有符合本公约规定的过得去

的生活；

（乙）安全和卫生的工作条件；

（丙）人人在其行业中适当的提级的同等机会，除资历和能力的考虑外，不受其他考虑的限制；

（丁）休息、闲暇和工作时间的合理限制，定期给薪休假以及公共假日报酬。

其中甲项第 2 款，已在前文中分析过，此处不再赘述。

其余内容在各部宪法的具体规定如下。

《钦定宪法大纲》（1908 年）

无相关规定

《重大信条十九条》（1911 年）

无相关规定

《中华民国临时约法》（1912 年）

无相关规定

《中华民国宪法草案》（1913 年）

无相关规定

《中华民国宪法》（1923 年）

无相关规定

《中华民国训政时期约法》（1931 年）

第四十一条　为改良劳工生活状况，国家应实施保护劳工法规。

妇女、儿童从事劳动者，应按其年龄及身体状态，施以特别之保护。

《中华民国宪法草案》（1936 年）

第一二四条　国家为改良劳工生活，增进其生产技能及救济劳工失业，应实施保护劳工政策。

妇女儿童从事劳动者，应按其年龄及身体状态，施以特别之保护。

《中华民国宪法》（1947 年）

第一五三条　国家为改良劳工及农民之生活，增进其生产技能，应制定保护劳工及农民之法律，实施保护劳工及农民之政策。妇女儿童从事劳动者，应按其年龄及身体状态，予以特别之保护。

《中国人民政治协商会议共同纲领》（1949 年）

第三十二条 在国家经营的企业中，目前时期应实行工人参加生产管理的制度，即建立在厂长领导之下的工厂管理委员会。私人经营的企业，为实现劳资两利的原则，应由工会代表工人职员与资方订立集体合同。公私企业目前一般应实行八小时至十小时的工作制，特殊情况得斟酌办理。人民政府应按照各地各业情况规定最低工资。逐步实行劳动保险制度。保护青工女工的特殊利益。实行工矿检查制度，批改进工矿的安全和卫生设备。

《中华人民共和国宪法》（1954 年）

第九十二条 中华人民共和国劳动者有休息的权利。国家规定工人和职员的工作时间和休假制度，逐步扩充劳动者休息和休养的物质条件，以保证劳动者享受这种权利。

《中华人民共和国宪法》（1975 年）

无相关规定

《中华人民共和国宪法》（1978 年）

第九十二条 中华人民共和国劳动者有休息的权利。国家规定工人和职员的工作时间和休假制度，逐步扩充劳动者休息和休养的物质条件，以保证劳动者享受这种权利。

《中华人民共和国宪法》（1982 年）

第四十二条 中华人民共和国公民有劳动的权利和义务。

国家通过各种途径，创造劳动就业条件，加强劳动保护，改善劳动条件，并在发展生产的基础上，提高劳动报酬和福利待遇。

劳动是一切有劳动能力的公民的光荣职责。国营企业和城乡集体经济组织的劳动者都应当以国家主人翁的态度对待自己的劳动。国家提倡社会主义劳动竞赛，奖励劳动模范和先进工作者。国家提倡公民从事义务劳动。

国家对就业前的公民进行必要的劳动就业训练。

第四十三条 中华人民共和国劳动者有休息的权利。

国家发展劳动者休息和休养的设施，规定职工的工作时间和休假制度。

第四十四条 国家依照法律规定实行企业事业组织的职工和国家

机关工作人员的退休制度。退休人员的生活受到国家和社会的保障。

第四十八条　中华人民共和国妇女在政治的、经济的、文化的、社会的和家庭的生活等各方面享有同男子平等的权利。

国家保护妇女的权利和利益，实行男女同工同酬，培养和选拔妇女干部。

二　受教育之权利

"教育是人类解放的工具。"① 受教育权是一项基本人权，是实现其他权利不可或缺的手段。受教育的权利是一项增长才能的权利，它的实现为个人全面实现和享有其他权利提供了基本条件。尤其是对于在经济上和社会上处于弱势或边缘地位的个人来说，接受教育方能获得基本的科学文化知识和创新创造能力，掌握基本的生存技能，受教育是个人摆脱贫困以及参与社区生活、国家政治生活以及经济文化生活的前提和基础，甚至可以说，受教育是个人改变其命运的重要手段。相反，个人若没有接受良好的教育，则可能导致其不具备相应的能力，其他权利的享有也可能因此受到影响。例如，美国早期曾以多数黑人不具备读写能力为由而拒绝赋予他们选举权与被选举权；在经济生活领域，许多妇女无法与社会化大生产以及知识经济的要求相适应而失业或被迫从事低薪、无保障的工作。因而，国家重视国民的受教育权，提高全民的受教育水平，使其掌握科学文化知识以及提升其各种能力，只有如此才能使人人实现和充分享有其他各项权利，也只有如此个人才能获得更加健全的人格和更加丰富多彩的人生。

《经济、社会、文化权利国际公约》规定：

一、本公约缔约各国承认，人人有受教育的权利。它们同意，教育应鼓励人的个性和尊严的充分发展，加强对人权和基本自由的尊重，并应使所有的人能有效地参加自由社会，促进各民族之间和各种族、人种或宗教团体之间的了解、容忍和友谊，和促进维护和平的各项活动。

二、本公约缔约各国认为，为了充分实现这一权利起见：

---

① 〔英〕安迪·格林：《教育与国家形成》，王春华等译，教育科学出版社，2004，第37页。

（甲）初等教育应属义务性质并一律免费；

（乙）各种形式的中等教育，包括中等技术和职业教育，应以一切适当方法，普遍设立，并对一切人开放，特别要逐渐做到免费；

（丙）高等教育应根据成绩，以一切适当方法，对一切人平等开放，特别要逐渐做到免费；

（丁）对那些未受到或未完成初等教育的人的基础教育，应尽可能加以鼓励或推进；

（戊）各级学校的制度，应积极加以发展；适当的奖学金制度，应予设置；教员的物质条件，应不断加以改善。

三、本公约缔约各国承担，尊重父母和（如适用时）法定监护人的下列自由：为他们的孩子选择非公立的但系符合于国家所可能规定或批准的最低教育标准的学校，并保证他们的孩子能按照他们自己的信仰接受宗教和道德教育。

四、本条的任何部分不得解释为干涉个人或团体设立及管理教育机构的自由，但以遵守本条第一款所述各项原则及此等机构实施的教育必须符合于国家所可能规定的最低标准为限。

中国现代教育制度的建立，始于晚清。1905 年 11 月 26 日，清廷谕令仿日本教育模式，设立学部，"负兴学育才之总责"；次年裁撤原有各省学政，改提学使司提学使，统辖地方学务。京师以及各省、州、县纷纷将以往用于科举的官学、书院、义学等，通过拨款或地方士绅捐资自筹等形式改建为各种新式学堂。1905 年至 1911 年辛亥革命爆发前的数年间，新式学堂的数量以每年超过 1 万所的速度迅猛增长。

表 4-1　1904~1909 年新式学生数量

	1904 年	1905 年	1906 年	1907 年	1908 年	1909 年
学堂数量（所）	4222*	8277	19830	35913	43088	52348*

注：①此表根据学部所编《宣统元年第三次教育统计图表》（国家图书馆藏），以及王笛《清末新政与近代新学堂的兴起》（《近代史研究》1987 年第 3 期）的数据综合而成。

②此表中所列学堂数仅为申报立案的公私学堂，不含军事或教会组织开办的专门性学堂。

③*1904 年新学堂的数量 4222 所，系采《宣统元年第三次教育统计图表》。《清末新政与近代新学堂的兴起》中所列数据为 4476 所，从前。1909 年新学堂数量，前表为 52348，后表为 59117，从前。

虽然有此种进步，但国家财政仍不足支持教育机构在数量与质量上进一步提高。后来国家陷入分裂与战乱，教育事业发展缓慢。虽然从总量与比例上讲教育事业得到发展了，但是，受教育之权利在性质上是一种普遍权利，也就是说，所有青少年都应接受教育。此目标的实现，需要对国内所有适龄学童进行"数目字的管理"，亦要求国家与家庭两方面的经济皆能支持他们求学，而此种前提，只有中华人民共和国成立后才存在。

对于本项基本权利，各部宪法的具体规定如下。

《钦定宪法大纲》（1908 年）

无相关规定

《重大信条十九条》（1911 年）

无相关规定

《中华民国临时约法》（1912 年）

无相关规定

《中华民国宪法草案》（1913 年）

第十九条　中华民国人民，依法律有受初等教育之义务。

国民教育以孔子之道为修身大本。

《中华民国宪法》（1923 年）

第二十一条　中华民国人民依法律有受初等教育之义务。

《中华民国训政时期约法》（1931 年）

第四十七条　三民主义为中华民国教育之根本原则。

第四十八条　男女教育之机会一律平等。

第四十九条　全国公、私立之教育机关，一律受国家之监督，并负推行国家所定教育政策之义务。

第五十条　已达学龄之儿童应一律受义务教育，其详以法律定之。

第五十一条　未受义务教育之人民，应一律受成年补习教育，其详以法律定之。

第五十二条　中央及地方应宽筹教育上必需之经费，其依法独立之经费，并予以保障。

第五十三条　私立学校成绩优良者，国家应予以奖励或补助。

第五十四条 华侨教育，国家应予以奖励及补助。

第五十五条 学校教职员成绩优良久于其职者，国家应予以奖励及保障。

第五十六条 全国公、私立学校应设置免费及奖金学额，以奖励品学俱优无力升学之学生。

《中华民国宪法草案》（1936 年）

第七章 教育

第一三一条 中华民国之教育宗旨，在发扬民族精神，培养国民道德，训练自治能力，增进生活知能，以造成健全国民。

第一三二条 中华民国人民受教育之机会，一律平等。

第一三三条 全国公私立之教育机关，一律受国家之监督，并负推行国家所定教育政策之义务。

第一三四条 六岁至十二岁之学龄儿童，一律受基本教育，免纳学费。

第一三五条 已逾学龄未受基本教育之人民，一律受补习教育，免纳学费。

第一三六条 国立大学及国立专科学校之设立，应注重地区之需要，以维持各地区人民享受高等教育之机会均等，而促进全国文化之平衡发展。

第一三七条 教育经费之最低限度，在中央为其预算总额百分之十五，在省区及县市为其预算总额百分之三十，其依法律独立之教育基金，并于以保障。

贫瘠省区之教育经费，由国库补助之。

第一三八条 国家对于下列事业及人民，予以奖励或补助：

一 国内私人经营之教育事业成绩优良者；

二 侨居国外国民之教育事业；

三 于学术技术有发明者；

四 从事教育，成绩优良，久于其职者；

五 学生学行俱优，无力升学者。

《中华民国宪法》（1947 年）

第二一条 人民有受国民教育之权利与义务。

第一五八条　教育文化，应发展国民之民族精神、自治精神、国民道德、健全体格、科学及生活智能。

第一五九条　国民受教育之机会一律平等。

第一六十条　六岁至十二岁之学龄儿童，一律受基本教育，免纳学费。其贫苦者，由政府供给书籍。已逾学龄未受基本教育之国民，一律受补习教育，免纳学费，其书籍亦由政府供给。

第一六一条　各级政府应广设奖学金名额，以扶助学行俱优无力升学之学生。

第一六二条　全国公私立之教育文化机关，依法律受国家之监督。

第一六三条　国家应注重各地区教育之均衡发展，并推行社会教育，以提高一般国民之文化水准，边远及贫瘠地区之教育文化经费，由国库补助之。其重要之教育文化事业，得由中央办理或补助之。

《中国人民政治协商会议共同纲领》（1949 年）

第四十六条　中华人民共和国的教育方法为理论与实际一致。人民政府应有计划有步骤地改革旧的教育制度、教育内容和教学法。

第四十七条　有计划有步骤地实行普及教育，加强中等教育和高等教育，注重技术教育，加强劳动者的业余教育和在职干部教育，给青年知识分子和旧知识分子以革命的政治教育，以应革命工作和国家建设工作的广泛需要。

第五十三条　各少数民族均有发展其语言文学、保持或改革其风俗习惯及宗教信仰的自由。人民政府应帮助各少数民族的人民大众发展其政治、经济、文化、教育的建设事业。

《中华人民共和国宪法》（1954 年）

第九十四条　中华人民共和国公民有受教育的权利。国家设立并且逐步扩大各种学校和其他文化教育机关，以保证公民享受这种权利。国家特别关怀青年的体力和智力的发展。

第九十五条　中华人民共和国保障公民进行科学研究、文学艺术创作和其他文化活动的自由。国家对于从事科学、教育、文学、艺术和其他文化事业的公民的创造性工作，给以鼓励和帮助。

《中华人民共和国宪法》（1975 年）

第十二条 无产阶级必须在上层建筑其中包括各个文化领域对资产阶级实行全面的专政。文化教育、文学艺术、体育卫生、科学研究都必须为无产阶级政治服务，为工农兵服务，与生产劳动相结合。

第二十七条 ……

公民有劳动的权利，有受教育的权利。劳动者有休息的权利，在年老、疾病或者丧失劳动能力的时候，有获得物质帮助的权利。

《中华人民共和国宪法》（1978 年）

第五十一条 公民有受教育的权利。国家逐步增加各种类型的学校和其他文化教育设施，普及教育，以保证公民享受这种权利。

国家特别关怀青少年的健康成长。

第五十二条 公民有进行科学研究、文学艺术创作和其他文化活动的自由。国家对于从事科学、教育、文学、艺术、新闻、出版、卫生、体育等文化事业的公民的创造性工作，给以鼓励和帮助。

《中华人民共和国宪法》（1982 年）

第十九条 国家发展社会主义的教育事业，提高全国人民的科学文化水平。

国家举办各种学校，普及初等义务教育，发展中等教育、职业教育和高等教育，并且发展学前教育。

国家发展各种教育设施，扫除文盲，对工人、农民、国家工作人员和其他劳动者进行政治、文化、科学、技术、业务的教育，鼓励自学成才。

国家鼓励集体经济组织、国家企业事业组织和其他社会力量依照法律规定举办各种教育事业。

国家推广全国通用的普通话。

第四十六条 中华人民共和国公民有受教育的权利和义务。

国家培养青年、少年、儿童在品德、智力、体质等方面全面发展。

第四十七条 中华人民共和国公民有进行科学研究、文学艺术创作和其他文化活动的自由。国家对于从事教育、科学、技术、文学、艺术和其他文化事业的公民的有益于人民的创造性工作，给以鼓励和帮助。

第一百一十九条　民族自治地方的自治机关自主地管理本地方的教育、科学、文化、卫生、体育事业，保护和整理民族的文化遗产，发展和繁荣民族文化。

在政府为保障学龄儿童普遍接受教育而承担的义务中，对于初等教育还应建立义务教育的机制。对此问题，宪法的规定如下。

《中华民国宪法草案》（1913 年）

第十九条　中华民国人民，依法律有受初等教育之义务。

国民教育以孔子之道为修身大本。

《中华民国宪法》（1923 年）

第二十一条　中华民国人民依法律有受初等教育之义务。

《中华民国训政时期约法》（1931 年）

第五十条　已达学龄之儿童应一律受义务教育，其详以法律定之。

第五十六条　全国公、私立学校应设置免费及奖金学额，以奖励品学俱优无力升学之学生。

《中华民国宪法草案》（1936 年）

第一三四条　六岁至十二岁之学龄儿童，一律受基本教育，免纳学费。

第一三五条　已逾学龄未受基本教育之人民，一律受补习教育，免纳学费。

第一三七条　教育经费之最低限度，在中央为其预算总额百分之十五，在省区及县市为其预算总额百分之三十，其依法律独立之教育基金，并于以保障。

贫瘠省区之教育经费，由国库补助之。

《中华民国宪法》（1947 年）

第一六十条　六岁至十二岁之学龄儿童，一律受基本教育，免纳学费。其贫苦者，由政府供给书籍。已逾学龄未受基本教育之国民，一律受补习教育，免纳学费，其书籍亦由政府供给。

《中华人民共和国宪法》（1982 年）

第十九条　……

国家举办各种学校，普及初等义务教育，发展中等教育、职业教育和高等教育，并且发展学前教育。

免费义务教育的问题，很大程度上取决于教育投入。财政不到位，义务教育也就无从实现。1913 年的《中华民国宪法草案》和 1923 年的《中华民国宪法》，皆规定初等教育是一种义务，但没规定是否免费。事实是，中央权力既无法及于地方，又缺乏财力支持免费义务教育，因此，推行下去也就是国民须将子女送去接受初等教育，但费用自理。到了国民党掌权时期，有心实行义务教育，并一度规定 15% ~ 30% 的财政保障，但这个计划并没能付诸实施。

新中国成立以后，普及义务教育是在十分薄弱的基础上起步的。改革开放初，我国基础教育比较落后，五年制小学尚未普及，每年都产生大量新文盲。1980 年中共中央、国务院在《关于普及小学教育若干问题的决定》中，明确提出 80 年代在全国基本实现普及小学教育的历史任务。这一决策直接体现为 1982 年《宪法》第 19 条："国家举办各种学校，普及初等义务教育。"实际操作中，在农村普及初等教育的任务被落实到县和区、乡、公社和大队。

最早提出普及九年义务教育的是 1985 年全国教育工作会议通过的《中共中央关于教育体制改革的决定》。该决定指出："现在，我们完全有必要也有可能把实行九年制义务教育当作关系民族素质提高和国家兴旺发达的一件大事，突出地提出来，……全国各族人民，用最大的努力，积极地、有步骤地予以实施。"这就是后来所说的"普九"工程。实行九年义务教育制度虽然反映了社会发展和民众的要求，但在尚未全面普及初等教育的基础上"普九"是需要勇气、决心和政治智慧的。

1986 年，全国人大通过了《义务教育法》，第一次以法律的形式确定："国家实行九年制义务教育。"可以说，在"普九"过程中，以《义务教育法》为代表的一系列关于义务教育的政策、法律、法规的颁布与实施起到了至关重要的作用。《义务教育法》从国家社会经济文化发展不平衡的实际出发，确定由省、自治区、直辖市根据本地区实际情况确定推行义务教育的步骤；确立了在国务院领导下，实行地方负责，分级管理的管理体制。基础教育管理权属于地方，除大政方针和宏观规划由中央决定外，具体政策、制度、计划的制定和实施，以及对学校的领导、管理和检查，责任和权利都交给地方。在投入方面，法律规定："实施义务教育所需事业费和基本建设投资，由国务院和地方各级人民政府负责筹措，予以保证"，"地方各级人民政府按照国务院的规定，在城乡征收教育事业费附加，主要用于实施义务教育"，"国家鼓励各种社会力量以及个人自愿捐资助学"。但由于受当时的经济状况和社会发展条件限制，实际上实行的是政府投入和征收城乡教育费附加、收取杂费、发展校办产业、动员社会集资等多渠道并行的筹措教育经费的做法。在一些财力弱的乡镇，办学经费主要来自向农民收取的教育费附加和教育集资款，实质上是农民负担办学经费。①

"普九"的道路很艰辛，特别是义务教育发展不均衡问题比较突出。西部农村学校办学条件差，许多农村学校的教学设备远没有达到国家标准。国家适时调整农村义务教育管理体制和投入体制，实现了农村义务教育管理由以乡镇为主向以县为主、经费投入由以农民为主承担向以政府为主承担的两个重大转变，在促进城乡义务教育均衡发展方面取得重大进展。随着农村经济体制改革的不断深化，特别是农村税费改革的全面推进，新的管理体制加强了省级政府对义务教育经费投入和教育资源配置的统筹作用，同时，也强调了县级政府对本地区义务教育发展负有主要责任，在投入体制上的改革力度更大。经过30多年的发展，我国普及教育水平有了长足提高。到2009年，九年义务教育普及率达到95%以上，青壮年文盲率下降到5%以下，高等教育毛入学率达到21%。② 这样的成绩，显示了我国在普及教育方面已经成功"脱贫"。中国发展义务教育的道路是一步步走出来的，大国办大教育，每一步都需要非同寻常的决心和勇气。

三　参加文化生活之权利

参加文化生活之权利是每一个现代人精神生活之必需，但因此一权

---

① 方光伟：《中国特色的依法普及九年义务教育之路》（2009），http：//www. npc. gov. cn/npc/xinwen/rdlt/fzjs/2009 - 02/13/content_ 1470214. htm。

② 蔡昉主编《中国人口与劳动问题报告 NO. 10》，社会科学文献出版社，2009，第 1 页。

利的权利内容与国家义务不明确，常导致其在实践中处于"被忽视"和"不发达"的状态。① 通常而言，参加文化生活之权利包括：

（甲）参加文化生活；

（乙）享受科学进步及其应用所产生的利益；

（丙）对其本人的任何科学、文学或艺术作品所产生的精神上和物质上的利益，享受被保护之利。

而各国政府，"为充分实现这一权利而采取的步骤应包括为保存、发展和传播科学和文化所必需的步骤"；且需"承担尊重进行科学研究和创造性活动所不可缺少的自由"。②

此项权利与其说是一种"政府许可"，不如说是一种"社会能力"。我们假设一位"一般意义上的国民"，从晚清时开始，生活在农村，文盲，对外部世界一无所知，在精神生活层面享受的主要是当地的家族和乡村习俗活动，这种状态很难说存在现代意义上的"参加文化生活"。

《钦定宪法大纲》（1908 年）

　　无相关规定

《重大信条十九条》（1911 年）

　　无相关规定

到了北洋时期，一方面，这位国民仍然在农村过着和晚清差不多的生活。另一方面，虽然城市中现代工商业开始产生，但是由于政治上的分裂与动荡，国民参与文化生活的积极意义并不被重视，亦无发挥效力的土壤。

《中华民国临时约法》（1912 年）

　　无相关规定

《中华民国宪法草案》（1913 年）

　　无相关规定

---

① 蔡建芳：《论参加文化生活权利的权利内容与国家义务》，《法制与社会发展》2011 年第 2 期。

② 《经济、社会、文化权利国际公约》第 15 条。

《中华民国宪法》（1923 年）

　　　　无相关规定

　　到了国民党统治时期，社会情形已与晚清不同。一方面下层生活变化不大，所以，那个一般意义上的国民仍然过着与"文化"无关的生活，但也有一部分城市居民的生活有了本质上的变化。另一方面，国家已经统一，执政者可以转而关注社会发展，其思想的现代性亦明显超出此前的领导者。

《中华民国训政时期约法》（1931 年）

　　　　第五十七条　学术及技术之研究与发明，国家应予以奖励及保护。

　　　　第五十八条　有关历史、文化及艺术之古迹、古物，国家应予以保护或保存。

《中华民国宪法草案》（1936 年）

　　　　第一三八条　国家对于下列事业及人民，予以奖励或补助：

　　　　……

　　　　三　于学术技术有发明者；

《中华民国宪法》（1947 年）

　　　　第一六四条　教育、科学、文化之经费，在中央不得少于其预算总额百分之十五。在省不得少于其预算总额百分之二十五。在市县不得少于其预算总额百分之三十五。其依法设置之教育文化基金及产业，应予以保障。

　　　　第一六五条　国家应保障教育、科学、艺术工作者之生活，并依国民经济之进展，随时提高其待遇。

　　　　第一六六条　国家应奖励科学之发明与创造，并保护有关历史文化艺术之古迹古物。

　　　　第一六七条　国家对于下列事业或个人，予以奖励或补助：

　　　　……

　　　　三　于学术或技术有发明者。

　　到了中华人民共和国时期，国家对于国民文化生活的重视自不待言，但更为重要的是技术上的改进。这位国民，先是听上了广播，然后看上了电视，最后接触了互联网。通过此种方式，他渐知天下大事，并欣赏文艺节目，还可以通过现代交通工具四处旅行。这时，他才算享受到了"现代意义上的文化生活"。

所以说，参加文化生活的权利固然需要政府的重视与经济的发展，但更为关键的是技术的进步，这和政府提供的公共产品以及社会本身的进步密切相关。

《中国人民政治协商会议共同纲领》（1949 年）

第六条　中华人民共和国废除束缚妇女的封建制度。妇女在政治的、经济的、文化教育的、社会的生活各方面，均有与男子平等的权利。实行男女婚姻自由。

第四十一条　中华人民共和国的文化教育为新民主主义的，即民族的、科学的、大众的文化教育。人民政府的文化教育工作，应以提高人民文化水平、培养国家建设人才、肃清封建的、买办的、法西斯主义的思想、发展为人民服务的思想为主要任务。

第四十二条　提倡爱祖国、爱人民、爱劳动、爱科学、爱护公共财物为中华人民共和国全体国民的公德。

第四十三条　努力发展自然科学，以服务于工业农业和国防的建设。奖励科学的发现和发明，普及科学知识。

第四十四条　提倡用科学的历史观点，研究和解释历史、经济、政治、文化及国际事务。奖励优秀的社会科学著作。

第四十五条　提倡文学艺术为人民服务，启发人民的政治觉悟，鼓励人民的劳动热情。奖励优秀的文学艺术作品。发展人民的戏剧电影事业。

第四十八条　提倡国民体育。推广卫生医药事业，并注意保护母亲、婴儿和儿童的健康。

第四十九条　保护报道真实新闻的自由。禁止利用新闻以进行诽谤，破坏国家人民的利益和煽动世界战争。发展人民广播事业。发展人民出版事业，并注重出版有益于人民的通俗书报。

《中华人民共和国宪法》（1954 年）

第九十四条　中华人民共和国公民有受教育的权利。国家设立并且逐步扩大各种学校和其他文化教育机关，以保证公民享受这种权利。国家特别关怀青年的体力和智力的发展。

第九十五条 中华人民共和国保障公民进行科学研究、文学艺术创作和其他文化活动的自由。国家对于从事科学、教育、文学、艺术和其他文化事业的公民的创造性工作，给以鼓励和帮助。

第九十六条 中华人民共和国妇女在政治的、经济的、文化的、社会的和家庭的生活各方面享有同男子平等的权利。婚姻、家庭、母亲和儿童受国家的保护。

《中华人民共和国宪法》（1975 年）

第十二条 无产阶级必须在上层建筑其中包括各个文化领域对资产阶级实行全面的专政。文化教育、文学艺术、体育卫生、科学研究都必须为无产阶级政治服务，为工农兵服务，与生产劳动相结合。

第五十二条 公民有进行科学研究、文学艺术创作和其他文化活动的自由。国家对于从事科学、教育、文学、艺术、新闻、出版、卫生、体育等文化事业的公民的创造性工作，给以鼓励和帮助。

《中华人民共和国宪法》（1978 年）

第十二条 国家大力发展科学事业，加强科学研究，开展技术革新和技术革命，在国民经济一切部门中尽量采用先进技术。科学技术工作必须实行专业队伍和广大群众相结合、学习和独创相结合。

第十四条 国家坚持马克思主义、列宁主义、毛泽东思想在各个思想文化领域的领导地位。各项文化事业都必须为工农兵服务，为社会主义服务。

国家实行"百花齐放、百家争鸣"的方针，以促进艺术发展和科学进步，促进社会主义文化繁荣。

第五十一条 公民有受教育的权利。国家逐步增加各种类型的学校和其他文化教育设施，普及教育，以保证公民享受这种权利。

国家特别关怀青少年的健康成长。

第五十二条 公民有进行科学研究、文学艺术创作和其他文化活动的自由。国家对于从事科学、教育、文学、艺术、新闻、出版、卫生、体育等文化事业的公民的创造性工作，给以鼓励和帮助。

《中华人民共和国宪法》（1982 年）

第二十条　国家发展自然科学和社会科学事业，普及科学和技术知识，奖励科学研究成果和技术发明创造。

第二十二条　国家发展为人民服务、为社会主义服务的文学艺术事业、新闻广播电视事业、出版发行事业、图书馆博物馆文化馆和其他文化事业，开展群众性的文化活动。

国家保护名胜古迹、珍贵文物和其他重要历史文化遗产。

第二十三条　国家培养为社会主义服务的各种专业人才，扩大知识分子的队伍，创造条件，充分发挥他们在社会主义现代化建设中的作用。

第二十四条　国家通过普及理想教育、道德教育、文化教育、纪律和法制教育，通过在城乡不同范围的群众中制定和执行各种守则、公约，加强社会主义精神文明的建设。

国家提倡爱祖国、爱人民、爱劳动、爱科学、爱社会主义的公德，在人民中进行爱国主义、集体主义和国际主义、共产主义的教育，进行辩证唯物主义和历史唯物主义的教育，反对资本主义的、封建主义的和其他的腐朽思想。

第四十七条　中华人民共和国公民有进行科学研究、文学艺术创作和其他文化活动的自由。国家对于从事教育、科学、技术、文学、艺术和其他文化事业的公民的有益于人民的创造性工作，给以鼓励和帮助。

第四十八条　中华人民共和国妇女在政治的、经济的、文化的、社会的和家庭的生活等各方面享有同男子平等的权利。

国家保护妇女的权利和利益，实行男女同工同酬，培养和选拔妇女干部。

下篇　以法律保障权利

本部分由宪法"形而下",转入对当下已经形成并逐步优化的社会主义法律体系的分析,并选取广受关注的几项基本权利,如网络言论自由、劳动权、妇女平等权、留守儿童权利以及少数民族习惯权利等,讨论其法律支撑和在当下中国的发展与变迁,以此来探讨保障我国公民基本权利的法治环境。

回顾 60 余年间中国所经历的变迁,大致可以说,新中国成立初期完成了"国家解放"的任务,而最近 30 多年的改革则是一个"社会重建"的过程。在这个"社会重建"的过程中,民众不断强化的权利意识以及与之相适应的权利保障机制成为时代的核心问题,而法律则是现代国家为公民享有和行使权利提供的最为可靠的现实路径和制度保障。

权利的获取与享有,并不仅取决于公民个体的能力与行动,更要依赖政府权力所提供的保障。传统的社会管理理念坚持"国家本位",在国家利益优先的观念主导下,公民的权利保障往往被置于国家利益、集体利益之后,多以政策调控、宣传动员甚至群众运动等方式实现。然而,改革开放以后,中国社会从温饱不足进入总体小康,社会生活的各个领域都发生了深刻变革。面对复杂的新形势,过去的政策调控机制日渐失效,这就要求执政党必须采用新的手段,这种新的手段即法律。执政党制定"依法治国"、形成社会主义法律体系的战略目标,正是要通过法治化来实现变革社会中的政治有序化,同时通过法律的手段来满足民众的权利需求以完成新的社会整合。

随着法律法规的大量出现,过去简单的"权利－权力"结构转变为复合型的"权利－法律－权力"结构。规定在宪法中的政治、经济、社会、文化等基本权利得到多层级的法律法规支撑,并在行政司法等环节具体展开、实现。权利被认真对待,个人的权利和自由方能得以享有,国家的政治、社会理想也才能得以实现。

第五章　以法律保障权利[*]

——社会主义法律体系与基本权利立法实践的发展

　　到 2010 年形成中国特色社会主义法律体系，是 1997 年党的十五大在确立"依法治国"方略时明确提出的立法工作总体目标，也是建设社会主义法治国家的基石性平台。这一目标的提出，为近十几年来中国的立法实践及法治建设做出了明确的规划。2011 年 3 月，十一届全国人大四次会议期间，全国人大常委会委员长吴邦国宣布，截至 2010 年年底，我国已制定宪法和现行有效法律 236 件、行政法规 690 多件、地方性法规 8600 多件。[①] 一个以宪法为统帅、法律为主干，包括行政法规、地方性法规等规范性文件在内，由七个法律部门、三个层次法律规范构成的中国特色社会主义法律体系已经基本形成。由此，公民的各项权利可以通过法律法规的渠道获得更加平等的、普遍的制度保障。

一　以法律保障权利："快速立法"的兴起

　　根据国务院新闻办发布的《中国的法治建设》白皮书，1978 年前，中国仅有 8 件法律，而自十一届三中全会以后，全国人大及其常委会在 30 多年间，制定出了 229 件法律，就是说，平均每年新增的法律数量相当于新中国成立头 30 年的立法数量总和。此外，按照我国"一元多级"的立法体制，国务院制定了近 600 件现行有效的行政法规，地方人大及其常委会制定了 7000 多件地方性法规，民族自治地方的人大通过了 600 多件自治条例和单行条例。如此强劲的法律法规增长势头，用十二届全国人大法律委员会委员徐显明教授的评价说，就是"我国的立法速度之快为世界所罕见，创造了世

---

　　* 本章部分内容曾发表在《政法论坛》2011 年第 6 期。
　　① 王兆国：《关于形成中国特色社会主义法律体系的几个问题》，《人民日报》2010 年 11 月 15 日。

界立法史上的奇迹"。① 全国人大常委会法工委副主任信春鹰也认为，考察世界各国的立法史，从农业社会走向现代工业社会，涉及社会生产方式、生活方式和社会秩序的调整和转型，必然伴随着现代化法律体系的形成和制度建设，有些发达国家形成这样一个法律体系用了三四百年时间，而我国处在社会主义初级阶段，仅用30多年的时间就形成了中国特色社会主义法律体系，这是建设现代化国家过程中的伟大创造，也是世界立法史上前所未有的。虽然衡量一国法律体系是否形成及质量高低的标准并不是"量"；但是，社会主义法律体系所订立的法律法规数量如此之大、速度如此之快，正反映出30多年来，尤其是"依法治国"方略提出的10多年来，政府保障公民权利的手段发生了巨大变化，法律日益成为我国社会转型时期保障公民权利的最主要，也是最重要的制度路径。②

权利的获取与享有，不仅取决于公民个体的能力与行动，更要依赖政府权力所提供的保障。然而，任何政府官员都可能滥用手中的权力，由是，权力又成为最可能侵犯公民权利的大敌。在"权利－权力"的对抗性结构中，传统的社会管理理念坚持"国家本位"，公民的权利保障往往被置于国家利益、集体利益之后，多以政策调控、宣传动员甚至群众运动等方式实现。这种依靠政策调控的权利保障手段随意性较大，在国家利益优先的观念主导下，常常会压缩个人自由发展的空间，甚至牺牲掉个人利益。过去的调控方式在新中国成立初期发挥了独特功效，具有那一时代的合理性。然而，进入"承平"时期，尤其改革开放以后，中国社会从温饱不足进入总体小康，人民的生活有了很大变化，个人捍卫自身利益的意识和要求越来越强烈。如果我们放宽历史的视野，回顾60余年间中国所经历的变迁，那么大致可以说，新中国成立初期完成了"国家解放"的转型，而最近30多年的改革，则是一个"社会重建"的过程——由政府主导而开启的社会转型将中国带入了一个"权利的时代"。在此过程中，工业化、信息化、城镇化、市场化、国际化同时发生，各种问题和矛盾交织在一起。面对如此复杂的新形势，过去的政策调控机制日渐失效，这就要求执政党必须采用新的手段，这种新的手段

---

① 徐显明：《论中国特色社会主义法律体系的形成和完善》，《人民日报》2009年3月12日。
② 信春鹰：《为形成和完善中国特色社会主义法律体系努力做好立法工作》，《中国人大》2010年第19期。

即法律。执政党制定"依法治国"、建设社会主义法治国家的治国方略，正是要通过法治化来实现变革社会中的政治有序化，同时通过法律的手段来满足民众的权利需求以完成新的社会整合。在此大背景下，形成完备的社会主义法律体系自然成为建设法治国家的必要步骤和实现途径。"快速立法"正是对这一客观需要的响应。随着法律法规的大量出现，过去简单的"权利－权力"结构转变为复合型的"权利－法律－权力"结构。在应对复杂社会问题方面，后者显然比前者成熟得多，它减少了国家对于公民个人的直接的、破坏性的冲击，使公民权利获得了法律这一制度化力量的保障。不妨简单总结一句，初步形成的中国特色社会主义法律体系承认和界定出了公民的各项基本权利，为公民保有和行使权利提供了现代社会最为可靠的法律依据和制度保障。

二 以权利制约权力：社会主义法律体系的总体特征

权利是法律所许可的自由与利益，通过法律明确界定各种权利（特别是私有财产权和生命权），并且给予分类承认，规定不同的救济措施，一方面，能给予公民行使权利明确的保障，另一方面，能有效地形成对公共权力的限制。由此，社会主义法律体系所确认的权利构成了一个合法政府必须在其中活动的框架，这为我国政府朝向"有限政府、责任政府和服务政府"的转化提供了一个具体的指标体系。以下试以民法、刑法两个法律部门的立法变动为例略加论述。

在保障公民的私有财产权方面，2007 年 7 月颁布实施的《物权法》是对 2004 年宪法修正案中"公民的合法的私有财产不受侵犯"条款的具体展开与落实。《物权法》确立了私人财产与国家、集体财产享受平等保护原则，私人的合法财产，尤其是当下广受关注的私人房产及其他不动产不可侵犯，征用补偿原则等在《物权法》中得到明确规定。《物权法》的颁布使得对公民财产权的保护具有了制度化基础，时任全国人大法律委员会主任委员的杨景宇先生认为该法对于社会主义法律体系的形成具有"里程碑"意义。①

---

① 杨景宇：《一部具有里程碑意义的法律——物权法出台的背景和意义》，《求是》2007 年第 9 期。

公民对自己所有的财产享有稳定的、不受非法干扰的权利，是其进行各项活动、自由发展的基础。私有财产权表面看来指向经济利益，却产生出意料之外的道德意义。私有财产权的确认，创造了真正的人类个体，一个无法缩减为其他任何人的特别的个体。没有私人财产，作为社会关系主体的个人就会失去自由活动的空间。由此，财富不仅意味着一个账户，同时也是一份独立宣言。国家通过立法对公民的财产权加以承认和保护，是对每一个社会成员个体的尊重与保护，同时也是对 2004 年"人权入宪"的一种回应和信守。

由前述不难看出，私有财产权保障制度的确立与完善，不仅保护公民的基本权利，更重要的是限制国家的权力。私有财产权为个人划定出不可缩减的个人空间，从而在公民权利和国家权力之间划分明确的界限。国家对财产权负有尊重、保护的义务，政府存在的宗旨是保护包括以公民财产权为核心的公民的各种权利。私有财产权具有天然的抵御公权力的性质，无怪乎哈耶克说："对私有财产权的承认是阻止或防止国家政府强制与专断的基本条件。"[1] 在我国，私有财产权的合宪合法化，有助于实现公民权利对国家权力的有效制约和监督，推进中国的民主和法治建设。

在刑事立法方面，死刑存废以及适用死刑的特殊程序是近年来广受关注的问题。就现有围绕死刑存废的争论来看，死刑问题的真正要点不在死刑，而在于公正是不是法律的第一原则。[2] 死刑是惩罚的一种技术性手段，其目的是实现罪与罚的对称性公正，使犯罪成为得不偿失的行为而最终起到恢复公正、维护社会稳定的作用。尽管在世界范围内废除死刑是长远发展目标，但在找不到更合适的有效惩罚方式之前，死刑并不需要完全立即废除。在此背景之下，严格执行死刑适用的特殊程序对于尊重生命、保障犯罪人的人权尤其具有特殊意义。全国人大常委会通过修订《人民法院组织法》，于 2007 年 1 月 1 日起将下放到地方法院的死刑复核权统一收归最高人民法院，这一举措有助于最大限度地降低死刑案件中的冤假错案率，实现"惩罚犯罪与保障人权并举"的刑事司法

---

① 〔英〕哈耶克：《自由秩序原理》，邓正来译，三联书店，1997，第 171 页。
② 赵汀阳：《每个人的政治》，社会科学文献出版社，2010，第 106 页。

理念。

死刑复核权收归最高人民法院，这一立法修改也给刑事司法一个导向，"限制使用死刑"成为刑事司法改革的主题之一。我国1998年签署的《公民权利和政治权利国际公约》第6条第2款规定，"在未废除死刑的国家，判处死刑只能是作为对最严重的罪行的惩罚……"，针对目前刑事司法实践中存在的"死刑偏重、生刑偏轻"等问题，全国人大常委会在2011年进行了《刑法》的第八次修改，取消了13个经济性非暴力犯罪的死刑，① 进一步削减适用死刑的罪名，同时按照罪刑相当、宽严相济的原则，严格限制缓刑、适当延长有期徒刑数罪并罚的刑期。在2015年的《刑法修正案（九）》中，全国人大常委会规定对犯贪污、受贿罪，被判处死刑缓期执行的，人民法院根据犯罪情节等情况可以同时决定在其死刑缓期执行三年期满依法减为无期徒刑后，终身监禁，不得减刑、假释。经过这样的刑法改造，现有保留死刑的罪名主要集中在故意杀人罪、故意伤害罪、抢劫罪等几类后果致命或其他最严重犯罪中，这与国际人权法将死刑适用的范围"只限于对蓄意而结果为害命或其他极端严重的罪行"② 的精神相一致。死刑立法的调整从实体和程序上对司法机关的量刑与行刑做出了严格限制，是保障人权、履行公约义务和与国际标准接轨的现实反映。

以上所举例主要涉及公民的财产权及生命权，其他有关人权的立法进展，需要重点提及的包括2006年开始试行、2014年修订的《人民检察院讯问职务犯罪嫌疑人实行全程同步录音录像的规定》，2008年施行的《政府信息公开条例》。《人民检察院讯问职务犯罪嫌疑人实行全程同步录音录像规定》针对司法环节中，为求破案效率屡现刑讯逼供的问题，规定全国检察院在办理职务案件过程中必须实行同步录音录像；并且，在

---

① 被取消的13项死刑罪名具体是：走私文物罪，走私贵重金属罪，走私珍贵动物、珍贵动物制品罪，走私普通货物、物品罪，票据诈骗罪，金融凭证诈骗罪，信用证诈骗罪，虚开增值税专用发票、用于骗取出口退税、抵扣税款发票罪，伪造、出售伪造的增值税专用发票罪，盗窃罪，传授犯罪方法罪，盗窃古文化遗址、古墓葬罪，盗掘古人类化石、古脊椎动物化石罪等。

② 请参见《关于保护死刑犯权利的保障措施》（联合国经社理事会1984年5月25日第1984/50号决议批准）第1条规定："在没有废除死刑的国家，只有最严重的罪行可判处死刑，应理解为死刑的范围只限于对蓄意而结果为害命或其他极端严重后果的罪行。"

被告人、辩护人提出异议时，向有关各方公开此录音录像。而《政府信息公开条例》则要求政府部门主动公开凡涉及公民法人或者其他组织切身利益的、需要社会公众广泛知晓或者参与的各类信息。尤其是当下公众反映强烈的征收或者征用土地、房屋拆迁及其补偿、补助费用的发放、使用情况，抢险救灾、社会捐助等款物的管理、使用和分配情况，环境保护、公共卫生、安全生产、食品药品、产品质量的监督检查情况等，条例明确规定前述资讯属于县级以上政府有责重点公开的信息内容。这些规范性法律文件的颁定，一方面，更加明确地保障了公民的人身自由、知情权、监督权；另一方面，也进一步规范了国家机关的执法行为，为公权力的行使划出法定边界。赵汀阳先生曾言，现代政治的基本原则就是以权利抵抗权力，除了权利，个人就没有什么可以用来保护自己的了。[1] 而在今天，公民权利的获取，又是以法律规定为最终依凭的。如果说"个人权利是个人手中的政治护身符"[2]，那么，法律规定则是个人权利的"授权书"。法律确认和保护的权利越多，就越能有助于公民通过法律来维护自身的权利，也越能构成对公权力行使的有效制约，从而促进选择法律成为国家和民众共有的生活方式的发展。

三 社会法：突出保障弱者权利

现已形成的社会主义法律体系覆盖了政治、经济、社会和文化生活等各方面，对公民的政治、经济、社会、文化权利均加以保障。尤其是最近十几年，随着改革的深化，劳动就业和社会保障、收入分配、教育卫生、养老抚恤、公共服务等民生领域出现了很多新的问题，产生了新的需求，全国人大及其常委会把立法的重点转向民生，通过法律手段来调节社会矛盾，平衡社会关系，保障社会公众特别是弱势群体的经济、社会和文化权利，由此，在社会主义法律体系的形成过程中产生了一个新的法律部门——社会法。

无论在法学理论领域还是立法实践进程中，"社会法"这一概念的引

---

① 赵汀阳：《坏世界研究——作为第一哲学的政治哲学》，中国人民大学出版社，2009，第235页。

② 〔美〕罗纳德·德沃金：《认真对待权利》，信春鹰、吴玉章译，中国大百科全书出版社，1998，第6页。

进与使用，最长不会超过 20 年。尽管学界对社会法一词所涵盖的范围尚存诸多争议，但研究者大多认同社会法包括以研究劳动关系为主的劳动法和研究社会安全制度相关法律规范的社会安全法（或称社会保障法）。①2001 年，第九届全国人大在制定立法规划时，明确提出要将正在形成中的社会主义法律体系划分为包括社会法在内的七大法律部门，② 此可视为立法高层开始构想建立社会法部门、完成法律体系总体构架的标志。

作为一个有别于宪法、行政法、刑法、民商法、经济法及程序法等传统法律部门的新兴部门法，社会法产生的背景是：社会发展进入现代化建设阶段之后，社会竞争加剧，必然会"制造"出一批弱者。同时，市场经济追求效益最大化，也会使一部分弱势群体的权利得不到保护。法律体系作为社会管理制度的载体，其制定和运作的目的不仅是促进经济、提高效率，更是实现社会正义。按照当代政治哲学家罗尔斯的正义理论，社会制度应当遵循的原则有二。第一，应当使每一个社会成员有权拥有与他人的自由并存的同样的自由，包括公民的政治权利和财产权利。第二，社会和经济的不平等应当这样安排，以使它们：（1）实现于最不利者的最大利益；（2）在机会均等的条件下，职务和地位向所有人开放，此更多关涉公民的经济、社会利益。③ 罗尔斯的正义两原则，尤其是第二原则即差别原则要求社会制度的设计须以"适合于最不利者的最大利益"为导向，致力于在社会竞争和分配中保护弱者的利益，此正是社会法部门得以产生的理论基础。在当下，全体社会成员普遍关注的社会公正集中体现在完善社会救济机制、保护弱势群体的权利方面。由是，旨在保障生活中弱者的基本生活权利的社会法，尽管与行政法、民法等法律存在部分交叉，但仍因其发挥的重要作用而成为独立的法律部门。改革开放以来，尤其是近 10 多年来，社会法立法的步伐明显加快，相关法律陆续出台：对弱者的保护方面，如《妇女权益保障法》、《老年人权益保障法》、《未成年人保护法》、《残疾人保障法》；社会保障方面，如

①　竺效：《法学体系中存在中义的"社会法"吗？——"社会法"语词之使用确定化设想》，《法律科学》2005 年第 2 期。

②　参见《第九届全国人大第四次会议·全国人民代表大会常务委员会工作报告》，2001 年 3 月 9 日。

③　参见〔美〕罗尔斯《正义论》，何怀宏、何包钢、廖申白译，中国社会科学出版社，2001，第 61 ~ 71 页。

《失业保险条例》、《社会保险费征缴暂行条例》、《城市居民最低生活保障条例》；教育权利保障方面，如《义务教育法》、《民办教育法》、《社会力量办学管理条例》；公益事业方面，如《献血法》、《慈善法》。通过前述立法，新兴的社会法部门逐步确立了劳动制度、就业促进制度、社会保障制度、弱者权利保护制度等，突出保障弱势群体的权利，有效维护社会公正与和谐。

需要指出的问题是，过去20多年间颁布的社会法方面的法律，其中相当部分是由行政部门或社会团体组织起草的，存在部门化倾向及应时应急的特征，因此，法律之间的不协调甚至冲突比较明显。社会立法任务并未大功告成，对现有的法律法规进行清理、整合乃今后一段时期国家立法工作的重点内容。此外，社会立法领域尚缺基础性法律。2010年10月28日，全国人大常委会高票通过《社会保险法》，这是最高国家立法机关首次就保险制度进行立法。《社会保险法》的出台，将会使我国社会保障制度具有一部支架性法律，社会成员享有公共福利的水平得到进一步提升。

四　注重公民的政治参与：未来立法的趋势

中国经过30余年改革，已经站在了一个历史的新起点上。未来发展将是经济建设与社会建设两大领域并重，既要继续以经济建设为中心，又要统筹经济与社会的协调发展。通过经济建设解决民生问题，通过社会建设拓展民主，由此决定了社会主义法律体系的进一步发展和完善将集中于改善民生和发展民主两大板块。前者是现阶段重点，后者是新的趋势。

当下社会正处于急剧转型时期，不同利益群体之间的张力日趋加大，原有的单一价值观走向多元，这一格局迫使国家管理的思路做出调整。与此同时，尊重和保障公民有序的政治参与对民主立法提出了新要求。培育成熟的市民社会是化解各种社会冲突、实现政治合法性的现实路径。因为只有形成了公共空间，才能确保公权力受到有效监督、促进民意与决策的良性互动，创造出"和而不同"的局面。为此，要培育市民社会、形成公共空间，就必须保障公民表达自由、政治参与的权利。现行《宪法》第34条规定："中华人民共和国公民有言论、出版、集会、结社、游行、示威的自由。"这一宪法条款明确赋予了公民参与社会管理和公共事务的六大基本政治权利。当然,宪法对于公民政治权利的规定仍是纲领性、原则性的,政治自由要在民众生活中得以实现,需要相关法律法规的支撑。现有的《全国人民代表大会和地方各级人民代表大会选举法》、《全国人民代表大会和地方各级人民代表大会代表法》、《村民委员会组织法》、《出版管理条例》、《集会游行示威法》、《社会团体登记管理条例》、《民办非企业单位登记管理暂行条例》、《基金会管理条例》、《政府信息公开条例》和《行政监察法》等共同构成了保障公民政治权利的法律体系。

2010 年,全国人大及其常委会对一批关涉公民民主权利的重要法律进行了修改——如《全国人民代表大会和地方各级人民代表大会选举法》、《全国人民代表大会和地方各级人民代表大会代表法》、《村民委员会组织法》、《行政监察法》等,及时修正了一些不合现实情况的规定,落实和扩展公民平等、积极地参政议政,进一步健全权力运行制约和监督机制,不断推进建设人民当家作主和依法治国相统一的民主政治体制。对于未来发展的趋势,中国人权研究会副会长李君如先生在第三届"北京人权论坛"上建议制定"中华人民共和国公民政治参与法",通过这一"包裹立法"将公民的知情权、参与权、表达权、监督权用法律形式确定下来,解决建设市民社会的主体、动力及其实现途径问题,以释放其政治活力,建设真正意义上的和谐社会。①

---

① 李君如:《社会建设问题凸显人权发展新要求》,《北京日报》2010 年 12 月 20 日。

第六章　中国特色社会主义法律体系的
建立、结构与完善

一　中国特色社会主义法律体系的基本内涵

1997 年，中共十五大在确立"依法治国"基本方略的同时，明确提出了社会主义法治国家建设过程中的立法目标，即"到 2010 年形成有中国特色的社会主义法律体系"。2011 年 3 月 10 日，吴邦国委员长在向十一届全国人大四次会议作全国人大常委会的工作报告中宣布，到 2010 年年底，"中国特色社会主义法律体系已经形成"。中国特色社会主义法律体系的形成是中国特色社会主义法治进程中的里程碑，正确认识和把握这一法律体系，最重要的是领会"中国特色"、"社会主义"、"法律体系"这三个关键词。

（一）"中国特色"有哪些？

"中国特色"这一关键词表明了我国法律体系的民族特色，表明了我国法律体系与其他国家法律体系之间的国别差异。[①] 由于各国的国情和发展道路不同，法治与法治的实现形式不同，因而各国所建立的法律体系就会有自身的国家特色。作为中国特色社会主义经济、政治、文化和社会制度法律化的中国特色社会主义法律体系，不论是这个法律体系所涵盖的法律制度，还是这个法律体系所呈现的多层次、多部门的结构，都根植于中国文化传统、社会主义初级阶段的基本国情以及改革开放和社会主义现代化建设的伟大实践，它以中国特色社会主义理论体系为指导，具有鲜明的中国特色。[②]

[①]　黄文艺：《中国特色社会主义法律体系的理论解读》，《思想理论教育导刊》2012 年第 2 期。

[②]　全国人大常委会法制工作委员会研究室编著《中国特色社会主义法律体系读本》，中国法制出版社，2011，第 21 页。

　　首先，中国特色社会主义法律体系既借鉴了其他国家法治文明的成果，又传承了中华法制文化的优秀传统，这是它的文化特色。① 中华民族在几千年的历史进程中，经过多民族的交流融合、政府的推动以及市民阶层的社会实践，逐渐形成了独具特色的、本土的法律文化传统。尽管经历了社会变迁，但是其中仍然不乏具有现代化价值的法律文化元素。例如，就法律体系而言，我国法律部门的划分是在继承古代立法传统的基础上形成的；就法律原则而言，"矜老恤幼"的原则为刑法所吸收，体现为对老人、孕妇和未成年人的保护。当然我国法律体系的基本内容中不乏对西方法律制度的借鉴，但是单纯的移植是不行的。法律是一种文化的表现形式，不经过某种本土化的过程，它便不可能轻易地从一种文化移植到另一种文化。② 因此，我国法律体系只有体现本国的历史、文化、社会的价值与观念，才能真正体现中国特色，并在实际生活中发挥法律应有的作用。

　　其次，中国特色社会主义法律体系符合我国处于并将长期处于社会主义初级阶段的基本国情，适应我国改革开放和社会主义现代化建设的基本要求，这是它的时代特色。经济基础决定上层建筑。我国处于并将长期处于社会主义初级阶段，这必然决定了我们所建立的法律体系是适应社会主义初级阶段的。随着社会实践的发展，各阶段的任务不同，法律体系呈现的时代特征也会有所不同。我国新时期最鲜明的特点是改革开放，我国法律体系与改革开放相伴而生、相伴而行，不断适应改革开放和社会主义现代化建设的需要。

（二）为什么是"社会主义"？

　　"社会主义"表明了我国法律体系的根本性质，表明了我国法律体系与西方资本主义国家法律体系的本质区别。③ 法律是社会上层建筑的组成部分，法律体系的性质由所处社会制度的性质决定。我国是工人阶级领

---

① 周叶中、伊士国：《关于中国特色社会主义法律体系的几个基本问题》，《思想理论教育导刊》2011 年第 6 期。

② 〔美〕格伦顿、戈登、奥萨魁：《比较法律传统》，米健等译，中国政法大学出版社，1993，第 6~7 页。

③ 黄文艺：《中国特色社会主义法律体系的理论解读》，《思想理论教育导刊》2012 年第 2 期。

导的、以工农联盟为基础的人民民主专政的社会主义国家，社会主义制度是中华人民共和国的根本制度，国家的一切权力属于人民，这就决定了我们建立的必然是中国特色社会主义性质的法律体系，它包括的全部法律规范，它所确立的各项法律制度，必须有利于巩固和发展社会主义的各项基本制度，以体现人民共同意志、维护人民根本利益、保障人民当家作主为根本要求。① 我国法律体系社会主义性质的体现主要集中于立法的主体、指导思想和领导力量上。

我国的立法权由人民掌握和行使，立法权的分配和运行以人民代表大会制度为基础。《宪法》规定："中华人民共和国的一切权力属于人民。人民行使国家权力的机关是全国人民代表大会和地方各级人民代表大会。"人民代表大会制度是中国特色社会主义民主政治的制度形式，是人民当家作主的制度保障。在这一制度下，人民通过民主选举的形式选举代表，组成国家权力机关，行使国家权力。国家行政机关、审判机关、检察机关由国家权力机关产生，对它负责，受它监督。

我国的立法工作以中国特色社会主义理论体系为指导。一个国家的法律体系，必然是在特定理念和思想的指导下建立起来的。在改革开放的新时期，我国立法工作的指导思想是中国特色社会主义理论体系。这个理论体系包括邓小平理论、"三个代表"重要思想以及科学发展观等重大战略思想。在此基础上，我国的立法工作还应坚持社会主义法治理念的指导。

中国特色社会主义法律体系建设的领导力量是中国共产党。中国共产党是中国特色社会主义事业的领导核心。党的领导是人民当家作主和依法治国的根本保障，也是加强民主法制建设、做好立法工作的根本保证。在立法工作中，我们始终要坚持党的领导，使党的主张经过法定程序成为国家意志，成为全社会一致遵循的行为规范和准则。②

（三）什么是"法律体系"？

"法律体系"是法理学中的一个基本概念。到目前为止，我国法学界

---

① 胡康生：《对中国特色社会主义法律体系几个问题的研讨》，《中国人大》2010年第19期。
② 《吴邦国：在形成中国特色社会主义法律体系座谈会上的讲话》，《人民日报》2011年1月27日。

对法律体系这一术语的使用主要包括三种：一种是指一国或地区以现行法为核心的整个法律体系上层建筑的系统，即法律制度；一种是指一国或一地区现行法律规范的系统，即法的体系；一种是指一国法的形式渊源的体系，即立法体系。多数情况下，我们在第二种意义上使用法律体系这一术语，又往往会兼含第一种意义上的含义。此外，特别值得注意的是我们没有区分第二种和第三种含义，即将法的内在结构和其外在表现形式，都叫作"法律体系"。①

据此，在法理学上，法律体系被阐释为"一个国家的全部现行法律规范，按照一定的原则和要求，根据法律规范所调整的对象和调整方法的不同，划分为若干法律部门，形成相互有机联系内在统一的整体"。②法律体系是一个国家法的内在结构，而它们的外在表现形式则是由有权创制法的国家机关所颁布的规范性法律文件。因此，研究一个国家的法律体系，一方面要研究其内在结构，即法律部门的划分；另一方面要研究其外在表现形式，即法律渊源。③"中国特色社会主义法律体系"既包括法的内在结构，也包括其外部表现形式，两者之间存在着密切的联系，构成了一个统一的整体。同时，它们之间也存在着区别，不应该将两者混淆。

法律部门是具有相同调整对象和调整方法的法律规范的总和。调整对象是法律规范所调整的社会关系。不同的社会关系要由不同的法律规范来调整，当某些构成调整对象的社会关系在性质上属于同一类时，调整这些社会关系的法律规范就构成一个部门或制度。④调整对象是划分法律部门的主要标准，但不是唯一的标准，因为在很多情形之下同一种社会关系要求用不同的调整方法进行调整。根据这一划分标准，我国的法律体系大致划分为七个部门：宪法相关法、民法商法、行政法、经济法、社会法、刑法、诉讼与非诉讼程序法。

---

① 参见孙国华主编《中国特色社会主义法律体系研究——概念、理论、结构》，中国民主法制出版社，2009，第 3～4 页。

② 朱景文主编《法理学》，中国人民大学出版社，2015，第 259 页。

③ 朱景文主编《中国特色社会主义法律体系的形成与完善：结构、原则和制度阐释》，中国人民大学出版社，2013，第 2 页。

④ 朱景文主编《中国特色社会主义法律体系的形成与完善：结构、原则和制度阐释》，中国人民大学出版社，2013，第 262 页。

法律渊源，即法的效力来源，包括法的创制形式和法律规范的外部表现形式。[1] 中国特色社会主义法律体系的法律渊源主要是制定法，即由有权创制法的国家机关所颁布的规范性法律文件，主要包括宪法、法律、行政法规、地方性法规、自治条例和单行条例、规章几大类。至于我国的法律部门和法律渊源的具体内容，我们将在中国特色社会主义法律体系的基本框架下进行分析和说明。

二 中国特色社会主义法律体系的形成过程

新中国成立以来特别是改革开放 30 多年来，在中国共产党的领导下，经过各方面坚持不懈的共同努力，我国立法工作取得了举世瞩目的成就。到 2010 年年底，涵盖社会关系各方面的法律部门已经齐全，各法律部门中基本的、主要的法律已经制定，相应的行政法规和地方性法规比较完备，法律体系内部总体做到科学和谐。一个立足中国国情和实际、适应改革开放和社会主义现代化建设需要、集中体现党和人民意志的，以宪法为统帅，以宪法相关法、民法商法等多个法律部门的法律为主干，由法律、行政法规、地方性法规等多个层次的法律规范构成的中国特色社会主义法律体系已经形成。[2]

中国特色社会主义法律体系是伴随着中国特色社会主义建设事业的逐步推进而形成和发展的。以中国特色社会主义建设事业的历史发展进程为依据，我们可以将中国特色社会主义法律体系的形成过程分为探索、奠基、形成三个阶段，即社会主义法律体系阶段、社会主义市场经济法律体系阶段、中国特色社会主义法律体系阶段。

(一) 中国特色社会主义法律体系的探索阶段 (1949~1978 年)

新中国成立至党的十一届三中全会召开，是我国社会主义民主法制建设的艰辛探索阶段，为构建中国特色社会主义法律体系积累了宝贵的经验。这是社会主义法律体系阶段。

---

[1] 朱景文主编《中国特色社会主义法律体系的形成与完善：结构、原则和制度阐释》，中国人民大学出版社，2013，第 231 页。

[2] 《吴邦国：在形成中国特色社会主义法律体系座谈会上的讲话》，《人民日报》2011 年 1 月 27 日。

新中国成立前夕，首先废除了国民党的旧法统，制定了具有临时约法性质的《中国人民政治协商会议共同纲领》，新中国的法制建设开始起步。根据《共同纲领》和《中央人民政府组织法》，党领导人民开始组建中央和地方国家机关，进行土地改革，"三反"、"五反"等运动和经济建设，制定了地方各级人民政府和司法机关的组织通则、工会法、婚姻法、土地改革法、法院暂行组织条例、惩治贪污条例和选举法等第一批法律、法令，开启了新中国法制建设的第一页。①

1954 年 9 月，第一届全国人民代表大会第一次会议召开，制定了新中国第一部宪法——"五四宪法"，同时通过了相关的国家机关组织法。"五四宪法"是中国有史以来第一部社会主义类型的宪法，它对我国的国家性质、国家根本制度、基本政治制度、基本经济制度、各方面的基本政策、国家机构、公民的基本权利和义务等做了系统明确的规定。它创设了新的立法架构，为社会主义新型法律体系的创立提供了制度保障，是我国社会主义新型法律体系创设的重要标志。② 此后，国家又先后制定了 100 多部法律、法令和有关法律问题的决议、决定，对于维护社会秩序、保护人民利益具有重要的意义。但由于 20 世纪 50 年代后期国家工作指导思想上"左"的倾向，立法工作停滞不前。特别是"文化大革命"期间，社会主义民主法制建设遭受了严重的挫折，法制化进程受到严重阻碍。

该阶段的立法工作对我国法律体系的建设产生了积极和消极两方面的影响，整个法律体系呈现如下特点：该阶段立法所调整的社会关系比较广泛，对宪制、国家机构、选举、社会团体、婚姻家庭、刑事、社会改革、政治运动、经济计划、科教文卫等十个方面的许多事项做了调整，逐渐形成了一个包括宪法、行政法、刑法、刑事诉讼法、婚姻家庭法、经济法、劳动法和社会福利法、科教文卫法、军事法等法的集群在内的法体系。③ 但是由于该阶段的立法主要借鉴苏联的法律模式，总体上又处

①　全国人大常委会法制工作委员会研究室编著《中国特色社会主义法律体系读本》，中国法制出版社，2011，第 2 页。

②　杨晖：《中国特色社会主义法律体系形成轨迹研究》，博士学位论文，河北师范大学法政学院，2009，第 36～37 页。

③　周旺生：《立法学教程》，北京大学出版社，2006，第 130 页。

于法律体系的过渡性阶段,因此出现了有关法律与我国的具体现实情况脱节的现象,从而导致整个法律体系的僵硬化,可操作性差;同时整个法律体系的系统性和完整性差,许多方面的法律仍处于空白状态。

(二)中国特色社会主义法律体系的奠基阶段（1978~1998年)

以党的十一届三中全会召开为标志,伴随着改革开放伟大历史进程的推进,中国特色社会主义建设进入了实质发展阶段,经济立法的步伐较快,初步确立起了社会主义市场经济法律体系,为中国特色社会主义法律体系的建立奠定了坚实的基础。

1978年年底,党的十一届三中全会总结了"文化大革命"的教训,确立了"把立法工作摆到全国人民代表大会及其常委会的重要议程上来"的方针。全国人大及其常委会随之迅速展开立法工作。1979年7月五届全国人大二次会议审议通过了《选举法》、《地方组织法》、《刑法》、《刑事诉讼法》、《中外合资经济企业法》、《人民法院组织法》、《人民检察院组织法》等7件法律。此后,五届全国人大及其常委会又陆续通过了《婚姻法》、《国籍法》、《经济合同法》、《民事诉讼法》、《海洋环境保护法》、《商标法》、《文物保护法》、《食品卫生法》、《学位条例》、《中外合资经营企业所得税法》、《广东省经济特区条例》、《外国企业所得税法》、《律师暂行条例》等民事、经济、对外开放方面的法律,并对新中国成立以来颁布的法律法规进行了清理,力求保证法律体系的严密性和协调性。在"八二宪法"颁布前,该阶段颁布的法律已达到24件之多,相关的文件也有25件,共计49件之多。①

1982年在完成"拨乱反正"的基础上,着手推进宪法的修改,随后"八二宪法"出台。它确认了十一届三中全会以来国家在政治、经济和文化领域拨乱反正取得的巨大成果,发展了社会主义民主,扩大了公民的民主权利和其他权利,为构建中国特色社会主义法律体系奠定了坚实的基础。"八二宪法"实施以后,全国人大及其常委会根据我国社会发展的需要,进行了大规模的立法活动。1982年至1992年的10年间,全国人

---

① 周旺生：《中国立法五十年（上）——1949—1999年中国立法检视》，《法制与社会发展》2000年第5期。

大及其常委会通过了涉及民事、经济、刑事、行政、自然资源和环境保护以及国家机构等方面的法律 104 件，决定 50 多件，共计 150 余件。[①]

1992 年以后，我国经济社会迅速发展，相继通过了一大批适应社会主义市场经济发展要求的法律法规。首先是 1993 年对宪法进行第二次修改；其次是制定和修改了一大批法律，社会主义市场经济立法占了较大的比重。在该阶段全国人大及其常委会通过的法律达 300 多件，关于法律的决定多达 118 件，国务院制定的行政法规近 800 多件，地方人大及常委会制定的地方性法规达 5300 多件。[②] 截至 1998 年，我国社会主义市场经济法律体系基本形成。

这一阶段是中国法律发展进程中影响最为深远的阶段。该阶段法律体系已经初具规模，法律法规调整的社会关系非常广泛，其中经济立法是重点，也涵盖了宪制以及国家机构组织、行政、刑事、民商、经济、诉讼、环境保护、社会保障及对外关系等国家生活、社会生活的各个领域。该阶段立法体制逐步科学化，立法质量提高，法律结构更加完备，形成了一个包括宪法、行政法、民商法、经济法、社会法、环境法、刑法、程序法等基本部门法和其他一些法的集群在内的较为完整的法律体系。尽管法律体系与外部社会发展环境以及法律体系内部之间都存在着不协调之处，但是该阶段法律体系已经进入了实质性的发展阶段，为形成中国特色社会主义法律体系奠定了坚实的基础。

（三）中国特色社会主义法律体系的形成阶段（1998～2011 年）

经过改革开放的伟大实践，市场经济体制改革不断深入，对外开放水平不断提高，民主法制建设不断推进，社会主义各项事业获得全面的发展。1997 年党的十五大提出了"到 2010 年形成有中国特色的社会主义法律体系"，这为我国法律体系建设指明了方向。在这一目标的指引下，中国特色社会主义法律体系进入了全面建设和深化阶段。

---

① 周旺生:《中国立法五十年（上）——1949—1999 年中国立法检视》,《法制与社会发展》2000 年第 5 期。
② 周旺生:《中国立法五十年（上）——1949—1999 年中国立法检视》,《法制与社会发展》2000 年第 5 期。

　　1997 年党的十五大将"依法治国，建设社会主义法治国家"确立为治国基本方略，并提出了"2010 年形成中国特色社会主义法律体系"的总体目标。在此基础上，全国人大及其常委会把加强立法工作、提高立法质量、落实立法目标作为首要任务。一方面继续加强市场经济立法，不断完善社会主义市场经济法律体系；另一方面加强政治、文化、社会等各个领域的立法。首先，全国人大完成了对宪法的第三次修改，将"依法治国，建设社会主义法治国家"基本方略写入宪法。其次，为规范经济行为，适应加入世贸组织的需要，制定和修改了大量的经济法。同时，为了保证社会生活和家庭生活的有序进行，制定了一批行政法和社会法。

　　2002 年，党的十六大重申了"到 2010 年形成中国特色社会主义法律体系"。按照此要求，全国人大常委会明确提出了在任期内"以基本形成中国特色社会主义法律体系为目标、以提高立法质量为重点"的立法工作思路，并展开立法工作。首先，2004 年全国人大完成了对宪法的第四次修改，将"国家尊重和保障人权"等重要内容写进宪法。其次，抓紧制定了在法律体系中起支架作用、现实生活迫切需要的一大批法律。据统计，十届全国人大在任期间共审议了宪法修正案、法律草案、法律解释草案和有关法律问题的决定草案共计 106 件，通过了其中 100 件。至十届全国人大届满时，中国特色社会主义法律体系基本形成。①

　　2007 年，党的十七大明确提出"坚持科学、民主立法，完善中国特色社会主义法律体系"的立法工作任务。全国人大及其常委会确定了"两手抓"的立法工作思路：一方面，制定和修改在法律体系中起支架作用的法律；另一方面，着手清理现行法律法规，全国人大常委会、国务院和有立法权的地方人大常委会先后展开了对法律、行政法规和地方性法规的清理工作，基本解决了现行法律法规中存在的明显不适应、不一致、不协调等问题，使法律体系更加科学和谐统一。与此同时还督促有关方面抓紧出台了一些法律的配套法规。②

---

① 全国人大常委会法制工作委员会研究室编著《中国特色社会主义法律体系读本》，中国法制出版社，2011，第 10 页。

② 全国人大常委会法制工作委员会研究室编著《中国特色社会主义法律体系读本》，中国法制出版社，2011，第 10 页。

2011 年 3 月 10 日，在十一届全国人大四次会议上，吴邦国委员长宣布：一个立足中国国情和实际、适应改革开放和社会主义现代化建设需要、集中体现党和人民意志的，以宪法为统帅，以宪法相关法、民法商法等多个法律部门的法律为主干，由法律、行政法规、地方性法规等多个层次的法律规范构成的中国特色社会主义法律体系已经形成。

三　中国特色社会主义法律体系的基本框架

以宪法为统帅，以宪法相关法、民法商法等多个法律部门的法律为主干，由法律、行政法规、地方性法规等多个层次的法律规范构成的中国特色社会主义法律体系已经形成。这表明中国特色社会主义法律体系是一个包括法的内在结构和外在表现形式在内的有机统一体。同时，随着中国特色社会主义法律体系的形成，我国的法律体系由过去简单的"权利 – 权力"结构转变为复合型的"权利 – 法律 – 权力"结构，法律成为保障公民权利的最主要制度路径。基于此，我们将从法律渊源、法律部门和基本权利三个方面分析中国特色社会主义法律体系的基本框架。

（一）以法律渊源为基础的法律体系

法律体系是一个国家法的内在结构，而它们的外部表现形式是法律渊源，即规范性法律文件。一国的法律体系由哪些不同效力层次的法律规范构成，一般取决于该国的法律传统、政治制度及立法体制等因素，其中立法体制的影响最为突出。[①] 我国的立法体制是统一的、多层次的。全国人大及其常委会行使国家立法权，制定法律，其中只有全国人大有权修改宪法；国务院有权根据宪法和法律制定行政法规；省级人大及其常委会、省会所在的市的人大及其常委会、经国务院批准的较大的市以及其他设区的市的人大及其常委会可以制定地方性法规；民族自治区、自治州、自治县可以制定自治条例和单行条例；国务院各部门制定部门规章；省、自治区、直辖市和设区的市、自治州的市的人民政府可以制定政府规章。

---

① 胡康生：《对中国特色社会主义法律体系几个问题的研讨》，《中国人大》2010 年第 19 期。

与此相适应，中国特色社会主义法律体系在结构上表现出既统一又多层次的特征，亦即以宪法为统帅，法律为主干，包括行政法规、地方性法规等多个层次法律规范的结构（见图 6 - 1）。至于规章，虽然是法律规范的形式，但不构成法律体系的一个层次。① 它的统一性和层次性体现在各类法律渊源的效力上，具体表现为：宪法是中国特色社会主义法律体系

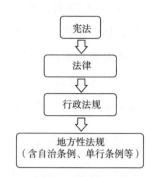

图 6 - 1　中国特色社会主义法律
体系的三层次

的统帅，在法律体系中具有最高的法律效力，一切法律、行政法规、地方性法规的制定都必须以宪法为依据，遵循宪法的基本原则，不得与宪法相抵触；法律是中国特色社会主义法律体系的主干，行政法规和地方性法规不得与法律相抵触；行政法规和地方性法规是中国特色社会主义法律体系的重要组成部分。总之，中国特色社会主义法律体系是一个科学和谐统一的法律体系，各类规范性法律文件都是它的有机组成部分。

（二）　以法律部门为基础的法律体系

规范性法律文件是法律体系的外在表现形式。通常一个规范性文件包括属于不同法律部门的法律规范，而一个法律规范的不同部分也会出现在不同的法律文件中。法律部门的划分有助于我们从现行有效的各类规范性法律文件中按照调整对象和调整方法找到它们的内在逻辑联系，即法的内在结构。② 我国法律部门因分类标准的不同，而有不同的分类结果。例如："三分法"——公法、私法和社会法；"六法体系"——宪法、民法、刑法、行政法、民事诉讼法和刑事诉讼法；等等。面对种类繁多的法律部门分类，九届全国人大常委会提出了结论性的"七分法"，即在

---

①　乔晓阳：《关于中国特色社会主义法律体系的构成、特征和内容》，中国人大网，http://www. npc. gov. cn/npc/xinwen/2013 - 06/25/content_ 1798341. htm。

②　朱景文主编《中国特色社会主义法律体系的形成与完善：结构、原则和制度阐释》，中国人民大学出版社，2011，第 8 页。

宪法统帅下，按照法律规范调整的社会关系和调整方法的不同，将我国规范性法律文件划分为七个法律部门，分别是宪法相关法、民法商法、行政法、经济法、社会法、刑法、诉讼与非诉讼程序法（见图6-2）。①

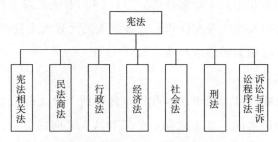

图6-2　中国特色社会主义法律体系的七个部门

　　尽管在定义中国特色社会主义法律体系的过程中，将法律体系的基本要素认定为法律规范，将法律体系的直接组成确认为法律部门，但是在法律规范和法律部门内存在着进一步的分类，即"法律部门的分支"。法律部门的分支分为两个层次：一是作为法律规范的集合形态的"法律"；二是作为内容性质相同的多个法律结合形态的"法律版块"。② 中国特色社会主义法律体系的七个法律部门及其具体分支如下。

　　1. **宪法相关法**

　　宪法相关法是与宪法相配套的、直接保障宪法实施和国家权力运作等方面的法律规范的总和，大多属于全国人大及其常委会的专属立法权限。③ 它主要包括四个分支部门：（1）有关国家机构的产生、组织、职权和基本工作制度的法律，如《全国人民代表大会和地方各级人民代表大会选举法》、《全国人大组织法》、《国务院组织法》、《地方各级人民代表大会和地方各级人民政府组织法》、《人民法院组织法》、《人民检察院组织法》等；（2）有关民族区域自治制度、特别行政区制度、基层群众自治制度的法律，如《民族区域自治法》、《香港特别行政区基本法》、《澳门特别行政区基本法》、《居民委员会组织法》、《村民委员会组织法》等；

　　① 朱景文、韩大元主编《中国特色社会主义法律体系研究报告》，中国人民大学出版社，2010，第33~34页。
　　② 朱景文、韩大元主编《中国特色社会主义法律体系研究报告》，中国人民大学出版社，2010，第34页。
　　③ 李林、莫纪宏等：《中国法律制度》，中国社会科学出版社，2014，第97页。

（3）有关维护国家主权、领土完整和国家安全的法律，如《缔结条约程序法》、《领海及毗连区法》、《专属经济区和大陆架法》、《反分裂国家法》、《国旗法》、《国徽法》、《国防法》、《国家安全法》、《反恐怖主义法》、《国家勋章和国家荣誉称号法》等；（4）有关保障公民基本权利的法律，如《全国人民代表大会和地方各级人民代表大会选举法》、《集会游行示威法》、《国家赔偿法》等。

2. 民法商法

民法商法部门分为民事法律和商事法律两个分支部门。民法是调整平等主体的公民之间、法人之间、公民和法人之间的财产关系和人身关系的法律规范，遵循民事主体地位平等、意思自治、公平、诚实守信等基本原则，主要包括《民法通则》、《婚姻法》、《收养法》、《继承法》、《物权法》、《合同法》、《商标法》、《专利法》、《著作权法》、《侵权责任法》等。商法调整商事主体之间的商事关系，遵循民法的基本原则，同时秉承保障商事交易自由、等价有偿、便捷安全等原则。它由商主体法和商行为法两部分组成，包括《公司法》、《合伙企业法》、《个人独资企业法》、《证券法》、《保险法》、《票据法》、《海商法》、《信托法》、《担保法》、《拍卖法》、《商业银行法》、《企业破产法》等。

3. 行政法

行政法是关于行政权的授予、行政权的行使以及对行政权的监督的法律规范，调整的是行政机关与行政管理相对人之间因行政管理活动发生的关系，遵循职权法定、程序法定、公正公开、有效监督等原则。行政法的范围非常广泛，涉及公安、税务、财政、金融、工商、土地、教育、环境、交通、司法、农业、文化、民政、宗教、突发事件等各个行政管理领域，它没有明确的分支划分。

4. 经济法

经济法是调整国家从社会整体利益出发，对经济活动进行干预、管理或者调控所产生的社会经济关系的法律规范。经济法部门有六个分支：（1）有关宏观调控方面的法律，包括《预算法》、《审计法》、《中国人民银行法》、《价格法》、《个人所得税法》、《税收监管法》、《银行业监督管理法》等；（2）有关规范市场秩序和竞争规则方面的法律，包括《反不正当竞争法》、《反垄断法》、《消费者权益保护法》、《产品质量法》、《广告法》、《招投标法》、《政府采购法》、《投资基金法》等；（3）有关扩大对外开放和促进经济贸易发展方面的法律，包括《中外合资经营企业法》、《中外合作经营企业法》、《外资企业法》、《对外贸易法》、《进出口商品检验法》、《进出口动植物检疫法》等；（4）有关促进重点产业振兴和发展方面的法律，包括《农业法》、《铁路法》、《民航法》、《公路法》、《电力法》、《煤炭法》、《建筑法》、《城市房地产管理法》、《港口法》等；（5）有关自然资源保护和合理开发利用方面的法律，包括《土地管理法》、《森林法》、《草原法》、《水法》、《水土保持法》、《矿产资源法》等；（6）有关经济活动规范化、标准化方面的法律，包括《计量法》、《统计法》、《测绘法》等。

5. 社会法

社会法是调整劳动关系、社会保障、社会福利和特殊群体权利保障等方面的法律规范，遵循公平、和谐和国家适度干预原则，通过国家和社会积极履行责任，对劳动者、失业者、丧失劳动能力的人以及其他需要扶助的特殊人群提供必要的保障，维护社会公平，促进社会和谐。主要包括两个分支部门：（1）有关劳动关系、劳动保障和社会保障方面的法律，如《劳动法》、《劳动合同法》、《工会法》、《矿山安全法》、《职业病防治法》、《安全生产法》等；（2）有关特殊社会群体权益保障方面的法律，如《残疾人保障法》、《未成年人保护法》、《预防未成年人犯罪法》、《归侨侨眷权益保护法》、《妇女权益保障法》、《老年人权益保障法》、《红十字会法》、《公益事业捐赠法》等。

6. 刑法

刑法是规定犯罪、刑事责任与刑罚的法律规范。因刑法的内容和形式皆已高度整合，没有分支划分。

7. 诉讼与非诉讼程序法

诉讼与非诉讼程序法是规范解决社会纠纷的诉讼活动与非诉讼活动的法律规范。诉讼法律制度是规范国家司法活动、解决社会纠纷的法律规范，非诉讼程序法律制度是规范仲裁机构或者人民调解组织解决社会纠纷的法律规范。它的内容相对单一，主要有两个分支：（1）有关诉讼的法律，包括刑事诉讼法、民事诉讼法、行政诉讼法和海事诉讼法等程序法；（2）有关仲裁的法律，主要是仲裁法。①

　　根据我国立法机关对中国特色社会主义法律体系的构图以及学术界从学理上对法律部门分支的划分，中国特色社会主义法律体系的基本架构为：三个层次、七个部门、若干部门分支（见图6–3）。

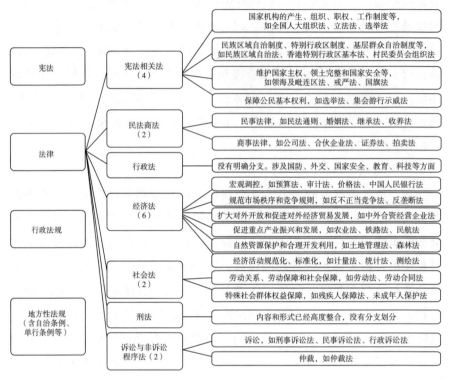

图6–3　中国特色社会主义法律体系构成

（三）以基本权利为基础的法律体系

　　随着大量法律法规的制定，过去简单的"权利－权力"结构转变为复合型的"权利－法律－权力"结构，法律成为保障公民权利的最主要制度路径。根据我国宪法、《经济、社会、文化权利国际公约》和《公民权利和政治权利国际公约》的相关条款，公民的基本权利可分为经济、社会及文化权利和政治权利两大种类，即民生与民主两个领域，它们构成了比较完

───────────

① 中华人民共和国国务院新闻办公室：《中国特色社会主义法律体系》白皮书，2011年10月；朱景文、韩大元主编《中国特色社会主义法律体系研究报告》，中国人民大学出版社，2010，第34～35页。

备的权利体系。这一权利体系中的每一类权利都构成一个开放性的体系。例如，经济、社会和文化权利包括平等权、受教育权、劳动权、财产权、健康权、家庭保障与援助权、文化权、社会保障权、少数人权利等（见图6-4）；政治权利包括思想、良心和宗教自由、言论自由、选举与被选举权、村民如何自治、结社权与公共空间、监督权的行使（见图6-5）。

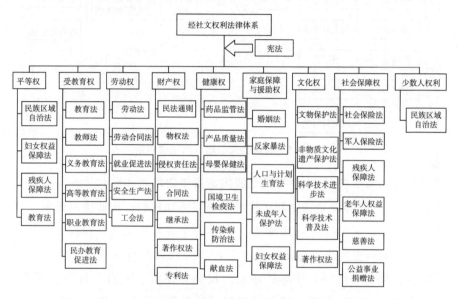

图6-4　我国公民经济、社会和文化权利法律体系

中国特色社会主义法律体系是保障公民基本权利最重要的法律依据，它具体规定了公民基本权利的基本内容和救济途径等。因此，我们将逐一考察我国公民基本权利在这一体系之下如何被规定、公民如何获得救济，从而构建起一个以基本权利为基础的法律体系。

1. 以经济、社会、文化权利为基础的法律体系

（1）平等权

《宪法》第33条规定："中华人民共和国公民在法律面前一律平等。"但是平等的法律性质一直是一个备受争议的论题，即"法律面前之平等"是一项权利还是原则的问题。"权利说"认为，随着宪法的有效实施，平等已经从最初的平等观念经由平等原则发展成为具体权利。① 法律平等是

---

① 曾云燕：《平等原则研究》，博士学位论文，吉林大学法学院，2014，第5页。

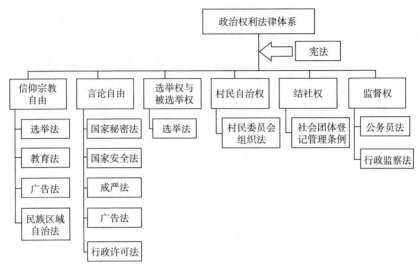

图 6-5 我国公民政治权利法律体系

我国公民的基本权利①，平等权是我国宪法规定的基本权利体系中的重要组成部分②，平等权是宪法和法律规定的实体性权利，包括法律面前一律平等和禁止差别对待③。"原则说"则认为平等与其说是一种权利，莫如说是一种原则更妥当、贴切……平等若作为权利本身看待并无实际的权利内容，男女（权利）平等、种族（权利）平等、人格（权利）平等、主体资格（权利）平等、民族（权利）平等等，无不是强调权利平身的平等，即权利原则是平等的。④ 而作为主流观点的"折中说"认为平等兼具权利和原则双重属性，它既广泛地作为与各种人权对应时的基准，个人依此基准可以要求与他人享有平等的权利，也是其在实质平等的追求中衡量基准的一项原则，无论使用平等权还是平等原则，对平等的意义或规范效果都不会产生影响。⑤

总之，平等权无论是作为排除差别的客观法原则，还是作为保障达到基准待遇的主观法权利，都是一国公民实现其他基本权利的基础。在

---

① 蒋德海编著《宪法学》，华东师范大学出版社，2001，第 127 页。
② 周叶中主编《宪法学》，法律出版社，1999，第 5 页。
③ 韩大元：《宪法学》，法律出版社，2000，第 71~72 页。
④ 范进学：《权利政治论——一种宪政民主理论的解释》，山东大学出版社，2003，第 272 页。
⑤ 许庆雄：《现代人权体系中平等原则之研究》，《国立中正大学法学集刊》2001 年第 6 期。

中国特色社会主义法律体系中，作为统帅的宪法对"法律面前之平等"作了概括性规定，即"中华人民共和国公民在法律面前一律平等"，也包括"各民族一律平等"以及"男女平等"等具体规定。与此同时，在针对特殊群体和领域保护的法律中又对其重新加以强调。例如，在《民族区域自治法》中对少数民族的平等保护；《妇女权益保护法》、《老年人权益保障法》、《未成年人保护法》、《残疾人保障法》等中对弱势群体的平等保护；《义务教育法》中对接受教育的平等保护。

（2）受教育权

接受教育是个人自身发展所必需的基本手段。在逻辑上和事实上，受教育权被认为是个人享受其他人权的前提和手段。[①] 目前的法律文件并未对教育权下一个现成的定义，研究领域也没有一个统一的说法。基于国际和区域性人权文件中的受教育权条款、权威机构和专家学者的意见以及各国在本国参加的国际条约和国内法律框架下的教育实践，受教育权的内容可以从接受教育、选择教育自由、建立和管理教育机构的自由、学术自由、以维护学生尊严的方式执行学校教育、平等开放和平等利用教育设施与禁止歧视原则等方面加以探讨。[②]

《宪法》第 46 条第 1 款规定："中华人民共和国公民有受教育的权利和义务。"第 19 条规定："国家发展社会主义的教育事业，提高全国人民的科学文化水平。国家举办各种学校，普及初等义务教育，发展中等教育、职业教育和高等教育，并且发展学前教育。国家发展各种教育设施，扫除文盲，对工人、农民、国家工作人员和其他劳动者进行政治、文化、科学、技术、业务的教育，鼓励自学成才。国家鼓励集体经济组织、国家企业事业单位组织和其他社会力量依照法律规定举办各种教育事业。"据此，受教育权被规定为一项宪法性权利。

为了贯彻宪法中有关教育权的规定，我国还制定了《教育法》、《义务教育法》、《高等教育法》、《职业教育法》、《民办教育促进法》、《教师法》等法律，同时《妇女权益保障法》、《未成年人保护法》、《残疾人保障法》中还规定了特殊权利主体的受教育权，这些法律法规形成了一个

---

① 徐显明主编《国际人权法》，法律出版社，2004，第 308 页。
② 徐显明主编《国际人权法》，法律出版社，2004，第 312~313 页。

相对完整的教育法律系统。

尽管我国在保障受教育权方面已经取得了巨大的成就，但是由于我国国情复杂，加之受教育权的特殊性和复杂性，我国在受教育权的保障上仍然存在一些问题，其中最为严重的就是教育公平问题。例如，近年来我国流动人口的数量急剧增加，"流动儿童"和"留守儿童"的数量也随之上升，但是由于我国户籍与学籍相关联的规定，大量随父母在非户籍地居住的儿童无法与有当地户籍的儿童享有同等的受教育的机会和待遇，而那些留守儿童也由于种种原因，与正常家庭中的儿童相比在受教育权上面临多重障碍。

（3）劳动权

工作权是经济社会权利的核心，是最基本的经济权利。它不仅是获取物质保障所必需的权利，也是实现人的全面发展所必需的权利。工作权经常被作为一个包罗性的概念来说明范围非常广泛的一系列权利，这些权利可以被进一步表示为"工作权和工作中的权利"。工作权是一个复杂的规范体系，而不仅仅是一个单一的法律概念。[1] 它主要包括：享有最低报酬、享有必要的技能培训机会、享有同等就业机会、具备适当的劳动环境、享有休息权等内容。

我国经常使用的是劳动权而非工作权。《宪法》规定，"中华人民共和国公民有劳动的权利和义务"，"劳动是一切有劳动能力的公民的光荣职责"。在保障具体权利内容上还存在其他相应的法律，例如有关工资保障的《劳动合同法》、《企业破产法》，保障同等就业机会的《劳动法》、《就业促进法》，保障休息权的《劳动法》，保障工作条件的《安全生产法》、《矿山安全法》、《工会法》、《矿产资源法》、《煤炭法》、《电力法》、《建筑法》、《突发事件应对法》等，以及一系列涉及劳动保护、劳动条件、职业培训、社会保障等等方面的行政法规和条例，它们构成了保障公民劳动权的法律体系。

（4）财产权

在以基本权利为基础的法律体系中，生命权是前提，财产权是生存的基础，人身自由则是逻辑起点，可以说没有维持生计的基本财产，生

---

[1] 白桂梅主编《人权法学》，北京大学出版社，2015，第 146 页。

命不在，其他权利也就无从谈起。① 财产权表明的是人与人之间针对物的一种相互关系。可以从多个角度去理解它。从法律和权利的角度来理解财产权，它包含两个层面的意义，即民法意义上以及宪法和公法意义上。在民法意义上，所有权是财产权的起点和基础，它包括传统的（物权的）所有权、债权、继承权、知识产权以及其他私法上的权利，或者称之为"任何具有财产价值的私权利"，它们与人身权、人格权等人身权利并列，构成民法权利体系，民法财产权制度的意义在于形成私法意义上所有权的排他性，即排除一般他人；在宪法意义上，财产权与平等权、自由权相并列，构成宪法基本权利体系，宪法财产权制度的意义在于形成公法意义上财产权的特别排他性，即排除国家和政府。②

我国现行宪法对财产权保护是三重结构，即保障条款、制约条款和补偿条款。《宪法》第 13 条第 1 款、第 2 款规定："公民的合法的私有财产不受侵犯。国家依照法律规定保护公民的私有财产权和继承权。"对公民财产权做了一个概括性的、总纲式的保障条款。同条第 3 款规定："国家为了公共利益的需要，可以依照法律规定对公民的私有财产实行征收或者征用并给予补偿。"第 3 款的前半部分属于对公民财产的制约，而后的"并给予补偿"属于补偿条款。我国已经初步形成了宪法性公民财产制度，但财产权的宪法性条款在实际执行中更需要法律法规的支持。具体涉及行政法、刑法和民法三个法律部门。①行政法。行政公权力的侵害往往是公民财产权的最大威胁，因此最重要的是限制和规范行政公权力，保证权力依法行使。主要内容包括：第一，行政法对财产权的限制，体现为财产征收和征用（《税收征管法》、《土地管理法》、《森林法》、《草原法》、《防洪法》、《军事设施保护法》、《国防动员法》、《人民警察法》、《行政许可法》等）、行政处罚（《行政处罚法》等）和行政强制（《行政强制法》等）等；第二，行政法对财产权的保障，它要求在消极不侵犯的基础上，积极作为以保护财产权，主要体现为行政许可（《行政许可法》等）、行政救济（《行政复议法》、

① 汪进元、高新平：《财产权的构成、限制及其合宪性》，《上海财经大学学报》2011 年第 5 期。

② 肖金明、冯威：《公民财产权的制度化路径》，《法学论坛》2003 年第 2 期。

《国家赔偿法》等）。②刑法。刑法通过打击盗窃、抢劫、贪污等犯罪为公民财产建立安全屏障，法律依据有《刑法》、《刑事诉讼法》等。③民法。民法主要是依靠物权制度和侵权责任制度建立起稳定的财产秩序。目前已经形成了以所有权为核心的有体财产权（《民法通则》、《物权法》、《侵权责任法》等）、以知识为主体的无体财产权（《著作权法》、《商标法》、《专利法》等）、以债权和继承权等为内容的其他财产权（《合同法》、《继承法》等）的公民财产权制度。与其所同属的权利体系相对应，前两者构成公民财产权的公法保护体系，后者则属于私法保护。

（5）健康权

健康权是指人人享有可能达到的最高标准的身体健康和精神健康的权利，包括身体和精神两个方面的健康权。我国现行宪法中有多项与促进和保障健康权相关的条款。如第21条规定，"国家发展医疗卫生事业"，"开展群众性的卫生活动，保护人民健康"；第26条规定，"国家保护和改善生活环境和生态环境，防治污染和其他公害"等。此外，《民法通则》第98条也规定："公民享有生命健康权。"《刑法》在分则第六章"妨害社会管理秩序罪"第五节规定了"妨害传染病防治罪"等11个具体罪名。另外，我国还制定了《药品管理法》、《国境卫生检疫法》、《传染病防治法》、《职业病防治法》、《执业医师法》、《母婴保健法》、《献血法》、《禁毒法》、《人口与计划生育法》、《产品质量法》等法律法规。

（6）家庭保障与援助权

对家庭的保护主要涉及的是对婚姻关系、母亲和儿童权利的保护。中国公民的婚姻自由受法律保护，《婚姻法》对婚姻关系存续期间的双方权利进行保护。《人口与计划生育法》、《妇女权益保障法》、《反家暴法》、《劳动法》、《未成年人保护法》等对孕产期、哺乳期的妇女和未成年人等弱势群体的权利进行保护。

（7）文化权

文化权是一项重要的人权，但是因为主体权利和国家义务不明确，常常处于"被忽视"和"不发达"的状态。根据国际文书和国家法律的相关规定，其具体内容主要包括：享受文化成果的权利、参与文化生活的权利、开展文化创造的权利以及对个人进行文化艺术创造所产生的精神上和物质上的利益享有保护权。①

《宪法》第 47 条规定："中华人民共和国公民有进行科学研究、文学艺术创作和其他文化活动的自由。国家对于从事教育、科学、技术、文学、艺术和其他文化事业的公民的有益于人民的创造性工作，给以鼓励和帮助。"第 19 条和第 22 条也分别规定了国家对公民文化权的保障。此外，我国还制定了一系列的相关法律，规定了具体的权利和保障措施，主要包括：①参与文化生活的权利，如《文物保护法》、《非物质文化遗产保护法》等；②享受文化成果的权利，如《科学进步法》、《科学技术普及法》、《农业技术推广法》、《促进科技成果转化法》等；③文化成果受保护的权利，如《著作权法》、《专利法》、《商标法》等。

（8）社会保障权

社会保障是国家和社会通过立法对国民收入进行分配和再分配，对社会成员特别是生活有特殊困难的人的基本生活权利给予保障的社会安全制度。它的本质在于维护社会公平，进而促进社会和谐稳定。我国目前已经初步建立起以社会保险、社会救济、社会福利和社会互助等为主要内容，多渠道筹集保障资金，管理服务逐步社会化的社会保障体系，涉及养老保险、医疗保险、工伤保险、失业保险、生育保险、最低生活保障、灾害救助、社会公益捐助、残疾人社会保障等各项制度。②

我国《宪法》第 14 条规定："国家建立健全同经济发展水平相适应的社会保障制度。"第 44 条规定："国家依照法律规定实行企业事业组织的职工和国家机关工作人员的退休制度。退休人员的生活受到国家和社会的保障。"第 45 条规定："中华人民共和国公民在年老、疾病或者丧失劳动能力的情况下，有从国家和社会获得物质帮助的权利。国家发展为公民享受这些权利所需要的社会保险、社会救济和医疗卫生事业。国家和社会保障残疾军人的生活，抚恤烈士家属，优待军人家属。

---

① 艺衡、任珺、杨立青：《文化权利：回溯与解读》，社会科学文献出版社，2005，第 12 页。

② 《〈经济、社会及文化权利国际公约〉的执行情况》（中国·2010 年 6 月 30 日），E/C.12/CHN/2，第 7 段。

国家和社会帮助安排盲、聋、哑和其他有残疾的公民的劳动、生活和教育。"上述宪法的规定，为社会保障法律制度提供了立法根据和最高法律准则。

以我国社会保障制度为基础，我国社会保障法律体系的基本框架为：社会保险（《劳动法》、《劳动合同法》、《社会保险法》《军人保险法》等）、社会福利（《残疾人保障法》、《妇女权益保障法》、《老年人权益保障法》等）、社会救助（《企业所得税法》、《公益事业捐赠法》、《慈善法》等）等。

（9）少数人之权利

在中国没有"少数者"的概念，只有"少数民族"的概念。① 中国作为一个统一的多民族国家，保证各民族间的平等和对少数民族的保护是处理各民族之间关系的关键。我国将少数民族作为一个整体对待，实行民族区域自治制度。首先是《宪法》第4条明确规定："中华人民共和国各民族一律平等。国家保障各少数民族的合法的权利和利益，维护和发展各民族的平等、团结、互助关系……"其次是制定了《民族区域自治法》，它是根据宪法制定的、实施宪法规定的民族区域自治制度的基本法律。

2. 以政治权利为基础的法律体系

（1）宗教信仰自由

根据我国现行宪法、法律和法规的有关规定，我国公民的宗教信仰自由权主要体现在以下五个方面：第一，中国公民有宗教信仰自由（《宪法》第36条第1款）；第二，中国公民不分宗教信仰，在法律面前一律平等，享有选举权、被选举权、平等的受教育的机会以及宪法和法律规定的其他权利，负有服兵役以及宪法和法律规定的其他义务（《宪法》第33~34条、《选举法》第3条、《村民委员会组织法》第13条、《城市居民委员会组织法》第8条第2款、《教育法》第9条、《兵役法》第3条）；第三，中国公民有权依法组织和参加地方性、区域性和全国性的宗教社会团体，有权依法设立宗教活动场所，依法登记的宗教社会团体和宗教活动场合的管理组织有权开展正常的宗教活动（《社会团体登记管理

---

① 徐显明主编《国际人权法》，法律出版社，2004，第354页。

条例》）；第四，任何国家机关、社会团体和个人不得强制公民信仰宗教或不信仰宗教，不得歧视信仰宗教的公民和不信仰宗教的公民（《宪法》第 36 条第 2 款、《刑法》第 251 条、《劳动法》第 12 条、《广告法》第 9 条第 9 款）；第五，国家保护正常的宗教活动、宗教团体的合法财产和宗教活动的合法权益（《宪法》第 36 条第 3 款、《民族区域自治法》第 11 条、《民法通则》第 77 条等）。①

（2）言论自由

言论自由，亦即表达自由、表达意见权等，在不同的国家、区域或国家法律文件中的用词有所不同，主要内容包含寻求、接受、传递思想或信息。但是由于主张、信息和思想本身的复杂性和潜在影响力，权利的行使可能会损及个人或社会的正当权益，因此有必要对其实行适当的限制，即要对言论设置一定的边界。

在国际法上，对言论自由的限制必须具有合法的根据、目的和理由，以适当的方式并在合法的范围和程度之内进行。在我国，宪法确认了中华人民共和国公民的言论自由，同时在不同程度上对该项自由予以保障或限制。在此基础上，我国制定了大量与言论自由有关的法律、法规和规范性文件，主要有《保守国家秘密法》、《广告法》、《国家安全法》、《戒严法》、《未成年人保护法》、《刑法》、《行政许可法》等。

（3）选举权与被选举权

公民有依法参与选举或被选举以及罢免人民代表大会的代表和其他国家机关公职人员的权利。选举权与被选举权是公民政治权利中最基本、最重要的一项权利。

我国《宪法》第 34 条规定："中华人民共和国年满十八周岁的公民，不分民族、种族、性别、职业、家庭出身、宗教信仰、教育程度、财产状况、居住期限，都有选举权和被选举权；但是依照法律被剥夺政治权利的人除外。"这一规定体现了选举权的普遍性和平等性。我国立法机关为保障公民选举权的行使，制定了《选举法》。

（4）村民自治权

村民自治权是与公民自治权相对应的一个概念，它实质上是对以村

_____

① 徐显明主编《国际人权法》，法律出版社，2004，第 262 页。

庄为范围的村民作为公民的自治权的重组和整合。我国村民自治属于基层社会的社区自治，这种自治本身不是作为政权组织存在的，而是在基层政权组织之下，由基层社区的居民所组成的群众性自治组织。① 他们参与自治的方式主要是：民主选举、民主决策、民主管理和民主监督。

我国《宪法》第111条规定："城市和农村按居民居住地区设立的居民委员会或者村民委员会是基层群众性自治组织。"1998年通过、2010年修订的《村民委员会组织法》是中国村民自治的基本法律依据，规定了村民自治的基本制度。

（5）结社权

结社，是指人们为了某种共同目的组成一定形式的社会组织。② 它是个人与他人交往的一种重要的方式和个人生活的一项重要内容。结社权则是以权利和自由为核心，将结社的形态及个人在社团活动汇总的表现综合形成一种制度化的表达。它主要包括个人组织、参加社团的权利和社团本身的权利。和言论自由权一样，结社自由权的行使有可能对其他个人和社会的正当利益产生不利的影响，因此有必要受到适当的限制。但是，限制的行使应当具有合法的根据、目的和理由，且以适当的方式并在合法的范围和程度之内进行。③

我国目前结社权法律体系的基本构架是以宪法、民法等相关规定和行政法规为依据建立起来的。《宪法》第35条规定："中华人民共和国公民有言论、出版、集会、结社、游行、示威的自由。"将结社权作为基本权利予以规定，确定了结社权为基本人权的宪法地位。同时《宪法》第5条也规定："一切国家机关和武装力量、各政党和社会团体、各企业事业组织都必须遵守宪法和法律。一切违反宪法和法律的行为，必须予以追究。"此外《社会团体登记管理条例》、《基金会管理条例》、《取缔非法民间组织暂行办法》等法律法规的颁布使得我国结社权法律体系初步形成，在一定时期内对我国公民的结社自由发挥了重要的作用。

（6）监督权

公民监督权是其实现民主监督的一种权利，主要是对国家机关及其

---

① 崔智友：《中国村民自治的法学思考》，《中国社会科学》2001年第3期。
② 刘培峰：《结社自由及其限制》，社会科学文献出版社，2007，第3页。
③ 参见徐显明主编《国际人权法》，法律出版社，2004，第288页。

公职人员在执行职务中出现的问题进行外部的合理性监督，对违反党纪、政纪、法纪事实的行为进行合法性的外部监督。我国公民监督权的体系由核心权利群和外围权利群构成。核心权利群包括批评权、建议权、申诉权、控告权、检举权和取得国家赔偿的权利，外围权利群涵盖了言论自由、出版自由、结社自由、集会游行示威自由、通信自由和文艺创作自由等宪法规定的基本权利。① 前者是公民监督权的核心内容，后者属于行使监督权的辅助性权利，两者的结合是公民行使监督权的重要途径和保障。

根据我国现行法律体系，我国已经初步形成了以宪法为基础的公民监督权法律体系。《宪法》第 2 条和第 3 条，指出了国家权力的来源以及公民与国家机关之间的关系，将公民监督权视作人民主权应当具备的基本权利。第 41 条则列举了公民监督权包含的权利内容，确立了公民享有批评建议权、申诉控告权与检举权。此外，公民监督权的内容散见于《公务员法》、《行政监察法》以及相关的组织法之中。

四 中国特色社会主义法律体系在实践中发展与完善

中国特色社会主义法律体系不是静止的、封闭的、固定的，而是动态的、开放的、发展的。新形势、新实践和新任务给立法工作提出了新的更高的要求。中国特色社会主义法律体系形成后，如何适应经济社会发展和社会主义民主法制建设的需要，完善中国特色社会主义法律体系，是我们亟待解决的重要课题。通过对中国特色社会主义法律体系的形成过程以及构成的分析，我们主要从立法原则、立法内容和立法技术三个方面提出其完善之路。

（一）立法原则上：推进科学立法、民主立法，提高立法的总体质量

中国特色社会主义法律体系的本质特色是以人为本，这是我国国家性质在立法领域的体现。法律是人民意志的体现，追求民主是现代立法的价值取向，因此立法能否充分保障人民参与其中并表达自己的意见，

---

① 王月明：《公民监督权体系及其价值实现》，《华东政法大学学报》2010 年第 3 期。

能否真正体现广大人民的整体意志，是检验立法质量高低的首要价值性评判标准。① 科学和民主是手段，以人民利益为宗旨是最终目的。科学立法的核心，在于尊重和体现客观规律，民主立法的核心在于，为了人民，依靠人民。② 在实际的立法工作中，完善立法体制机制，推动科学立法和民主立法，主要体现在如下几个方面。

科学立法有以下几点要求。第一，立法要坚持以中国特色社会主义理论体系为指导，树立科学的观念，确定科学的立法思路，制定科学的法律规范，构建科学的法律体系。第二，立法要立足于中国国情，切实解决实际问题。我国全面建设小康社会已经进入决定性阶段，改革进入攻坚期和深水区。随着社会主义现代化建设的推进，我国经济社会将呈现出一系列新的特点。立法工作要从基本国情和国际形势出发，解决我国社会主义发展道路上遇到的实际问题，发挥法律对经济社会发展的引领、规范和保障作用。③

民主立法要求立法能够体现人民的意志和利益，充分发扬社会主义民主，保障人民通过多种渠道和途径参与立法活动。同时，民主立法也是实现科学立法的重要保障。民主立法主要体现在立法机制的设置上，即要保证人民参与，充分实现民主。首先，完善我国的选举制度、立法体制、立法程序、人大的工作制度和议事日程等，建立和完善诸如民主的立法规划制度、立法起草制度、立法提案制度、立法听证制度、立法表决制度、立法旁听制度、立法复议制度和立法否决制度等。其次，对于弱势群体、边缘群体、立法信息不对称的群体、缺乏立法资源的群体、缺乏立法参与专门知识的群体的意志表达和利益诉求问题，要注意在制度和机制上加以解决。再次，实行立法信息公开制度，保障社会公众对于立法的了解和监督，实行立法协商与对话制度，探索全民参与立法、听证立法、委托立法等新形式，广泛凝聚社会共识。④ 随着网络的普及，

---

① 李林：《完善中国特色社会主义法律体系任重道远》，《中国司法》2011 年第 4 期。
② 《关于〈中共中央关于全面推进依法治国若干重大问题的决定〉的说明》，载《中国共产党第十八届中央委员会第四次全体会议文件汇编》，人民出版社，2014，第 84 页。
③ 本书编写组编《完善中国特色社会主义法律体系问题研究》，中国民主法制出版社，2015，第 104 ~ 106 页。
④ 李萍：《科学民主立法与中国特色社会主义法律体系完善》，《重庆科技学院学报》（社会科学版）2008 年第 10 期。

立法机关通过网络渠道发布立法信息收集民众意见的立法参与形式正在
实行，例如全国人大常委会通过中国人大网发布《网络安全法（草案二
次审议稿)》、《民法通则（草案)》、《红十字会法（修订草案)》，征求
网民意见。

　　总之，改革开放以来的立法实践证明：只有坚持科学立法，才能保
证立法符合自然规律、我国的社会发展规律和立法自身规律的科学要求；
只有坚持民主立法，才能保障人民的意志、党的意志和国家意志的有机
统一；只有坚持科学立法和民主立法，才能从根本上保证立法质量的
提高。

　　（二）立法内容上：注重社会领域和其他领域立法，保障公
民基本权利

　　法律是社会关系的调配器和社会利益的分配器，法律关系是调整
社会关系和分配社会利益的集大成者。完善法律体系，应当把国家的
经济关系、政治关系、文化关系、社会关系、生态关系的各个方面，
国家与公民、中央与地方、地方与地方、公民与公民、公民与社会组
织、各个党派、各个民族、各个组织之间，权利与义务、权力与责
任、人与自然、人与社会等各种重要关系，合理纳入法律调整范围，
使国家政治生活、经济生活、社会生活和文化生活的主要方面，都实
现有法可依。① 然而，我国仍然有许多社会关系没有被纳入法律调整的
范畴。

　　到 2016 年 7 月为止，我国已经制定现行有效法律 250 部，其中宪法
相关法 41 部，占 16.4%；民法商法 33 部，占 13.2%；行政法 81 部，占
32.4%；刑法 1 部，占 0.4%；经济法 62 部，占 24.8%；社会法 22 部，
占 8.8%；诉讼与非诉讼程序法 10 部，占 4%（见图 6-6）。

　　根据图 6-6 和经济、社会和文化权利法律体系（见图 6-4）可以看
出，我国社会法在整个法律体系中，数量偏少，所占比例较小，特别是
社会保障、公共医疗卫生、社会管理等方面亟须加快立法进程。此外，
纵观整个法律体系，社会领域方面的立法层次较低，多散见在法规、规

---

　　① 李林：《完善中国特色社会主义法律体系任重道远》，《中国司法》2011 年第 4 期。

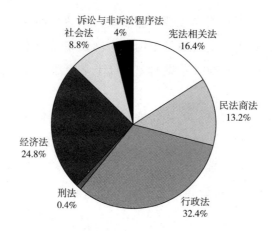

图 6 - 6 中国特色社会主义法律体系构成比例

资料来源：根据中国法律法规信息库收录的数据信息整理而来。

章和政策性法律文件中，缺乏系统性和协调性；许多规定过于原则，有的只是做了宣示性规定，有些道德规范入法，缺乏执行力。①

社会法主要是着眼于经济建设、政治建设、文化建设、社会建设、生态文明建设五位一体总体布局意义上的社会建设，是指属于社会建设范围内的立法。它对修复和矫正失衡的社会关系、有效实现社会公平与正义目标，提高社会效益具有重要的意义。社会法体系是调整民生等社会问题的一个重要法律部门，从性质上讲，具有社会保障性。② 而从基本权利角度来说，民生主要涉及公民的经济、社会和文化权利。经济的发展对社会立法，对公民经济、社会和文化权利的保障，提出了越来越高的要求。"十二五"规划也提出要着力保障和改善民生，实现社会公平正义，确保人民群众能够共享改革发展成果。

基本权利体系是一个存在内部联系的整体，体现了个人在国家和社会关系各个领域中的主体性地位，经济、社会和文化权利以及政治权利是权利体系的重要组成部分。然而，从我国公民政治权利法律体系（见图 6 - 5）可以看出，中国特色社会主义法律体系中保障公民政治权利的相关性立法数量较少。即使有些权利已经实现法律化，但从规定的具体

① 本书编写组编《完善中国特色社会主义法律体系问题研究》，中国民主法制出版社，2015，第 270 页。

② 张波：《构建社会主义和谐社会的社会法之维》，《甘肃政法学院学报》2010 年第 6 期。

内容来看，实际构成了对基本权利的限制。

社会主义国家的性质要求法律要以人民群众的利益为核心，坚持以人为本，这就要求法治建设以保障公民权利为出发点。因此，立法机关未来的立法工作应该从民生和民主建设入手，注重加强社会领域和其他相关领域的立法，全方位保证公民基本权利的实现。

（三）立法技术上：实现工作方式转变，完善法律体系整体协调性

稳定是法律的天性，但法的稳定性也恰恰意味着其具有一定的滞后性。同时法律又是随着社会关系的变化或变革而不断变化的，这就要求法律具有一定的动态开放性，即在面对现代变迁和内外冲击时能够实现自我调节。因此，中国特色社会主义法律体系的完善必须坚持法的稳定和开放性的有机统一，在法律清理的前提下做好修改、废止和编纂工作是关键。① 因此，在之后的立法工作中，应当从以创制法律为主，向统筹创制法律与清理法律、编纂法律、解释法律、修改法律、补充法律、废止法律的协调发展转变，使法律体系的清理、完善和自我更新更加制度化、规范化、常态化，使法律体系更加具有科学性、稳定性、权威性和生命力。

法律清理是完善中国特色社会主义法律体系的重要技术手段。清理工作要坚持：在纵向结构上，实现不同位阶法律之间的统一协调、紧密衔接；在横向结构上，实现各个法律部门之间、各条法律规范之间、各项法律制度之间、各个法律概念之间相互配合、协调一致。重点的清理工作放在上位法，通过上位法的修改带动下位法的完善。主要内容和法律部门有三个：一是有关国家体制和公权力运行的法律及其规范；二是有关尊重和保障人权的体制、程序和法律规范；三是有关经济与社会协调发展方面的法律规范。②

在法律清理的基础上，针对那些具备实现法典化条件的法律部门进行整理。目前中国法典化水平较低，尚缺民法典、商法典、行政法典、

---

① 汪习根、罗思婧：《论当代中国特色社会主义法律体系完善之路》，《河北学刊》2011 年第 6 期。

② 李林：《完善中国特色社会主义法律体系任重道远》，《中国司法》2011 年第 4 期。

行政程序法典、社会法典、经济法典、知识产权法典、环境法典、人权法典、军事法典等基本法典。法典化的两项重要条件是：一方面，法典所调整的经济社会关系基本已经定型，其所调整领域的相关立法基本齐备；另一方面，该项法律的相关法学理论、立法观念、立法技术等已经基本到位，能够为法典化提供成熟的理论支持。① 目前，我国"民法总则草案"正处于征求意见中。

中国特色社会主义法律体系是一个科学和谐统一的法律体系。立法工作应该具有宏观的整体法律意识，转变工作方式，注重法律清理、修改、编纂和废止等工作的统筹，保证法典与单行法、修改法与原定法、解释法与原定法、下位法与上位法、新法与旧法、特别法与一般法、程序法与实体法、地方法与中央法、国际法与国内法等各类法律，做到上下统一、左右协调、整体和谐，构成一个有机统一的体系。

---

① 李林、莫纪宏：《中国法律制度》，中国社会科学出版社，2014，第 105 页。

第七章　我国网络言论的保护与规制[*]

一　网络言论的特征及价值

（一）网络言论的一般性特征

互联网的出现正在深刻地改变着世界，时间与空间的限制被打破，信息在全世界范围内以令人惊讶的速度在传播，个人与媒体在往日里不可逾越的界限已经被打破，借助网络，每个人都有可能在世界范围内传播信息，"自媒体"雨后春笋般的出现无疑是最好的例证。互联网在给我们的表达带来便利的同时，给我们传统意义上的表达自由权的行使与保护带来了新的挑战。

1. 表达主体的匿名性

在公共讨论的时候，人们往往会有害怕被孤立、被诋毁、被轻视的恐惧心理，然而在网络上情况会有很大的改变。因为直接通过网上的言行追踪到某个具体的人是比较困难的，除非有网警的追根究底或者网民的"人肉搜索"①。此外，由于是在网络这个虚拟的空间里交流讨论而不是在现实中进行面对面的交流，人们之间相互的压力也会减小。同时，由于网络空间中的匿名性，因相同意见而组成的群体对有不同见解的个人的影响力大为减弱，个人并不会因为在某个问题上见解的"特立独行"而承担较大的心理负担或惹来不必要的麻烦，因此，个人在网络上更能畅所欲言，与众不同的观点、见解经常出现在互联网上。

我们换个角度来思考，匿名也有可能变成网络民主讨论的阻碍。"如果人们觉得自己的某些行为难以被问责，那么他们就有可能忽视习惯、

　＊　本章为王博文撰写。王博文，北京市第三中级人民法院研究室研究人员。

　①　人肉搜索，是指"利用人工参与来提纯搜索引擎提供信息的一种机制，实际上就是通过其他人来搜索自己搜不到的东西，与知识搜索的概念差不多，只是更强调搜索过程的互动而已"。

道德和法律的束缚。"① 表达主体的匿名性给每一个网民都披上了一层"隐身衣"，网民之间再也无法看清对方的真实"样貌"，于是网民们用网络空间中的言行将自身包装成自己所希望变成的"样貌"，信息的虚假性也就在所难免。网络的这层"隐身衣"让追究不当言论者的难度大为增加，网民在网络上的言论自然也更加无所顾忌。如今，无论是论坛、微信还是微博都充斥着冷嘲热讽、恶语中伤甚至是谩骂诋毁，不负责任的言论成为网络讨论的一种常态，每个网民都在互联网上肆意地释放压力、宣泄负面情绪。于是，网络变成了藏污纳垢的"垃圾场"，许多人都拒绝继续在这里发表自己的看法。网络上的讨论也不再是依据事实而进行的富有理性的辩论，反而退化成了市井中低俗的吵闹谩骂。

2. 表达方式的平等性和互动性

无论是国际人权公约还是各国宪法在涉及公民的表达自由时，毫无例外地会强调每个人都平等地享有表达自由，但在实际的社会生活中，我们不得不无奈地承认事实并不是这样的。表达自由的享有无法离开传播媒介，如报纸、杂志、无线电广播、电视，但只有少部分的人才有机会和能力在这些媒介上表达自己的观点、见解和情感，表达机会的不平等在传统媒介上显而易见。

区别于传统的传播媒介，网络空间中的个人表达从一开始就在技术上确保了平等性，平等作为互联网的基本精神并非虚言。只要你有一台电脑，你就能够轻松地进入网络世界。在这里，每个网民都拥有比以往任何一个时代都要广阔的表达空间，可以在各种类型的网络平台上尽情地表达自己的思想，宣泄自己的情感。性别、受教育程度、容貌、财富、种族等因素被剥离出去，每个网民在网络上都以虚拟的身份发表评论、表明观点，现实生活中的不平等因素不再能够左右言论的评判，言论主体实现了平等。"网络空间忽视网民们在现实生活中的身份，使得人们能够平等交往，评判言论的标准是人们的主张是否有价值，而不是言说者的地位。"② 威尔逊的观点揭示了互联网对可能影响言论的现实生活中身

---

① Patricia Wallace, *The Psychology of the Internet* (Cambridge : Cambridge University Press, 2010), pp. 124 – 125.

② Michel Wilson, "The Internet and Democratic Discourse," *Information, Communication and Society*, 4 (2001).

份地位因素的遮蔽作用，暗含了网络的平等性。盖斯泰尔将平等性视作网络的最大优点："如果网络中的交往能够持续减少地位的自主影响，它会比面对面的民主协商带来更大的好处。"① 华莱士也认为："你所言说的内容比你的身份更加重要。当表明身份的因素难以显现时，偏见会减少，地位较低的人参与讨论的积极性及其言论的影响力都会显著地增加。"②

表达自由的真正实现离不开讨论参与者之间的讨论。不同思想之间的激烈交锋，富有理性的辩论都是获致真理必不可少的条件。而这恰恰是传统媒介的弱点，不能否认在传统媒介之上存在思想的交锋以及理性的辩论，但这些互动的质量、数量、效率都远不及网络上的。在网络上，只要你轻点鼠标，你所发布的信息立刻就能被全世界的网民所知悉，而只要他们对你有所反馈你也能立刻获知，无论是在微博、微信还是论坛上，信息、观点或见解的发布者很快就能够和感兴趣的网民进行交流。网络空间在技术上确保了双向传播的实现，互动变得简单而随意，普通人与媒体的界限也逐渐模糊。网络空间中，不再存在纯粹的"说者"与"听者"，每个人都是平等的双向互动的表达主体，"个人化的双向沟通替代了由上而下的大众传播"，这是网络媒介带来的人类社会传播方式的巨大进步。③

3. 传播的迅捷性与范围的不可控性

在互联网出现之前，表达自由的媒介主要是口头、书面、影音，这些方式与网络相比更容易受制于诸如审查制度、技术条件等因素。网络的出现从很大程度上抹去了时间和空间差异，任何一个人只需要一台电脑、一根网线就能够在网络世界畅游。网络极大地提高了信息的发布与接收速度，信息传播在互联网上变得迅捷无比。

互联网是一个开放式的网络，各种信息在网络上存储方便、传播迅捷，传播的范围和影响力极大。一些不实信息一旦被发布，如谣言、诽谤，很可能被大量地下载、转帖，引起全国甚至全世界范围内网民对这

---

① John Gastil, "Is Face – to – Face Citizen Deliberation a Luxury or a Necessity?" *Political Communication*, 4（2008）.

② Patricia Wallace, *The Psychology of the Internet*（Cambridge：Cambridge University Press, 2010），p. 99.

③ 胡泳：《众声喧哗：网络时代的个人表达与公共讨论》，广西师范大学出版社，2008，第265页。

些不实信息的关注和评论，由此所造成的损害很难在短时间内消除。另外，如前所述，传统媒介由上而下的传播模式被个人的"自媒体"模式所取代，每个人既是"听者"又是"说者"，在互联网传播过程中，个人之间的相互转载更扩大了这种传播的不可控性，信息传播的范围与影响力更加难以确定。因此，任何一个不引人注意的消息在个人表达过程中都有可能被无限放大，在短时间内产生任何人都无法预料与控制的结果。例如在柯震东吸毒事件中，在传统媒体报道之前，微博上就已经有人爆料柯震东吸毒，短短几个小时就被转载了上百万次，而在搜索引擎中，以"柯震东吸毒"为关键词的搜索结果多达 600 万条，这种强大的影响力是传统媒介无法企及的。

4. 表达内容的复杂性

传统传播媒介掌握在一部分人的手中，经过长时间的经营，无论是在印刷品中还是在电台、电视上都形成了一套健全而完备的运行机制，还有一批富有经验的专业从业人员在维持着这个机制良好地发挥作用。因此，在传统媒介上那些淫秽、暴力等不良的信息以及诽谤、谣言能够在很大程度上被专业人员过滤掉，专业人员会在力所能及的范围内为公众提供真实健康的信息。但是网络时代的到来，使情况有了极大的改变，每个匿名的网民都可以充当信息的发布者，而这些表达主体往往既缺乏审查信息真实与否的意识和责任感，又没有审查所需的专业素养，再加之网民们品性的参差不齐，网络上的信息变得泥沙俱下也在所难免。在同一个论坛中既可以看到鞭辟入里的分析讨论，也能够见到粗俗的谩骂和毫无根据的谣言。

互联网的出现不仅带来了传播技术的巨大变革，也极大地拓展了普通公民表达自由的空间，但同时它也向既有法律规范提出了新的挑战。虽然传统媒介之上表达自由应当以何种标准进行保护和规制的基本理论在网络空间中仍然具有一定的适用性，但是，网络是一种新兴的媒介，具有自身的迥异于传统媒介的特点，只是一味地适用原有的理论和规范去管理互联网不仅会影响到公民表达自由权的实现，还会限制网络的发展，必须找到网络时代言论自由的规制和保护与维护国家安全、公共利益、公民合法权益的平衡点。

要探索这个新的平衡点，让网络言论在市民社会的建构、公民文化的培养、民主法治的推进、公民权利的保护等方面发挥积极的作用，必须在理清网络言论特征的基础上，认真考察网络表达自由在我国的特殊价值。

（二）网络表达自由的特殊价值

网络表达自由本质上是表达自由在互联网这一特定新媒介上的具体表现，而表达自由的价值毋庸置疑是网络表达自由价值的源头与基础，网络表达自由的价值则是表达自由价值的自然延伸与发展，因此我们在探讨网络表达自由价值之前有必要对表达自由的价值做一个基本的了解。

表达自由是每个公民的一项基本自由，许多学者都对其价值进行了归纳和梳理。王峰将言论自由的价值总结为五点，"知识碰撞与获致真理、健全民主与民主监督、健全人性与自我实现、社会疏导与和平亲善、推动经济与繁荣文化"[1]；甄树青将表达自由的价值归纳为"健全人性"、"探索真理"、"弘扬民主"、"互道社会"、"昌盛文化"、"捍卫自由"、"和平亲善"、"娱乐大众"、"润滑经济"等九点[2]。

在此基础之上，结合前述网络表达自由的一般特征，我们将网络表达自由的特殊价值归结为以下三点。

1. 拓展个人的表达空间

表达是每个人的天性，是蕴含在每个人的天性中不可被压抑和剥夺的部分，是个人独立人格形成中重要的组成部分。"压抑信念与意见的表达，就是对人的尊严的侮辱，对人的本性的否定。"[3] 因此，表达自由对于个人人格的形成有着不可或缺的重要性。囿于经济、技术条件，普通人很难在传统媒介上自由地表达，普通民众的表达空间极其有限，网络让我们步入了一个崭新的时代。互联网打破了传统媒体的垄断格局，自上而下的传统传播模式已经被网络中的"自媒体"取代，世界不再只有为数不多的声音，众声喧哗成为我们生活的常态。

微博、微信、博客、空间、论坛，互联网为每个普通人都提供了丰

---

[1] 王峰：《表达自由及其界限》，社会科学文献出版社，2006，第66页。

[2] 甄树青：《论表达自由》，社会科学文献出版社，2000，第109页。

[3] Thomas L Emerson, *Toward a General Theory of The First Amendment*, Random House, 转引自王四新《网络空间的表达自由》，社会科学文献出版社，2007。

富的表达平台。在这些平台上，你可以记录下自己生活中的点点滴滴，感慨生活的平淡、幸福或苦楚，你也可以指点江山，激扬文字，臧否人物，在这个虚拟的环境中你可以尽情地展示出自己想要表现给众人的一面。自我意识的觉醒、个性的飞扬在互联网上飞速地进行。

在传统媒体时代，公民表达自由在很大程度上依赖大众媒介，普通民众的权利或者合法利益诉求很难在大众媒体上得到表达，更何况是少数群体。然而网络的出现一定限度上解决了这个问题，少数群体可以在网络平台上行使自己的权利，说出自己的诉求，发出自己的声音，虽然仍有些微弱，但网络实实在在地保障了他们的声音能够被大多数人听到，让大多数人了解并关心少数群体的利益诉求。2014 年 7 月，美国一位名叫 Pat Quinn 的渐冻人症（Amyotrophic Lateral Sclerosis, ALS）① 患者在推特网上发起了冰桶挑战——要么往头上浇一桶冰水，要么为 ALS 基金会捐 100 美元，这项挑战经过网络的传播，影响范围越来越大，体育界明星、娱乐界明星、各大公司 CEO，甚至美国前总统克林顿和布什都参与了这项挑战。② 仅仅一个月的时间，ALS 基金会就募集善款 2300 多万美元，其中有超过 45000 人第一次为该基金会捐款，而 2013 年同期仅为190 万美元。③ 冰桶挑战是渐冻人症患者这一少数群体在网络上发出的声音，它让大多数人听到了他们的声音、诉求，并回应了他们的诉求。互联网让少数群体的议题获得了更多的听众，让这些不被重视的议题获得了浮出水面的机会。

2. 扩展民主实现和巩固的渠道

在现代社会，民主政治是国家统治的正当性和合法性的基础，现在所有国家在论证其权力的正当性和合法性的时候都会诉诸民主政治，民

---

① 渐冻人症（ALS）是一种罕见疾病，医学上至今未明确病因，90% 的患者为偶发性患病，且病情进展迅速，80% 的患者将在 2～5 年内死亡，而目前仅有一种被证明有效的药物，但也只能延缓 2～3 个月。著名科学家霍金就罹患此病。具体请参见维基百科 http://en.wikipedia.org/wiki/Amyotrophic_lateral_sclerosis。

② 《关于冰桶挑战，别只记得浇冰水》，网易网，http://view.163.com/special/reviews/als0820.html；《为慈善造势：科技界名人参与冰桶挑战》，新浪网，http://tech.sina.com.cn/z/icebucket/?_t=20140820；《为什么"冰桶挑战"这么火？》，新京报，http://www.bjnews.com.cn/ent/2014/08/21/330663.html。

③ ALS 基金会官网，http://www.alsa.org/news/media/press-releases/ice-bucket-challenge-081914.html。

主已经成为不可逆转的潮流。民主制度能够有效地运行离不开公民的参与，卢梭指出，"人民直接参与公共事务是追求真正自由的前提"①，郭秋永也认为，"民主政治这一概念的共同核心，就是政治参与——公民参与政治"②。公民想要参与到政治中，通过表达自由发表对政治或公共议题的看法无疑是一条重要的途径。所以，表达自由是民主政治的应有之意，是它不可或缺的组成部分，缺少表达自由的政治难以称为真正的民主政治。科恩曾说："一个社会把言论自由限制到什么程度，也就在同样程度上限制了民主。"③ 反过来，表达自由是公民参与政治的重要手段，公众可以通过表达自由对政治议题发表观点，通过从政府那里获取信息保障其知情权的实现，对国家权力的运行进行监督。从这三个层面来看，表达自由对于民主制度的建立、巩固以及有序运行起到了至关重要的促进作用。

首先，互联网的出现与普及不仅大大降低了公众讨论政治和公共议题的门槛，还为其提供了便捷的渠道，无论是在博客、微博还是论坛上，每个人都能够轻松地和来自天南地北的网友探讨共同感兴趣的政治议题，更重要的是决策者愈加重视网络舆论。2008 年，总书记胡锦涛第一次在网络上和网民们进行交流，开启了我国网络问政的先河，此后我国的网络问政一发不可收拾，各个地区的各级官员都开始采用网络问政的方式与网民们交流。④ 如今，党和国家的领导人十分重视网络舆论，网络成为我们党保持与群众密切联系的重要手段。⑤

其次，知情权是除国家机密以外，公民有权知悉涉及个人利益或公共利益的信息，包括了解国家事务、社会事务、民事事务等等。⑥ 知情权的重

---

① 〔法〕卢梭：《社会契约论》，李平沤译，商务印书馆，1980，第78页。
② 郭秋永：《当代三大民主理论》，新星出版社，2006，第10页。
③ 〔美〕科恩：《论民主》，聂崇信译，商务印书馆，1994，第141页。
④ 《网络问政走近中国最高层》，《南方日报》，2010 年 9 月 14 日，http://news.xinhuanet.com/zgjx/2010-09/14/c_13494550.htm；《"胡锦涛微博"引万余粉丝 网络问政成民主表达新方式》，东方网，http://news.eastday.com/c/20100222/u1a5034755.html；《政治生活显活力 总书记总理网络问政》，凤凰网，http://news.ifeng.com/gundong/detail_2012_10/09/18112857_0.shtml。
⑤ 张作荣：《牢牢把握网络舆论引导主动权（干部说干事）》，《人民日报》2009 年 12 月 7 日。
⑥ 苏成雪：《传媒与公民知情权》，新华出版社，2005，第66页。

要性毋庸多言，缺少对政治情况的知悉权，公民无法行使其政治权利，对知情权的限制其实是以另一种方式限制公民的政治权利。而互联网时代的到来，更能极大促进公民知情权的实现。网络空间中，不再存在纯粹的"说者"与"听者"，每个人都具有"听者"和"说者"的双重身份，所有人都是平等的双向互动的表达主体，信息的发布、传播与共享变得极其便捷和迅速，这大大削弱了政府对信息的控制能力，公民知情权获得了一定程度上的保障。

再次，网络为公民监督权力的运行提供了新的途径。自我膨胀是权力的天性，孟德斯鸠曾宣称："一切有权力的人都容易滥用权力，这是万古不变的一条经验，有权力的人使用权力一直到遇有界限的地方才休止。"[1] 缺少了监督与制衡，权力的滥用是无法避免的。相较于传统的监督方式而言，网络对公权力的监督无论是在力度还是在广度上都远远超过其他的监督方式，而且成本低廉，效率较高。2010 年，轰轰烈烈的微博反腐拉开帷幕，"日记局长"韩峰、"表哥"杨达才、"重庆淫官"雷政富无不倒在微博的监督之下，网络言论监督的力度和广度可见一斑。[2] 互联网拓宽了公众监督的对象和范围，拓展了公众监督的广度和深度，体现出现代法治社会公众监督的平民化和多元化的特质。

3. 促进公共领域的建构

公与私的对立在西方的政治法律思想史上源远流长，如今依然在规范人们行为方面发挥着重要的作用。公与私的概念框架存在多种区分，本书根据公与私的界分，将公共领域定义为政治共同体和公民参与。[3]

---

[1] 〔法〕孟德斯鸠：《论法的精神》（上册），张雁深译，商务印书馆，1961，第 154 页。

[2] 《微博反腐——理性回归与顶层设计》，《中国经济周刊》2012 年第 48 期，http://paper.people.com.cn/zgjjzk/html/2012-12/10/content_1159641.htm? div = -1；《微博反腐：注入反腐正能量》，法制日报网，http://www.legaldaily.com.cn/locality/content/2014-02/18/content_5285638.htm；《微博反腐让公众直接感受中央决心》，凤凰网，http://news.ifeng.com/gundong/detail_2013_12/12/32068197_0.shtml。

[3] 各种关于公与私的概念框架如：（1）自由主义－经济主义模式，把公与私的区分看作国家管理和市场经济的区分；（2）文化和社会史学家的取向，把公共领域看作流动的社交空间，强调象征表现和自我夸张。（3）女性主义视角，把公与私的区别看成家庭同更大的经济和秩序的区别。Jeff Weintraub, *Public and Private in Thought and Practice*, University of Chicago Press, 1997, p.7. 转引自胡泳《众声喧哗：网络时代的个人表达与公共讨论》，广西师范大学出版社，2006，第 60 页。

哈贝马斯将公共领域称为"私人走到一起形成公众，准备驱使公共权威在公众舆论面前使自身合法化的论坛"。① 在哈贝马斯看来，公共领域的基石是"交往理性"，他认为公共领域应该被解释为思考共同事务和利益的话语互动。② 因此，我们可以将公共领域理解为一个平等地吸纳所有观点和意见的空间，在这个空间内除去言论本身，其他的一切因素都不再重要，公共领域并不是统治或支配，而是针对公共利益的看法和观点。在公共领域汇集了涉及公共利益的所有观点后，公民们通过在公共领域内的理性讨论，最终形成一个共同意见，从而达成整个社会对某个议题的共识。虽然哈贝马斯所定义的公共领域是平等地向每一个人开放的，但在传统媒介时代，无论是报纸、杂志，还是电台、电视都是存在门槛的，只有部分人能够跨越这个门槛成为"说者"，而大部分只能安静地成为"听者"，"说者"与"听者"的鸿沟是很难跨越的，所以并不是所有人都能让自己的声音进入公共领域中，而互联网作为一种新的言论载体的出现无疑很好地解决了这个问题。互联网本身的特点决定了它是公共领域新的组成部分，而网络自身的平等性和无门槛性使其成为公共领域的最理想载体。

事实上，以前的中国几乎是不存在公共领域的，我们并不存在一个像西方国家那样独立的公共领域。然而，网络的普及在技术上硬生生地创造了一个难以被完全控制的表达空间。对于西方国家来说，这个新的表达空间是传统公共领域的延伸，对于我们来说却是一个崭新的公共领域，这一新的公共领域对于我们有很特别的意义。如果能够合理地对其进行引导、保护和管制，这个新的公共领域就能发挥巨大的作用，为我们民主法治社会的巩固、公民文化的培育、市民社会的构建提供重要的助力。

二　网络言论在我国的兴起与立法规制

（一）网络言论在我国的兴起

自从互联网在 1994 年进入中国以来，我国的网络言论经历了从无到有再到蓬勃发展的过程，为了厘清网络言论的变迁历史与现状，笔者以网络言论发展过程中的大事件为基础，将中国网络言论的发展历程划分

---

① 〔德〕哈贝马斯：《公共领域的结构性转型》，曹卫东等译，学林出版社，1999，第23页。
② 〔德〕哈贝马斯：《公共领域的结构性转型》，曹卫东等译，学林出版社，1999，第25页。

为四个阶段。

1. 网络言论的萌芽 (1994～1999 年): 知识精英的爱国激情

从 1994 年中国接入互联网至 1999 年, 由于经济刚刚起步, 技术发展尚不到位, 互联网在我国的普及率较低, 发展速度缓慢, 这是互联网在我国的萌芽和酝酿阶段。1998 年印度尼西亚发生了震惊世人的"排华事件", 大量华人在网络上发出自己的声音, 为受难的同胞伸张正义, 网络言论第一次在世人面前展现它的力量。但此时互联网上还没有多元的载体来承载人们的言论, 大部分的网民仍然无法找到有效表达自己观点、抒发自己情感的平台, 网络言论的影响力无论是从广度还是深度上仍然处于萌芽的状态。1999 年发生的北约轰炸中国驻南斯拉夫大使馆事件是网络言论兴起的一个标志性事件。为了抗议北约的无理行动, 方便网民们讨论,《人民日报》在网络上设立了专门声讨北约的论坛, 这个论坛最后转变为网民讨论政治等公共议题的"强国论坛", 网络论坛也因为这件事情进入了大家的视线, 成为后来网络讨论的重要载体之一。

在网络言论的萌芽阶段, 网络论坛是网民们交流、辩论、宣泄情感的主要媒介, 但彼时的论坛只是刚刚起步, 就像一个刚学会走路的婴儿, 而且由于经济和技术的要求, 只有精英阶层才能参与到网络的讨论中, 普通大众尚未有机会在网络上发声, 所以那时的网络言论的整体的影响力和重要程度都是很有限的。

2. 网络言论的繁荣 (2000～2004 年): 草根的初步参与

2000 年国内互联网用户为 1690 万, 至 2003 年年底, 我国网民数量已经接近 8000 万, 居世界第二位。① 网络的普及程度越来越高, 更多的人能够获得互联网上分享的资源, 参与网络讨论, 互联网进入了高速发展期。

由于人数的快速增长, 网络言论在这个阶段进入了繁荣期。2003 年孙志刚案引发了网络空间的巨大讨论, 网络的热议引起了整个社会对该案的关注, 三博士、五专家向全国人大法工委的建议书最终推动了《城市流浪乞讨人员收容遣送办法》的废止, 以及《城市生活无着落的流浪乞讨人员救助管理办法》的通过, 孙志刚事件也拉开了我国网络舆论兴起的序幕。

---

① 数据来自中国互联网络信息中心第 13 次《中国互联网络发展状况统计报告》, http://www.cnnic.net.cn/hlwfzyj/hlwxzbg/hlwtjbg/201206/t20120612_26704.htm。

在这个阶段，经济的发展和技术的完善已经让网络的普及率大为提升，而且网络论坛的数量也大为增加，普通的网民已经能够主动地参与到网络讨论中，网络再也不单纯地属于某个阶层，网络的草根化、大众化已经不可阻挡。

3. 网络言论的喧哗（2005～2008年）：众声喧哗

在2005年至2008年这四年中，中国网民数量呈爆炸式增长，截至2008年年底，中国网民总数上升到2.98亿人，网民总数跃居世界第一位。[①]网民人数的急剧增长让网络言论迅速地发展，来自不同阶层、具有不同背景、基数庞大的网民通过网络表达自己的观点，参与政治、经济和社会生活。伴随着庞大的人群而来的则是网络言论的混乱和无序化，例如，"人肉搜索"在这个阶段出现，这种网络暴力是对公民隐私权的肆意践踏，但时至今日仍然屡禁不止，仍然有人沉浸在这种暴力中不能自已。但是在混乱与无序中，仍然有理性的光辉在顽强地闪烁，对于政治、社会等公共议题的讨论仍然存在于网络空间中。我们党和政府也从这个阶段开始重视网络，并将网络作为收集民意的重要手段，各级政府的门户网站也陆续出现。

4. 网络言论的公共性回归（2009年至今）：理性回归

2009年以后，微博、微信、社交网络等新平台的到来宣布了互联网Web2.0时代的到来，我国网络言论的规模和议题都呈不断扩大的趋势，登上了一个新的台阶。在经历了"群氓喧哗，众生狂欢"的阶段后，网络议题也重新开始向公共性议题回归，理性讨论越来越多地出现在网络空间的公众讨论中。这个阶段的公共性议题涉及领域较广，既有可能涉及政府官员贪腐的公权力腐败，也可能涉及房价调控、户籍制度等民生问题，还可能涉及垄断国企的改革……对公共事务的关注，让网络言论少了飞速发展时期的些许狂热，多了一些理性的思考与对社会的担当，我们的网络公共领域已经初显雏形。

（二）我国关于网络言论的立法现状

借鉴大陆法系的、具有中国特色的社会主义法系，在对表达自由进行保护时所采取的模式显然不同于判例法系。美国在保护表达自由时，

---

① 数据来自中国互联网络信息中心第23次《中国互联网络发展状况统计报告》，http：// www. cnnic. net. cn/hlwfzyj/hlwxzbg/hlwtjbg/201206/t20120612_ 26714. htm。

是依据宪法第一修正案在总体上不对表达自由做特殊的限制，而是在个案中涉及表达自由与其他个人合法权利或社会利益的冲突时通过判例形成一套对表达自由保护和限制的完整机制。

1. 专门涉及网络言论的法律渊源

我们党和政府结合我国的经济、社会、政治特点，提出了在 21 世纪管理互联网的原则、方法与目标。具体而言，管理的原则是依据法律的规定科学有效地进行管理，管理的方式主要是制定相关的法律、行政机关承担起相应的监管责任、促进互联网业的自律结合的互联网管理体系，目标是建立一套完善的管理机制。[①] 从互联网进入中国以来，我国的立法、司法、行政机关都在各自的职权范围内出台了相应的法律法规调整网络言论。[②] 当然，也有一定数量的部门规章涉及网络言论。[③]

脚注中所列明的法律、行政法规以及司法解释再加上部门规章都是专门涉及网络表达的法律法规，是我国规范网络表达的基础。

2. 我国立法规制的评析

基于对目前我国网络表达法律规范的梳理，我们可以尝试对我国当前规制网络表达的立法从整体上做一个初步的分析。

（1）立法不完善缺乏救济途径

从前面对专门规制网络表达自由立法的梳理来看，网络表达自由领域的专门立法显然是缺乏的，在效力层级上存在着明显的不足。诚然，

[①] 国务院新闻办公室：《中国互联网状况》，http://politics.people.com.cn/GB/1026/11813615.html。

[②] 《全国人民代表大会常务委员会关于维护互联网安全的决定》（第 1～4 条）；国务院制定的《互联网信息服务管理办法》第 15 条、《中华人民共和国电信条例》第 57 条、《互联网上网服务营业场所管理条例》第 14 条、《计算机信息网络国际联网管理暂行规定》第 13 条；《最高人民法院、最高人民检察院关于办理利用信息网络实施诽谤等刑事案件适用法律若干问题的解释》、《最高人民法院、最高人民检察院关于办理利用互联网、移动通讯终端、声讯台制作、复制、出版、贩卖、传播淫秽电子信息刑事案件具体应用法律若干问题的解释》；《最高人民法院关于审理利用信息网络侵害人身权益民事纠纷案件适用法律若干问题的规定》。

[③] 《互联网医疗保健信息服务管理办法》第 12 条、《互联网视听节目服务管理规定》第 16 条、《互联网电子邮件服务管理办法》第 11 条、《互联网新闻信息服务管理规定》第 19 条、《中国互联网络域名管理办法》第 27 条、《网络出版服务管理规定》第 24 条、《互联网电子公告服务管理规定》第 9 条、《中国金桥信息网公众多媒体信息服务管理办法》第 16 条、《互联网站从事登载新闻业务管理暂行规定》第 13 条、《中国公用计算机互联网国际联网管理办法》第 10 条。

在网络表达自由保护的过程中我们也可以依据其他法律，比如宪法中对于言论自由总体上不分媒介的保护，但是根据互联网的自身特性以及我们下文对里诺诉美国公民自由联盟案的分析，互联网上表达自由的保护具有自己的特点，应当适用区别于普通媒介的标准。更为重要的是，表达自由的概念被引入我国也不过区区百年的时间，而作为表达自由概念起源的英美法系，早在1644年弥尔顿就写出了《论出版自由》来争取个人的表达自由，英美法系也积累了大量的司法判例形成了一整套的表达自由保护机制。而我国明显缺乏这样的历史，未能在历史传统上形成表达自由保护的有效机制，加之我国网络表达自由立法的不完善，我国公民在网络环境中表达自由的救济途径匮乏。法谚有云，"无救济即无权利"，缺乏权利受到侵害之时的救济途径，权利也不再能称为权利。

（2）立法层次较低

在专门涉及网络表达自由的规范性文件中，目前只有《全国人民代表大会常务委员会关于维护互联网安全的决定》是由全国人大常委会制定的，在效力层级上属于法律[1]，但该决定从头到尾总共只有7条，且内容大多为原则性规定，较为抽象，在具体司法实践中很难适用，其主要意义在于确认了我国现行法律在网络空间的效力。从前一部分法律渊源的整理中不难看出，在专门涉及网络表达的规范性文件中法律只有1件，此类法律数量的稀少令人咋舌。《公民权利和政治权利国际公约》第19条第3款明确规定对表达自由的限制只能由事先制定的法律进行[2]，但是我国主要使用行政法规、司法解释和部门规章对网络表达自由进行限制，这种做法明显不符合人权条约的要求。此外，由于在法院的裁判过程中并不会直接依据到部门规章，只是参照部门规章，所以在司法实践中部门规章对网络表达的规范并不具有很大的意义。

（3）内容审查标准模糊

表达自由当然不是一项绝对的权利，基于内容对其进行限制是正当

---

[1] 这里的法律是狭义上的法律，即由全国人民代表大会及其常务委员会制定的法律和其他规范性文件。
[2] 该款原文为："三、本条第二款所规定的权利的行使带有特殊的义务和责任，因此得受某些限制，但这些限制只应由法律规定并为下列条件所必需：（甲）尊重他人的权利或名誉；（乙）保障国家安全或公共秩序，或公共卫生或道德。"

的，但是依据内容对表达自由的限制不能是肆意妄为的，必须要有一个清晰明确而又不过于宽泛的内容审查标准。在确立这个标准时，有两点值得我们注意，一是标准要符合比例原则，二是审查标准具有可操作性。

从整体上看，我国政府在法律、行政法规中明确列举了 11 项依据内容而对网络表达自由进行的限制①。从形式上看，我们在立法中所采用的简单列举的立法技术显示了这部行政法规较低的立法水平。在分析 CDA 案时，我们提到了美国最高法院在米勒诉加利福尼亚案中所确立的淫秽色情信息标准②。这个标准是从 3 个不同维度对淫秽色情信息进行界定，在很大程度上避免了标准过于模糊和宽泛，而我们的立法只是原则性地规定传播的信息中不得"散布淫秽、色情……"，两相比较，可以清楚地看到我国立法所存在的不足。此外，该条文的第 11 款突出地显示了我国立法的模糊性和可操作性的缺乏，此条款是一项兜底条款，类似于一个口袋的功能，在司法实践中明显缺乏可操作性。

（4）缺乏对儿童在互联网上的专门保护

基于网络平等性的特点以及内容过滤的技术成本过高难以实现，未成年人用户能够和成年人一样轻易地接触网络上的所有信息，因此未成年人在网络上更易于接触淫秽色情、暴力、血腥等不良信息，而未成年人缺乏成年人那样的辨识能力和控制力，所以也更容易受到这些不良信息的影响。因此，各国虽然在对网络表达自由进行立法时所依据的基本原则存在一定的差异，但在保护未成年人隐私以及免受网络淫秽色情等不良信息毒害时的态度却出奇地坚定。例如，美国政府于 1998 年专门制定了《儿童在线隐私保护法》（Child Online Privacy

---

① 《互联网新闻信息服务管理规定》第 19 条："互联网新闻信息服务单位登载、发送的新闻信息或者提供的时政类电子公告服务，不得含有下列内容：（一）违反宪法确定的基本原则的；（二）危害国家安全，泄露国家秘密，颠覆国家政权，破坏国家统一的；（三）损害国家荣誉和利益的；（四）煽动民族仇恨、民族歧视，破坏民族团结的；（五）破坏国家宗教政策，宣扬邪教和封建迷信的；（六）散布谣言，扰乱社会秩序，破坏社会稳定的；（七）散布淫秽、色情、赌博、暴力、恐怖或者教唆犯罪的；（八）侮辱或者诽谤他人，侵害他人合法权益的；（九）煽动非法集会、结社、游行、示威、聚众扰乱社会秩序的；（十）以非法民间组织名义活动的；（十一）含有法律、行政法规禁止的其他内容的。"
② 具体标准及分析请参见第三章第一部分。

Protection Act）、《儿童在线保护法》（Child Online Protection Act）来保护未成年人在互联网上不受有害信息的影响①。此外，在分析里诺诉美国公民自由联盟案的时候，我们也可以看到史蒂文斯大法官在论证CDA法案是否违反美国宪法第一修正案的预设前提就是在互联网上使用不同的标准对待成年人和儿童，而且在最后认定CDA法案违宪的一个重要原因是CDA法案对表达内容的限制会对成年人的表达自由带来过大的限制。

目前，我国的政府和立法机关并未完全意识到互联网可能对未成年人造成的不良影响，因而在立法方面缺乏对未成年人在互联网上的专门保护②。在保护未成年人免遭网络淫秽色情等不良信息影响方面，我国主要开展了"净网行动"这类专项治理打击活动，以整治网络上的不良信息。这种运动式的治理活动只是一种治标不治本的方法，可能在短时间内起到一定的效果，但难以形成一种长久发挥作用的机制，很难从根本上解决问题。想要治标治本，那么就必须在立法上对未成年人进行保护。在未成年人的隐私权保护方面，我们同样也是乏善可陈，成年人的个人信息在互联网上尚且出现经常性、大规模的泄露，怎么再奢谈未成年人隐私权的保护？因此，我们确实有必要借鉴美国在此方面的经验，学习美国为了儿童专门制定的《儿童在线隐私保护法》以及《儿童在线保护法》，并探索我国在网络上保护未成年人的模式，最终让我们的未成年人能够在大数据时代下健康地成长。

三　我国网络言论规制和保护的司法实践

（一）美国网络表达自由规制和保护对我国的启示

对于不同媒介上的言论自由保护和规制，美国最高法院采取了不同的审查标准。③ 而联邦最高法院的法官们在适用不同的审查标准时都是以

---

① 严三九：《论网络内容的管理》，《广州大学学报》2002年第5期。
② 《未成年人保护法》的第33、34、36条虽然涉及未成年人在网络上的保护，但只是原则性、宣言性的保护，具体实施时是缺乏可操作性的。
③ 印刷品案例参见 *Miami Herald Publishing Co. v. Tornillo*；广播案例参见 *Red Lion Broadcasting Co. v. FCC, FCC v. Pacific Foundation*；电话参见 *Sable Communication California Inc., v. FCC*；有线电视参见 *Turner Broadcasting System, Inc. v. FCC*。

不同媒体特性的区别为基础，依据联邦宪法第一修正案中关于言论自由保护的条款进行个案审查。

在互联网出现之前，承载言论的媒介可分为 3 种：印刷品（报纸、书籍、杂志等）、无线电广播、电视。由于这 3 种媒介具有不同的特性，联邦最高法院适用不同的司法审查标准。印刷品这一媒介在所有的传统媒介中享有最大程度的自由，在联邦最高法院的司法审查中，政府立法会接受严格的审查。对于无线电广播上的言论政府可以施加较多的限制，法院对此的审查标准最为宽松。电视媒介享受的言论自由虽然少于印刷媒介，却多于无线电广播。因此，美国联邦最高法院的法官们在适用宪法第一修正案保护言论自由时，对不同媒体形成了有明显差别的审查标准，采用了媒体特性分析的方法。

互联网的出现深刻地改变了我们的生活，而其作为新的言论媒介，势必也将面临言论自由的保护和规制的问题。与传统的媒介不同，网络相对于其他媒介具有传播主体的匿名性、传播的快速性以及传播内容的复杂性等明显特点。依据美国联邦最高法院法官们在确定其他媒介上司法审查的标准时所采取的媒介特性分析法，显然，网络上表达自由的保护和规制也区别于其他传统媒介。美国联邦最高法院的法官们在审查联邦政府对网络表达自由限制的案例时为我们提供了一个可以借鉴的思路，下面我们就具体地来梳理一下这个案例。

1. 网络色情言论的规制：CDA 案

1996 年出台的《电讯法》是美国联邦政府规范电信领域的一个积极尝试，这项法令试图缩减联邦政府不合理的管制，并鼓励和引导新的技术，其所规范的对象是传统媒介，并未涉及新的媒介——网络。可以毫不夸张地说，《电讯法》是一项在促进不同媒介上表达自由实现方面具有积极意义的立法。然而，参议院的议员们在立法会上就该法案提出了修正案，即《通讯严肃法》（其英文缩写为 CDA），新的修正案将原法案中的规范对象扩展到了互联网上，而其中两条更是引起了一些社会非政府组织的不满。[①] 包括美国公民自由联盟、人权观察等在内的 20 个

---

① 王四新：《美国通讯严肃法的短暂使命——兼论网络、言论自由和猥亵表达》，http://www.gongfa.com/wangsixinwangluofa.htm。

社会非政府组织认为《通讯严肃法》中的"下流条款"① 和"明显令人厌恶条款"② 违反宪法第一修正案对表达自由保护的精神，因此将检查总长里诺告上法庭，挑战前述两项条款的合宪性。地区法院在一审时结合案件的事实认定"下流条款"和"明显令人厌恶条款"过于模糊和宽泛，具有相当的不确定性，不符合宪法第一修正案中关于表达自由保护的精神，因此裁决 CDA 法案违反宪法。联邦政府不服一审判决，向最高法院提起上诉。经过最高法院七名大法官们的审理之后，最高法院最终维持了地区法院的判决，认定《通讯严肃法》违反宪法。

该案也被称为里诺诉美国公民自由联盟案（或 CDA 案）。里诺诉美国公民自由联盟案是美国最高法院第一例有关网络空间中表达自由的案例。这一案例是美国最高法院的法官们第一次适用宪法第一修正案审查政府对于网络表达自由的限制，七名大法官作出判决的推理思路、过程以及依据是极其有益的借鉴，为我们处理网络空间中表达自由与其他合法的权利或利益的冲突提供了参考，因此我们有必要对大法官们作出判决的推理进行一下梳理。

七名大法官在判决的时候先考察了《通讯严肃法》的立法目的，判断其是否符合宪法和法律的规定。大法官们认为国会通过《通讯严肃法》是为了在互联网这个新媒介上更好地保护未成年人，使未成年人免遭淫秽、不健康信息的荼毒，在互联网上为未成年人营造一个良好的表达空

---

① "猥亵传送条款"——禁止任何向未满十八岁的未成年人传送淫秽或猥亵的信息：Section 223（a）：任何人
（1）在国内或涉外交流中制造创作，或引诱，并且任何评论，请求，建议，设想，图像或其他淫秽或猥亵交流行为，知道接收信息者是未满十八周岁的未成年人，不管这种交流是未成年人主动提出还是发起者主动传送；……
（2）明知其控制下的任何电讯设施用于以上（1）所禁止的任何行为而故意许可其使用的行为，将根据《电讯法》第十八款处以罚款，或判处两年以下的监禁。
② "明显令人厌恶条款"——禁止故意以十八岁以下的未成年人能够得到的方式传送或展示"明显令人厌恶"的信息：任何人
（1）在国内或国外交流故意
（A）使用交互式电脑设备向特定的人或十八岁以下的未成年人传送，或
（B）使用任何交互式电脑设备以十八岁以下的未成年人能够得到的方式传送
（2）任何评论，请求，建议，设想，图像，或其他交流，其内容根据当时的社区标准判断明显是"令人作呕的，描写各种性行为或排泄活动，器官的，且不管是用户提出要求还是其主动进行的传播，该行为将有可能根据该法案被处以罚款和长达两年的监禁"。

间和言论环境。显而易见，此立法目的不仅符合宪法和法律的规定，也是网络发展过程中不可或缺的目标和方向，是应当得到肯定的。

在肯定了政府出台 CDA 法案的目的后，最高法院的大法官们又将他们的目光聚焦到了互联网这一新媒体上。大法官们细致地考察了互联网作为一个新的表达空间的特征，运用了媒介特性分析方法来确定在互联网这种媒介上如何运用第一修正案进行审查。互联网所具备的表达主体的匿名性、方式的平等性、传播的迅速性导致了网络的媒介特征区别于印刷品和广播电视。随后法官们又比较了太平洋基金会案①和红狮案②与该案的区别，并指出运用第一修正案进行司法审查时的标准是不同于传统印刷品和广播电视案例所确立的标准，太平洋基金会案与红狮案中针对广播电视媒介所确立的审查标准是不能适用到 CDA 案中的。广播电视媒介的审查标准遵循如下的论证思路：频谱的有限性决定了广播电台和电视的有限性，影响了无法在广播或者电视上发表观点的普通大众表达自由权实现的程度，然而，每个公民都平等地享有表达自由权，因此政府得对广播和电视环境中的表达自由进行合理的限制。显然，上述论证的过程不能被运用到互联网上。

完成了上述关于审查标准的论述之后，我们现在就只剩下一个核心问题：《通讯严肃法》中的"下流条款"和"明显令人厌恶条款"是否过于宽泛和模糊，从而违反了第一修正案。在史蒂文斯大法官看来，受到争议的两款法条所使用的"下流"（indecent）和"明显令人厌恶"（patently offensive）缺乏明确精细的定义，必然会导致这两项条款在适用的过程中出现很大程度的混乱。与此同时，缺乏精细明确的定义还会使CDA 法案规制的言论的范围十分广泛。另外，CDA 法案的这两条是从表达的内容出发对表达进行相应的限制，是名副其实的内容控制。再加上这两条涉及最高可达两年有期徒刑的刑事处罚，所以最高法院的法官们认为"下流条款"和"明显令人厌恶条款"会对言论产生明显的寒蝉效应，人们极有可能拒绝传播、讨论、交流具有争议性的一些观点、图片或视频。虽然政府出台 CDA 法案的目的是保护未成年人免遭下流淫秽信

---

① 参见 *FCC v. Pacifica Foundation*, 438 U. S. 726（1978）。
② 参见 *Red Lion Broadcasting Co. v. FCC*, 395 U. S. 367（1969）。

息的影响，但是 CDA 法案对表达自由会有较大的影响，极有可能限制成年人的表达自由。史蒂文斯大法官在判决中写到"促进表达自由的利益大于任何理论上存在但未经证明的审查利益"①。可见最高法院的大法官们认可了网络上表达自由的价值，并试图通过司法审查引导和鼓励网络空间的表达自由，减少政府对互联网空间中的言论的规制。综合上述理由，最高法院维持地区法院的判决，认定 CDA 法案违反宪法第一修正案。

2. 网络言论规制所考量的因素

在全面梳理了美国最高法院对《通讯严肃法》的审查后，最高法院的法官们运用宪法第一修正案进行司法审查的标准为我们的思考提供了一个初步的角度。以此为基础，我们可以分析归纳出最高法院的法官解决网络空间中的表达自由与其他受保护权利或利益的冲突时所考虑的因素，以及对原有表达自由司法审查标准的改变。

在里诺诉美国公民自由联盟案的判决中，最高法院的法官们着重考察了互联网作为一种新媒介的特征，采用了媒介特性分析法来确定网络空间中表达自由保护和规制的标准。具体而言，最高法院从以下三个方面分析了网络空间中表达自由保护和规制的标准：互联网传播信息的能力、淫秽色情信息的认定标准、网络在表达自由方面的价值。

（1）互联网传播信息的能力

互联网传播信息的能力具体来说是在考察互联网在传播信息的过程中是否有可能受到技术或者社会经济方面的限制。不同的媒体由于物理意义上技术局限或者社会经济的制约在传播能力上具有明显的差异性，比如普通人都可以发行报纸、杂志，但只有特定的人才能够取得执照从事无线电广播或者电视。这种在传播信息过程中不同媒介表现出来的差异自然而然地会导致人们在行使表达自由权时受到不同程度的制约，于是每个人的表达自由权在真正实现的过程中就会出现程度和范围上的差异。因此，最高法院的法官们在审查不同媒体上的表达自由案件时采取了不同的标准。在红狮广播电台诉联邦通讯委员会一案中，主审法官指出印刷品的出版在数量上没有限制，任何人都有机会出版印刷品并在相

应的印刷品上表达观点。然而，频谱的有限性决定了无线电广播和电视并不像印刷品那样在数量上是无限的，这种有限性进一步制约了无法在广播或者电视上发表观点的普通大众表达自由的实现。频道数量的有限性决定了由谁来控制这些频道必须经由政府的批准，但这并不意味着获得批准使用或控制这些频道的人在表达自由权利方面优于其他人。政府得因公共利益的需要或者为保护其他人的合法权益而对频道所有者的表达自由权进行相应的限制，例如无线电广播台或者电视台必须为权益有受侵害之虞的个人提供辩解的机会，这类做法的目的是尽最大可能确保公民在表达自由权行使方面的平等。

不同于传统的媒介，个人表达在网络空间中从一开始就在技术上确保了平等性，平等作为互联网的基本精神并非虚言。只要有一台电脑和一根网线就能够进入网络世界，互联网平等地向每一个人开放。在这里，每个人都拥有多元的表达渠道、广阔的表达空间，再也不用因情感无处宣泄而低落、因见解无处表达而沮丧。可能导致歧视的因素，诸如性别、教育程度、财产、种族、肤色等被互联网从每个网民的身份中剥离出去，每个网民都匿名在网络这个虚拟的环境中进行表达，现实中的不平等因素不再是评判言论的标准。由于互联网的这种平等性，以确保公民在表达自由权行使方面的平等为由对广播媒介及电视媒介进行的限制就不能照本宣科地适用到网络上，必须要作出相应的调整以适应网络的特点。总之，从传播能力上来看，网络的传播能力明显要强于传统媒体，因此从传播能力角度对网络表达进行的限制就应当弱于传统媒体。

（2）淫秽色情信息的认定标准

CDA 案中争议的焦点之一就是，"下流条款"和"明显令人厌恶条款"中所使用的 indecent 和 patently offensive 是否过于模糊和宽泛，使淫秽色情信息的认定有扩大化的危险。在 CDA 案中，政府主张《通讯严肃法》中的"下流条款"和"明显令人厌恶条款"与最高法院在米勒诉加利福尼亚案中所确立的淫秽色情的标准的第二条是相同的，因此 CDA 法案是符合宪法第一修正案的。为了分析这个问题，我们有必要先了解清楚最高法院在米勒案中确立的淫秽色情信息的标准。这个标准包括三个方面：第一个方面是一般人从当代社会标准来看，该信息的意图是否在于激起性欲；第二个方面是该信息是否展现了现行法律禁止描写的性行

为，且这种展现的手段是明显令人厌恶的；第三个方面是该信息在科学
领域、文艺领域或者社会经济方面是否具备一定的价值。① 在大法官们看
来，首先，米勒案中所确立的关于淫秽色情信息标准的第二条包含明确
的限定词"现行法律禁止"，而《通讯严肃法》中的"明显令人厌恶条
款"并不存在该项限定，而且该项限定明显能够缩小法案所规制的言论
的范围。其次，米勒案中所确立的三条标准是一个有机联系的整体，不
能割裂开来单独适用某一条作为标准。如果单独以某一条作为认定淫秽
色情信息的标准肯定会导致标准的模糊和宽泛化，因此在认定时必须要
综合适用这三条标准，而不能单以某一条作为依据。所以，最高法院认
定 CDA 法案中的淫秽信息标准过于模糊和宽泛，违反了宪法第一修正案。
在 CDA 案中，最高法院又明确提及并解释的关于淫秽色情信息认定的标
准具有一定的借鉴意义，可以为我们国家的法官在认定淫秽色情作品时
提供一个认定的思路。

（3）网络在表达自由方面的价值

网络是一种较为新颖的媒介，它史无前例的平等性和便捷性为所有
人都提供了一个广阔的表达空间，即使是最普通的民众也可以在这个虚
拟的空间中展现自我、宣泄情感、发表见解、激扬文字、指点江山。毫
无疑问，互联网的出现为我们的社会带来了深刻的变革，我们生活的方
方面面都在无形中被它改变。网络在极大地拓宽普通人表达空间的同时，
还扩展了民主社会的公共领域，它是民主社会中传统公共领域的延伸，
对于民主的建立和巩固、法治的形成与完善都发挥着越来越重要的作用。
就像前文所阐述的那样，互联网空间中的表达自由具有拓宽个人的表达
空间、扩展民主实现和巩固的渠道、促进公共领域的建构等特殊价值，
这些价值对一个社会的重要性是毋庸置疑的。最高法院的七名大法官们
深刻地认识到了这一点，为了保证网络能够在宪法第一修正案的保护下
促进人们的表达自由，大法官们最终认定 CDA 法案违宪，否则 CDA 法案
过于宽广的控制范围以及可能的刑事处罚会给网民们带来一种寒蝉效
应——人们会噤若寒蝉，惧怕在网络上探讨一些具有争议性的问题。由
于对网络空间中表达自由价值的深信不疑，大法官们才会在判决中明确

---

① *Miller v. California*, 413 U. S. 15 (1973).

指出言论自由的价值远超过 CDA 法案对言论进行限制所带来的价值。

（二）网络表达自由在我国的司法审查标准

1. 网络表达自由与社会秩序：吴虹飞案

2013 年 7 月 21 日，歌手吴虹飞在微博上发布想要炸掉北京市人才交流中心和建委的言论，随后被朝阳区公安机关以涉嫌"编造、故意传播虚假恐怖信息罪"刑事拘留。在拘留期间，朝阳区公安局并未向朝阳区检察院提请批准逮捕，最后警方撤销刑事立案，并于 7 月 31 日依据《治安管理处罚法》第 25 条第 3 款对吴虹飞处以行政拘留 10 日，罚款 500 元。

与绝大部分其他权利相同，言论自由权也不是一项绝对的权利，依据正当合法的理由国家有权对言论自由进行限制，它必须在法律的框架下行使。与此同时，社会的发展与进步、国家慎议民主的实现和宪制化都离不开观点、信息的自由获取和表达。因此，如何划定一条言论自由的界限，既能实现言论自由应有之价值，又能尊重和保障他人权利与社会秩序、国家安全，是言论自由权保障的出发点与归宿。

具体到吴虹飞案中，"编造、故意传播虚假恐怖信息罪"的客观构成要件明确要求传播的信息达到"严重扰乱社会秩序"的程度，于是吴虹飞案的焦点就集中到了认定吴虹飞的言论是否"严重扰乱社会秩序"。虽然刑法中并未明确定义何种情形属于"严重扰乱社会秩序"，但是在最高人民法院公布的指导性案例中我们可以寻找到一个标准。在"黄旭、李雁编造虚假恐怖信息案"中，最高院列举了"严重扰乱社会秩序"的三种情形，其中可能适用到本案当中的是"行为人编造、故意传播虚假恐怖信息引起一定区域内的社会公众心理恐慌，感到自身安全受到威胁，无法正常地生活、学习和工作"。① 根据本案的案情，在吴虹飞发布了相关微博后，大部分看到这条微博的网民只将其当作吴虹飞个人的一种情

---

① 最高人民法院刑事审判第一、二庭编《刑事审判参考》2006 年第 3 集，法律出版社。另外两条情形为"国家机关、社会团体、企事业单位正常的工作、生产、经营、教学、科研等秩序被迫停止或中断一定时间；或者因行为人编造、故意传播虚假恐怖信息导致公安、武警、卫生检疫等国家职能机关的正常工作秩序受到严重干扰、破坏，如公安机关出动大量警员对可疑区域进行查爆排险的"。

感宣泄，并未引起大部分微博用户的心理恐慌，更谈不上感觉到人身财产安全受到威胁，而且正常的社会秩序也未因这条微博而被扰乱，所以吴虹飞的言论并未"严重扰乱社会秩序"。因此，公安机关撤销刑事立案，转而依据《治安管理处罚法》第25条第3款对吴虹飞进行处罚的处理是符合我国现行法律的。

至此，我们已经从实体法的层面对该案进行了分析，现在就只剩下一个问题，即我国法律对此类言论进行限制是否合理。

首先，我们有必要界定清楚这种针对言论的限制属于何种性质的限制。法律之所以会限制此种言论是因其内容涉及扬言在公众场所实施爆炸，所以此类限制属于依据言论的内容进行的限制。那么依据言论的内容对其进行限制是不是可行与合理的呢？我们不妨以人权条约为例，《公民权利和政治权利国际公约》第19条第3款对表达自由进行了限制，这种限制就是依据内容对言论进行的限制，因此，这种限制显然也是可行的。

其次，我们在考虑是否对某一类言论进行限制的时候，可以借鉴经济学中的"成本–收益"模式。扬言在公众场所实施爆炸这种涉及暴力的言论，因其具体情况的不同，会造成不同程度的民众恐慌和社会秩序混乱，这就是此类言论的社会"成本"。我们在考虑某种言论的社会"收益"时可以从以下几个角度考虑：是否能促进个人的自我实现，是否有利于慎议民主、法治和宪制的实现和巩固，是否对观念市场[①]有贡献。从这三个角度来考察的话，不难看出这种暴力性言论的收益几乎为零。在这种言论的"成本"明显大于"收益"的前提下，我们显然有正当理由对这种言论进行限制。

2. 网络表达自由与隐私权：王某与张某等隐私权纠纷案

王某是姜某的丈夫，其与东某存在婚外情。姜某得知后一直郁郁寡

---

① "观念市场"理论（marketplace of ideas）滥觞于弥尔顿等人关于言论自由的思想，并由美国最高法院大法官霍姆斯明确提出，在 *Abrams v. United States* 中他明确写道："倘若人们意识到时间已经推翻许多挑战性的信念，可能会比相信自己行动的根据而更加相信这一道理：吾人所欲求的至高之善（the ultimate good）唯有经由思想的自由交流，才比较容易获得，亦即要想测试某种思想是否为真理的最佳方法，就是将之置于自由竞争的市场上，看它有无能力获得认可。"具体可参见侯健《表达自由的法理》，上海三联书店，2008，第241~249页。

欢，并在博客中记录下了自己的经历和心情，随后姜某跳楼自杀。张某是姜某的同学，在得知一切后，在网络上建立了一个专门悼念姜某的网站，并在该网站上披露了王某的相关个人信息。此事在网络上引起了极大的关注，网民们一致声讨王某，并对其进行了"人肉搜索"，并将王某的姓名、住址等个人信息以及王某与东某的婚外情公布在网络上，王某的日常生活受到了极大的影响。于是，王某将张某及两个转载的网站起诉到朝阳法院，要求删除相关信息，并赔偿精神损失。

本案的案情并不复杂，但涉及的问题一点也不简单。在审理案件中，法官首先必须要考虑的问题是婚外情这种明显违背公序良俗的个人信息是否属于隐私权的保护范围。婚外情虽然是我们社会道德所谴责的，但是婚外情显然属于私生活的一部分，并不会影响到他人，虽然经常会说法律是最低限度的道德，但法律与道德是有着明晰的不可逾越的界限的，绝对不能让道德肆意干涉法律，所以婚外情这类私人感情生活属于隐私的范畴，受隐私权的保护。

其次，必须要考虑当王某的隐私权与其他公民的表达自由冲突时应该如何平衡，这就涉及个案中法益的衡平。我们先来考虑保护隐私权的法益，隐私权的实质是保障个人私生活的安宁，使个人免遭无论是他人，还是社会的无理干扰。在网络时代，隐私权的重要意义更为凸显。在大数据时代下，个人是渺小与脆弱的，一旦个人的信息在网络上泄露，那么后果实在让人担忧，个人生活的安宁会被打破，平静闲适的生活可能从此离你远去，在这样的时代正当的隐私权无论多么强调都不为过。而网络上的表达自由必须要有合理且适当的限制，否则"人肉搜索"式的网络暴力会是所有网民身后的幽灵。通过这样的对比，在此案中保护隐私权、限制表达自由是显而易见的结论。

网络大数据时代的到来让隐私的保护显得更为重要，网络空间中的表达自由必须要受到合理的限制和引导，让它产生其应有的公共领域效果，而不是成为一个充满了谩骂、诋毁、诽谤，侵犯隐私的空间。

3. 网络表达自由与名誉权：金山安全公司诉周鸿祎案

2010年5月周鸿祎在其个人控制的微博上连续发表了20条微博，这20条微博都将矛头对准了金山安全公司，微博的内容涉及多个方面，但从整体上来看都是对金山安全公司的指责。① 金山公司得知后，认为周鸿祎出于恶意竞争目的，故意在微博上发布不真实的言论，导致金山安全公司的商业信誉下降，侵犯了其名誉权，并将周鸿祎起诉到海淀区法院。审理后，海淀法院判决周鸿祎删除涉诉的 20 条微博，在其个人微博上公开道歉，并赔偿金山公司损失 8 万元。周鸿祎不服，上诉到北京一中院，经审理，一中院改判周鸿祎删除涉诉 20 条微博中的 2 条，赔偿损失 5 万元，对于公开道歉部分维持了原判。

本案的焦点就集中在判断周鸿祎密集发表的微博言论是否超出公民表达自由的范围而构成侵犯名誉权，也就是在该案中解决网络表达自由和名誉权的冲突，寻找到网络表达自由和名誉权之间的一个合适的平衡点。接下来我们就梳理一下法官在审理此案时的裁判思路。

本案涉及两个不容忽视的重要因素：一是涉嫌侵权的言论是发布在微博之上；二是周鸿祎并不是普通人，他具有公众人物的身份。因此，首先有必要厘清微博言论的特点以及周鸿祎作为一名公众人物在微博平台上发表言论时是否有更高的注意义务。法院在审理时认为："个人微博的特点是分享自我的感性平台而非追求理性公正的官方媒体，因此相比正式场合的言论，微博上的言论随意性更强，主观色彩更加浓厚，相应对其言论自由的把握尺度也更宽。"② 通过法院的分析不难看出，法官将微博看作个人发表观点、宣泄情感的平台。基于微博自身的特点，传统媒介上保护表达自由的标准相较之下显得过于严格，不能够直接应用到微博之上，必须要重新寻找一个较为宽松的标准。

周鸿祎是 360 系列软件的创始人、IT 业的知名人物，具有很高的社会知名度，其新浪微博的粉丝早已超过 1000 万，毫无疑问是一名公众人物。此外，周鸿祎的另外一个身份在此案中也不得忽视，他所任职的 360 公司与金山公司都在从事杀毒软件领域的业务，存在着竞争关系。周鸿

---

① 具体内容涉及金山公司曾在微点造毒传毒案件中故意陷害微点，恶意作伪证，金山公司员工道德标准下降极快、排挤老员工葛柯、故意破坏 360 软件运行等，具体微博内容及法院查明的事实请参见北京市第一中级人民法院：（2011）一中民终字第 09328 号民事判决书中"法院查明"部分。

② 参见北京市第一中级人民法院：（2011）一中民终字第 09328 号民事判决书。

祎作为一名公众人物，占有更多的社会资源，社会影响力也远超普通人，而权利和义务始终是相匹配的，周鸿祎既然因公众人物的身份获得了更多的权益，那么这个身份所要求的超出常人的注意义务也是他所必须忍受的。此外，作为竞争对手，周鸿祎很难在发表涉及金山公司的言论时做到完全的客观公正，价值中立。综上两点，在审查周鸿祎关于金山公司的 20 条微博是否侵权时须采用比普通人更为严格的标准。因此一审法院在认定周鸿祎的言论是否侵犯了他人的名誉权时，采用了"事实基本或大致属实，未使用侮辱、诽谤言辞，评论大致公正合理，不以恶意损害对方名誉为唯一目的的较高判断"① 的标准。

其次，在解决了上述两个基本问题以后，我们就要具体分析周鸿祎所发表的 20 条微博是否超越了其言论自由的范围而构成了对金山公司名誉权的侵犯。一审法院根据微博的特点以及周鸿祎的特殊身份，并结合这 20 条微博的内容认为，周鸿祎的言论未能达到客观合理、基本属实的标准，越过了公民表达自由的界限，一审法院最终认定 20 条微博均侵犯了金山安全公司的名誉权。

然而，一审法院却忽略了以下事实。微博是一个开放、平等的网络平台，它不像传统媒体那样具有稀缺性，每个人或企业都能够轻易地在这个平台上发布信息。而金山安全公司作为一个上市公司，其所掌控的社会资源、话语权、影响力并不逊色于周鸿祎太多，从某种程度上来说，二者的地位几乎是对等的。因此，金山安全公司完全可以借助微博或者网络上其他类似平台，公布与周鸿祎所指责的内容相关的信息和证据，证明自己的清白，恢复自己的名誉。此外，关注这个事件的网民，多数都是具有一般理性的公众，自然不可能完全相信周鸿祎的所有言论，不同的网民也会选择不同的阵营相互之间进行辩论。因此，二审法院仅将明显带有侮辱性、贬低性的两条微博认定为侵权，撤销了一审法院的原判决。

回顾这个案件，法官在审理时先是分析了微博作为新的言论载体的特点，根据特点选取了微博上适用的表达自由审查标准，然后又具体考虑了周鸿祎的公众人物身份对案件的影响，最终得出了结论，在整个判

---

① 参见海淀区人民法院（2010）海民初字第 19075 号民事判决。

决中，既肯定了微博在表达自由方面的价值，又在公众人物的表达自由与企业的名誉权之间寻得了一个合理的平衡点。金山诉周鸿祎案体现了法官高超的司法水平，是一个极为优秀的判例，具有很强的指导意义，从此案中，我们可以总结出我国司法实践领域解决网络言论自由与其他权利冲突时所考量的一些因素。

第一，言论媒介的特点。美国的 CDA 案中美国最高法院在审查 CDA 法案是否违宪时首先就考虑了互联网的媒介特性，而在金山诉周鸿祎案中我国的法官也未忽视这一因素，所以在分析此类案件的时候，言论媒介的特性是不能被忽视的。

第二，权利主体的身份。公众人物占有更多的社会资源，社会影响力也远超普通人，而权利和义务始终是相匹配的，既然因公众人物的身份获得了更多的权益，那么这个身份所要求的超出常人的注意义务也是他必须忍受的。此外，言论自由权的相对人的身份也应当考虑，衡量双方是否处于对等的地位，综合确定双方的权利和义务。

第三，在具体判断某种言论是否已经越过表达自由的界限而侵犯了他人权利的时候，要结合个案的具体事实进行个案法益衡平。做到这一点一方面要求我们法官的司法水平高超，另一方面则是需要我们在司法实践中积累大量的案例和经验。

第四，最重要的一点，通过上述案例，我们可以欣喜地看到在价值取向方面我国司法实践领域已经肯定了网络表达自由的积极价值，愈加重视对公民网络言论自由的保护，放宽对网络言论自由的限制，在网络言论自由与其他合法权利之间寻求一条合理的界限，使该界限既能保证公民的其他合法权利不受侵犯，又能保障网络言论繁荣、健康地发展。这种司法价值取向清晰地体现在判决中，一审法院在判决中写到"网络微博应成为沟通思想、分享快乐和思考的交流平台、社交工具，而不是进行名誉侵权、商业诋毁等不正当竞争的营销阵地"。[①]二审法院也认为"个人微博作为一个自由发表言论的空间……为实现我国宪法所保障的言论自由提供了一个平台……每个网民都应该

---

① 参见北京市第一中级人民法院：（2011）一中民终字第 09328 号民事判决书中"原审法院审理认为"部分。

维护它，避免借助微博发表言论攻击对方，避免微博成为相互谩骂的空间"。[1]

四 规范我国网络言论保护和规制的建议

(一) 发挥网络自净作用

网络社会本质上是现实社会在网络上的投影和延伸，虚拟性和自由性是网络社会的基本属性，是网络特质在网民行为上的反映。网络言论表达主体的匿名性意味着网民们在互联网上发表言论时不会像在现实生活中那样顾虑重重，因此经常会有人在互联网上肆意地宣泄自身的不良情绪。这些言论不可避免地会涉及言论者的表达自由权与对方的名誉权、隐私权等人身权利的冲突，而网络言论传播的迅捷性与范围的不可控性又会迅速地扩大这些不负责任言论的恶劣影响。然而，网络言论的另一特征，即表达方式的平等性，在很大程度上抵消了上述有可能侵权的言论的恶劣影响。

只要有一台电脑和一根网线就能够进入网络的世界，在网络这个虚拟的空间中，现实中决定一个人身份的因素已经被排除在外。换言之，每个人在都处在一个平等的地位上，因此，所有的网民都能够在法律允许的范围内尽情地表达自己的思想和见解。每个人都可以利用互联网这个对所有人开放的平台表达自己所要表达的观点。网络言论的这种特点无疑让互联网拥有了其他传统媒体无法与之相媲美的自净作用。试想，一个人如果在互联网上针对一个事件或者人物发表了一些看法，那么网络上肯定有一部分人同意他的观点，另一部分人不同意他的观点，不同意的人会提供相关的信息作为他们不同意的论据，而同意的人也会提供相关的信息证明他们的观点。通过上述的整个过程，网络言论可能造成的不良效果明显会被削弱。当公民在网络空间中的表达自由权与其他合法权益或者社会公共利益发生冲突的时候，如果立法、司法、行政机关处理冲突的时间过早会造成立法、司法、执法成本的浪费，然而网络言论的这种自净功能能够有效地避免这种浪费，在一定程度上节约立法、

---

[1] 参见北京市第一中级人民法院：（2011）一中民终字第 09328 号民事判决书中"本院审理认为"部分。

司法、执法成本，实现了网络言论自由与互联网公民自治，提高了社会的整体效率。以 2014 年中国政法大学校长黄进针对司法考试的观点为例，黄进校长在一次讲座中提到"推进司法考试的改革应规定只有经过正规法律本科学习的人才有资格参加司法考试，因为法律人才要求利用法律管理社会、治理国家，如果没经过专业的法律训练，不但可能缺乏法治信仰，更少法治思维"①。该观点刚一提出便引起轩然大波，引发了大范围的讨论，一时之间被网络媒体炒得沸沸扬扬。我们暂且不讨论这一事件中观点的对错，在这次事件中，司法考试以及司法体制改革行政主管部门并未因为网络上汹涌的讨论直接介入事件的发展过程，而只是由持不同观点的双方各抒己见进行辩论。回顾整个事件，虽然在这次网络大辩论中有些人肆意谩骂、侮辱他人，发表了一些恶劣的言论，但是从整体来看，网络言论这种自我净化、自我循环的特性起到了良好的效果，不仅有效保障了争论双方的表达自由权，还让整个社会和舆论对法律职业准入制度的完善以及司法体制改革的方向有了密切关注和深入思考。

自然环境具有一定的自净能力，但如果超过了其自净能力，那么自然环境很容易被破坏，互联网的自净能力同样是有限的，一旦超过其限度，网络也是无法解决的。尤其是在"网络水军"泛滥的今天，为了达成某种利益，经常会有人雇用大量的"网络水军"在网络上大量地、密集地发布某类信息。由于信息的不对称，这些信息往往都能够达到混淆视听的目的，干扰网民们的辨别和判断。因此，单纯地依靠网络的自净能力显然是不现实的，我们仍有必要借助其他的手段。

（二）引导网民及运营商自治

民主和法治社会的建成离不开公民的自治，网络言论的规范和保护何尝不需要网民的自治？网络是一个开放、平等又充满互动性的平台，立法、司法、行政都不应当利用公权力在时间和程度上都不恰当地介入网络言论。提高网民自律能力，不仅能在一定程度上保护公民的言论自

---

① 具体新闻请参见《中国政法大学校长：只有法本才能司考》，学法网，http：//www. xuefa. com/article－8690－1. html。

由权，还可以节约社会成本，让公民主导社会和网络。

微博自兴起以来，在大幅度地拓展了我们表达空间的同时，也引发了很多问题。其匿名性好像将所有用户蒙上了脸，各式各样的谣言、虚假信息在微博上传播，微博用户之间的相互谩骂、侮辱、诽谤也屡见不鲜，很多用户的正常使用已经受到影响。新浪微博的运营商制定了《微博社区公约》、《微博社区管理规定》，还组建了解决用户之间纠纷的委员会，力图通过用户自身的力量解决微博社区中的乱象，达到提升用户体验、维持整个社区和谐的目标。① 社区的委员会在解决用户纠纷时会采取如下的工作流程：认为自己权益受到侵害的用户先向系统举报纠纷，系统会自动通知举报人和被举报人，此时举报人可以就自己权益被侵害的事实提交相应证据，同时被举报人也可以提交相应证据，然后系统会从所有的普通委员中随机选出 21 位委员，这 21 名委员会在 24 小时内完成投票，最后系统会依据规定公示处理结果。新浪微博采取的这种网民自治模式，是一种成本低廉、效率较高的权利救济模式，不仅为用户提供了卓有成效、自成体系的维权渠道，而且让网民成了微博社区的主导，净化了整个社区的环境。毫无疑问新浪微博所采取的用户自治模式是一种极为有益的尝试，为我们在网络言论方面引导网民自治自律提供了有益的经验，在其他的网络社交媒体上我们都可以借鉴新浪微博社区的成功经验。

如今，我国各类微博的活跃用户已经达到 5 亿、微信的使用者更是迅速地突破了 5 亿，各类社交媒体上每天发布的信息总量超过 200 亿条②，其中涉及公民表达自由权与其他权利冲突的肯定也是一个极为恐怖的数字。只依靠司法机关和行政机关解决权利冲突、进行权利救济显然是不现实的，即使能够达成也要花费惊人的社会成本。因此，我们应当鼓励、支持、引导网民的自治自律，探索多元化网络环境下的权利救济模式。

网民自治的意义首先当然是高效便捷地解决网民之间的纠纷，实现

---

① 《新浪·微博社区公约》，http：//service. account. weibo. com/roles/gongyue，最后访问时间：2016 年 7 月 20 日。

② 《探访首家网络人民调解委员会》，法制网，http：//www. legaldaily. com. cn/index_ article/content/2014 - 12/06/content_ 5876664. htm，最后访问时间：2016 年 8 月 22 日。

权利的救济，但从更深层来说，网民自治有利于我国公共领域的建构，将我们的网民培养成合格的公民。自古以来，我国就缺乏公共领域，也未形成一个完善、富有理性的市民社会。民主、法治、宪制绝不只是一套简单的制度，它们还是蕴含在生活中的点点滴滴，没有合格的公民，只是简单地照搬西方的制度是不可能成功的。培育合格的公民当然离不开公共领域。以前我们缺少合适的公共领域，而如今网络的迅速发展给了我们这样一个机会，通过适当地引导网民自治，让网民们熟悉在公共领域中讨论问题的基本原则，理性地思考解决问题，最终成为一个合格的公民。

（三）完善法律制度，实现个案法益衡平

仅有互联网的自净和网民的自治自律无法彻底解决网络言论所造成的言论自由权与其他受法律所保护利益的冲突，必须要借助网络他律。通过前述分析，我国现阶段对网络言论的立法存在以下问题：立法效力层级较低，同国际人权公约中的规定有差距，缺乏系统性体系性规制；过多地针对内容进行控制，内容控制标准不够明确具体，缺乏可操作性；缺乏对未成年人网络中的权益的专门立法保护。完善的网络言论法律制度是保护网络言论的基石，在缺乏完善的法律制度的情况下探讨网络言论的规范和保护只能是无根之木、无源之水，从以上三个方面健全我国网络表达立法势在必行。

所谓的个案法益衡平，是指在具体案件中，依据案件的事实，法官首先查明在该案中保护表达自由的重要性以及保护其他权利或利益的重要性，然后比较这二者重要程度的轻重，最终得出结论。在美国 CDA 案中，美国联邦最高法院就是遵循个案法益衡平原则，最终判决 CDA 法案违宪。在金山诉周鸿祎案中一、二审法院也都根据案件的具体事实权衡了周鸿祎的言论自由和金山公司的名誉权，并最终判决周鸿祎侵权。表达自由是公民的基本权利，但是表达自由并不是绝对的，法官权衡表达自由和其他受法律所保护的利益时不可能永远偏向表达自由。在面对互联网上表达自由与其他法益冲突的时候，如何兼顾网络表达自由的保护与其他法益的保障，这需要每位法官在具体的案件中依照具体的案情去权衡。表达自由是每一个公民的基本权利，但是这项权利

并不是绝对的、不可限制的，因此也就不存在一个解决表达自由与其他法益冲突的恒定标准，要解决这种冲突最终还是要落实到个案的法益衡平中。

法官们在进行个案法益衡平时绝对不能忽视以下三个方面。第一，网络言论的特性。在美国 CDA 案中，美国联邦最高法院的大法官们专门分析了网络上言论的特点，而在金山诉周鸿祎案中法官则是更进一步地具体分析了微博言论特点，以此作为整个裁判的基础。第二，网络表达自由的特殊价值。如前所述，网络表达自由对中国而言具有特殊的意义，因此我们在进行法益权衡时必须要考虑它的特殊价值。以上两个方面是在衡平网络表达自由与其他合法权利或公共利益冲突时，所必须要考虑的两点。而根据网络表达自由冲突的对象不同，应当适用不同的标准。第三，限制某种言论时，不能使表达自由本身受到威胁。如果限制某种言论会产生"寒蝉效应"，对其他的言论产生较大威慑，人们不再敢讨论相关的问题，就可以认定表达自由本身已经受到了威胁。

1. 网络表达自由与色情言论

网络中的淫秽色情言论毫无疑问应当被限制，但问题的关键是如何认定该信息是否属于淫秽色情信息。通过前述梳理，我国在此方面的立法较为模糊，在具体的个案中缺乏可操作性，并且司法审判实践中缺乏相应的判例，所以我们在处理类似案件的时候可以借鉴美国最高法院在 CDA 案中适用的甄别色情信息的标准。不妨重述此标准：第一，从当代社会标准看来，该信息的意图是否在于激起性欲；第二，该信息是否采取了令人厌恶的手段展现了现行法律禁止描写的性行为；第三，该信息在科学领域、文艺领域或者社会经济方面是否具备一定的价值。此三方面相结合，共同构成了一个完整的认定色情信息的标准，我国在认定时完全可以借鉴这个标准。

2. 网络表达自由与社会秩序

社会秩序属于公共利益的一种，具有一定的宽泛性和模糊性，因此在遇到二者冲突时，我们必须审慎地进行衡量。在探讨这个问题时，我们引入了"成本－收益"的衡平模式。针对一项可能危害社会秩序的言论，它的社会"成本"可能包括：引发民众的恐慌、日常生活工作的秩序混乱，在考察某种言论的社会"成本"时有一点显然是不可忽略的，即这种言论已经造成了上述结果，或者明显会导致类似结果。在考虑某种言论的社会"收益"时可以从以下几个角度考虑：是否能促进个人的自我实现，是否有利于慎议民主、法治和宪制的实现和巩固，是否对观念市场有贡献。

3. 网络表达自由与隐私权

随着网络的急速发展和"大数据时代"的到来，隐私权的重要性在这个时代日益凸显。隐私权保护的不到位、不合理，会让每一个人溺死在大数据的洪流中。对隐私进行界定时，有必要采取一个比较宽松的标准，就如同王某与张某等隐私权纠纷案中将个人的婚外感情生活认定为隐私一样，只要某个信息属于个人私生活的领域且不违反法律、不侵害他人的权利，即使这个信息是违反道德的，该信息仍然属于隐私权的保护范畴。

4. 网络表达自由与名誉权

除了隐私权外，网络表达自由经常还会和言论对象的名誉权发生冲突。在解决此类冲突时，第一步就要明确言论者的身份，对于公众人物，法律苛以高于普通人的注意义务，同时也应该考虑言论对象的身份，对涉及官员以及国家机关的名誉的，必须要慎之又慎，因为一般是不承认官员以及国家机关的名誉权的。[①] 接下来就要结合具体的案情，查明言论的内容是否属实，综合考虑言论者发表这些言论时的主观态度，最终作出裁判。

总之，在对网络言论进行保护和规制时，有一点我们始终要铭记于心，规制是手段，保护才是目的。无论对网络言论作出何种规制，我们的出发点和目的都是保护网络表达自由，让网络成为我国公民文化、市民社会的孵化器，让网络成为我国民主以及法治国家完善和巩固的催化剂。

五 结论

作为一种新媒介，网络本身的匿名性、平等性、互动性以及便捷性

---

① 官员身份是不享有名誉权的，但去除官员身份的个人依然享有名誉权，在具体案件中必须要明确区分。

等特点深刻地改变着世界，时间与空间的限制被打破，信息在全世界范围内以不可思议的速度传播，地球真正地变成了地球村，媒体与个人之间的界限也不再像以前那样难以逾越。因此，网络空间中的表达自由具有特殊的价值：它是扩展民主实现和巩固的重要渠道，能够拓展个人的表达空间，促进公共领域的构建，在市民社会以及民主国家的建设中起着越来越重要的作用。网络为表达自由开辟了新的空间和渠道，网络言论正成为一种新的同时也是日益具有巨大影响力的言论形式。越来越多的个人通过网络加入公共领域，参与公共事务的讨论、投身公民权利的保护、行使民主政治的监督权。同时，公众通过互联网的分享、交流、沟通、对话等方式将政治话语、法律话语等思维体系带进日常生活中，进而改变对控制、自由与创造的认识，提升意识、开启民智，这些无疑都能催化中国迫切需要的法治和民主进程。如果我们能够正确合理地规制和保护网络言论，那么网络言论在市民社会的建构、公民文化的培养、民主法治的推进、公民权利的保护等方面将发挥积极的作用。

如果说，在协商民主相对完善、言论市场发育成熟的国家，规范网络言论有更多先例可参、更多经验可鉴的话，那么在中国这样的市民社会欠发达、公民文化有待培育、公共领域不够健全的国家，网络表达自由边界的确立则需要处理更多的权益冲突、面临更加复杂的多种因素的考量。目前，我国在立法层面上，存在以下问题：立法层级较低，权威性不足，缺乏系统性、体系性规制；过多针对内容进行控制，内容审查的标准过于宽泛、模糊，缺乏可操作性；缺乏专门保护未成年人网络权益的立法；等等。而在司法实践中，我国对网络言论自由的规制和保护也才刚刚起步，还需要一段时间的摸索与探讨，以便在网民个人的表达自由权与其他合法权益发生冲突时找到一个适宜的平衡点。

结合网络自身的特点以及我国的具体情况，作者认为在现阶段我们可以从以下三个方面进行尝试。第一，充分发挥网络的自我循环、自我消化、自我净化作用，网络的平等性使得网络有了一定的自净能力，网络可以通过自身的自净力在一定的限度内抵消不当言论的影响，这种自净力能够避免因公权力机关过早介入而引起的各种社会成本的浪费。第二，引导网民的自治自律。互联网上每天都会产生数以百亿计的信息，单纯依靠法院和政府的力量来解决权利冲突、识别虚假信息是不现实的，应当逐渐摸索出低成本、高效率的多元权利救济模式，网民自治就是其中的选择之一。第三，应当完善法律制度，实现个案法益衡平。我国目前在网络表达自由领域内的立法并未形成一个健全的体系，仍有待完善。同时，在司法实践中，在民事领域内，法官已经摸索出了一定的经验，最高院公布的八个"利用信息网络侵害人身权益典型案例"就是很好的证明，但这些已有的经验并不代表在个案法益的平衡中法院已经做得十分完备，仍然还有大量的东西需要细化和完善。

第八章　我国宪制框架下的劳动权保障*

劳动权，又称工作权，是"以具有劳动能力的公民获得有劳动报酬的就业机会为核心，劳动者享有的因劳动而产生或与劳动有密切联系的各项权利的总称"。①其作为一项基本权利被规定在根本大法中，最早见于德国1919年《魏玛宪法》。此后，各国的立宪实践都十分重视对劳动权的保护。我国宪法史上对劳动权的规定，始于中华民国时期，1949年后的历部宪法也不同程度地保障了劳动权。随着国家经济制度以及对劳动权基本理论理解的不断演变，反映在宪法文本中的对劳动权的保障也相应有所调整。只有理解了宪法文本中劳动权条款的演进过程以及原因，我们才能够更好地理解劳动权在今天对我们意味着什么。

一　历部宪法文本关于劳动权的规定

（一）1949年前宪法有关劳动权的规定

中国宪制史上，将劳动权内容纳入宪法作为一项基本权利予以保护始于中华民国时期。1912年《中华民国临时约法》在第二章"人民"第6条第3款中规定"人民有保有财产及营业之自由"，以"营业自由"承认国民有选择经营任何职业的自由，否定了晚清实行的限制私有企业发展的"官办"、"官督商办"政策，保障了国民的劳动自主选择权。1913年《中华民国宪法草案》在第9条中规定，"中华民国人民有选择住居及职业之自由，非依法律不受制限"；1923年《中华民国宪法》第9条规定，"中华民国人民有选择住居及职业之自由，非依法律，不受限制"。此二者都以"选择职业之自由"保护国民的自由择业权。1936年《中华民国宪法草案》第124条中规定，"国家为改良劳工生活，增进其生

---

　*　本章系与王深联合撰写，部分内容曾发表在《石家庄学院学报》2013年第2期。

　①　陈业宏、肖蓓：《劳动权的宪法论析》，《法学杂志》2009年第5期。

产技能及救济劳工失业，应实施保护劳工政策"，"妇女儿童从事劳动者，应按其年龄及身体状态，施以特别之保护"；第 125 条规定："劳资双方应本着协调互助的原则，发展生产事业"。从该规定中可以看出，对于劳动权的保护范围进一步扩大，不仅强调对弱势群体劳动权的特殊保护，而且进一步明确了国家在保障劳动权方面的义务。1946 年《中华民国宪法》第 15 条规定，"人民之生存权、工作权及财产权，应予保障"；第 150 条规定，"国家应普设平民金融机构，以救济失业"；第 152 条规定，"人民具有工作能力者，国家应予以适当之工作机会"；第 153 条规定，"国家为改良劳工及农民之生活，增进其生产技能，应制定保护劳工及农民之法律，实施保护劳工及农民之政策。妇女、儿童从事劳动者，应按其年龄及身体状态，予以特别之保护"；第 154 条规定，"劳资双方应本协调合作原则，发展生产事业。劳资纠纷之调解与仲裁，以法律定之"。此部宪法进一步明确了公民的"工作权"，规定了国家义务，提出国家应当提供工作，并对农民、妇女、儿童之工作权予以特别保护。

自 1927 年实行"以农村包围城市"的方针后，中国共产党在全国建立了革命根据地并颁布了重要的宪法性文件。其中《中华苏维埃共和国宪法大纲》（1934 年 1 月）、《陕甘宁边区施政纲领》（1941 年 11 月）和《陕甘宁边区宪法原则》（1946 年 4 月）等最具代表性的文件中都有"劳动权"的相关规定。《中华苏维埃共和国宪法大纲》第 5 条规定："中华苏维埃政权以彻底改善工人阶级的生活状况为目的，制定劳动法，宣布八小时工作制，规定最低限度的工资标准，创立社会保险制度，与国家的失业津贴，并宣布工人有监督生产之权。"明确提出要为保护工人阶级的劳动权制定劳动法。《陕甘宁边区施政纲领》第 11 条规定："发展工业生产与商业流通，奖励私人企业，保护私有财产，欢迎外地投资，实行自由贸易，反对垄断统制，同时发展人民的合作事业，扶助手工业的发展。"第 12 条规定："调节劳资关系，实行十小时工作制，增强劳动生产率，提高劳动纪律，适当地改善工人生活。"这些条文之所以规定要保护劳动权，大多具有较强的目的性，即为了提高劳动生产效率。《陕甘宁边区宪法原则》中在第二章论及"人民权利"的时候规定："人民有免于经济上偏枯与贫困的权利。保证方法为减租减息与交租交息，改善工人生活与提高劳动效率，大量发展经济建设，救济灾荒，抚养老弱贫困等。"除此之外，在第四章论及"经济"时提出，"应保障耕者有其田，劳动者有职业，企业有发展的机会"，"用公营、合作、私营三种方式组织所有的人力资力为促进繁荣消灭贫穷而斗争"，此宪法原则将发展经济与保障劳动权紧密联系在一起。

（二）1949 年后宪法有关劳动权的规定

1949 年《中国人民政治协商会议共同纲领》作为临时性宪法文件，第 32 条规定，"在国家经营的企业中，目前时期应实行工人参加生产管理的制度，即建立在厂长领导之下的工厂管理委员会。私人经营的企业，为实现劳资两利的原则，应由工会代表工人职员与资方订立集体合同。公私企业目前一般应实行八小时至十小时的工作制，特殊情况得斟酌办理。人民政府应按照各地各业情况规定最低工资。逐步实行劳动保险制度。保护青工女工的特殊利益。实行工矿检查制度，以改进工矿的安全和卫生设备"，以求"公私兼顾、劳资两利、城乡互助、内外交流"，达到发展生产、繁荣经济之目的。1954 年宪法的制定深受 1936年《苏联宪法》和斯大林宪法观的影响，有关劳动权的条款也与《苏联宪法》类似。其在第 91 条规定，"中华人民共和国公民有劳动的权利。国家通过国民经济有计划的发展，逐步扩大劳动就业，改善劳动条件和工资待遇，以保证公民享有这种权利"，带有强烈的计划经济色彩。1975 年宪法是在"文化大革命"的背景下制定，真正涉及公民基本权利的仅第 27 条和第 28 条，在仅存的两个"权利条款"中对公民劳动权作出了专门规定："公民有劳动的权利，有受教育的权利。劳动者有休息的权利，在年老、疾病或者丧失劳动能力的时候，有获得物质帮助的权利"，同时，又在第 9 条中阐明了国家对于公民劳动的态度，"国家实行'不劳动者不得食'，'各尽所能，按劳分配'的社会主义原则"，体现了国家提倡和鼓励劳动的价值取向。1978 年宪法第 10 条规定，"劳动是一切有劳动能力的公民的光荣职责"；第 48 条规定，"公民有劳动的权利。国家根据统筹兼顾的原则安排劳动就业，在发展生产的基础上逐步提高劳动报酬，改善劳动条件，加强劳动保护，扩大集体福利，以保证公民享受这种权利"。此部宪法不只是声明性地列出了公民劳动权，而是规定国家承担的义务及需要制定的有效措施，以保证公民劳动权的实现。我国现行宪法（1982 年宪法）第 42 条规定："中华人民共和国公民有劳动的权利和义务。国家通过各种途经，创造劳动就业条件，加强劳动保护，改善劳动条件，并在发展生产的基础上提高劳动报酬和福利待遇。劳动是一切有劳动能力的公民的光荣职责。国有企业和城乡集体经济组织的劳动者都应当以国家主人翁的态度对待自己的劳动。国家提倡社会主义劳动竞赛，奖励劳动模范和先进工作者。国家提倡公民从事义务劳动。国家对就业前的公民进行必要的劳动就业训练。"除第 42 条外，还在第 43 条规定了公民的劳动休息权，第 44 条规定了退休制度，第 45 条规定了对弱势群体劳动权的保护。一系列的劳动权相关条款使得我国目前对劳动权的宪法保障形成了一个较完整的体系，也使得劳动权的内涵呈现逐渐扩大的趋势。

二　劳动权条款变动的历史背景

从文本出发，如果我们不仅将眼光停留在条文表面，而且从中国宪制的历史背景下观察和分析劳动权条款，那么，理论和实践中的很多困惑则更易解开。公民劳动权的行使涉及平等权、就业权、休息权、财产所有权等多方面，其作为一个"权利束"在宪法上的规定很大程度上受一国经济发展程度及相应公共财政政策的限制。经济发展、充分就业是公共财政政策的主要目标之一，不同时期的公共财政政策也间接反映出不同的经济发展需求，直接影响国家对劳动权的保障制度。由此，要想准确分析劳动权条款的演变轨迹，必须首先在我国各个时期的宪制（及财政）"全景图"中找到关于劳动权条款的准确定位。

我国传统上是一个小农经济占主导地位的社会，农民"自给自足"的生活使得"劳动"并非一项权利而是出于生存需求。民国时期，民族经济得到初步发展，农业虽然仍占主导地位，但资本主义有了一定发展，现代劳动问题已经初现端倪。民国政府促进资本主义经济的发展及保护私有财产的政策，致使人们开始重视职业的选择自由，并且逐渐将劳动权以"工作权"的称谓作为一项基本权利确定在宪法中。共产党在人民革命根据地的政策，则深受马克思主义影响，提倡改善工人阶级的劳动条件，但迫于经济上的贫困和发展经济的需求，其宪法性文件不得不在保障劳动者基本权利的基础上以提高劳动效率为其目的。

新中国成立以后，马列主义国家观和法律观与中国争取民主政治的实践相结合，开始了与以往历史上不同的宪制运动。新中国成立初期，计划经济体制下国家强调劳动者与公有制生产资料相结合，与按劳分配相结合，与"统包统分"的就业体制相结合，公民享有的劳动权反映出浓厚的"义务性"、"计划性"，"自由度"非常小。1952 年，政务院发布《关于劳动就业问题的决定》，提出国家对职工实行统一调配政策。自此，国家开始按计划分配就业，将劳动权视为要求国家安排工作岗位的权利。1956 年三大改造完成后，生产资料公有制在全国占绝对优势，个体经济被限制在极小范围内，私营经济被消灭，按劳分配原则正式确立。在此基础上，我国将劳动就业问题作为公共财政政策的一部分纳入整个国民经济发展的计划中，从而逐步建立起一套计划经济体制下的高度集中的劳动力计划管理体制。由此，劳动权被理解为工作保障权（或工作分配权），工作的自由选择权被剥夺。劳动成为促进国民经济发展的手段，而不把追求个人的自由发展作为目标。公共财政政策仅以"计划"为手段，希望靠"全能"的政府来统筹一切。

20 世纪 70 年代末，经济停滞及知青返乡导致失业高峰，国家无力统筹解决所有的就业问题，力求改革。1980 年，全国劳动就业工作会议在分析劳动就业问题的基础上提出了"在国家统筹规划和指导下，劳动部门介绍就业、自愿组织起来就业和自谋职业相结合"三结合方针，并发布了《进一步做好城镇劳动就业工作》的文件。正是基于此历史背景，宪法修改委员会在 1982 年修宪的过程中，保留了有关公民劳动权的规定，以"国家通过各种途径，创造劳动就业条件"替代 1978 年宪法中"国家根据统筹兼顾的原则安排劳动就业"的条款。修宪草案送至中央各部委征求意见，国家劳动部提出意见说："宪法写了劳动权，将来没有工作的群众纷纷找上门来，要求分配职业，我们怎么解决的了？"[1] 修宪委员会考虑到在相当长的时期内，我国要消灭失业是不可能实现的。因此，从实际情况出发，将宪法第 42 条表述为："中华人民共和国公民有劳动的权利和义务。国家通过各种途经，创造劳动就业条件，加强劳动保护，

---

[1] 许崇德：《中华人民共和国宪法史》，福建人民出版社，2003，第 802 页。

改善劳动条件，并在发展生产的基础上，提高劳动报酬和福利待遇。"这一条款大体上效仿了 1954 年宪法第 91 条的写法。① 随着中国由计划经济向市场经济的转型，经济及分配制度也在逐渐发生转变。1999 年宪法修正案明确规定，"在法律规定范围内的个体经济、私营经济等非公有制经济是社会主义市场经济的重要组成部分"，"坚持按劳分配为主体，多种分配方式并存的分配制度"，"国家实行社会主义市场经济"，国家开始用"看不见的手"来调控国家的整体经济发展趋势，通过宏观经济调控来间接保障公民的劳动权。在"看得见的手"与"看不见的手"的双重作用下，劳动权保障体系逐渐建立与发展。

以上事实再次印证了马克思的论断——"权利永远不能超出社会的经济结构以及由经济结构所制约的社会的文化发展"。② 劳动权作为一项基本人权被规定在宪法中，其产生与发展都根植于经济土壤，其内涵也随着经济制度及公共财政政策的不断变化而变化。

三　宪法劳动权条款变迁之原因简析

民国时期的宪法及宪法性文件中，除 1914 年袁记《中华民国约法》被视为历史的倒退外，其他大都反映了权利意识的觉醒及立法技术的进步。然而，这一时期的宪法受历史条件约束很难兑现。毛泽东在《新民主主义的宪政》中，批判北洋军阀至国民党鼓吹的宪政不过是"挂羊头卖狗肉"。他谈道："宪法，中国已经有了，曹锟不是颁布过宪法吗？但是民主自由在何处呢？……他们是在挂宪政的羊头，卖一党专政的狗肉。"③ 换句话说，当时的宪法仅仅是"装饰性的宪法"，当然，有关劳动权或工作权的保护条款也难以落实。

中国共产党在革命根据地的宪法性文件是马克思主义与中国实践相结合的产物。自 1922 年中国共产党宣布加入以苏联为首的共产国际后，工农民主政权的宪制建设进程一直受到苏联模式的深刻影响，强调集体和国家利益而忽略个人利益的保护。比如，《中华苏维埃共和国宪法大纲》中虽有对基本权利的一系列规定，但对财产权利却只字未提，对于

① 许崇德：《中华人民共和国宪法史》，福建人民出版社，2003，第 501 页。
② 《马克思恩格斯选集》第 3 卷，人民出版社，1972，第 12 页。
③ 《毛泽东选集》第 2 卷，人民出版社，1991，第 735 页。

公民劳动权的规定也显得过于简单。没有设定在劳动权保障上的国家义务，而是以提高劳动效率为最主要目的，将劳动作为一种实现经济目的的手段。

新中国成立后，有关劳动权的保护经历了两个阶段：第一个阶段是在完全计划经济体制下的劳动权保护；第二个阶段是在社会主义市场经济条件下的劳动权保护。在计划经济体制下，国家仅强调就业权而否认择业权。在生产资料完全由国家占有的情况下，个人利益"溶解"在集体利益之中，个人劳动作为社会劳动的一部分而存在。公民的劳动并非以寻求个人更好的发展为目的，而是为了社会主义建设。在某种意义上说，我国宪法虽以"权利"来描述劳动的性质，但实际上公民劳动并非一种自愿行为和自由选择，更多的应是对国家的一种"义务"或者"责任"，目的是促进国家经济快速发展。劳动光荣，人人都是社会主义劳动者和建设者。国家考虑国家的需求，根据这种需求，而不是根据公民个人意愿强制性安排工作岗位，这种"高压"下的充分就业未能充分考虑个人的意愿，剥夺了个人选择的自由，实质上的劳动权并没有得到认可和保障。

在第二阶段，市场经济在我国取得了突破性的发展，但由于现行宪法修订于改革开放初期，当时仍未完全摆脱计划经济的影响，因此，现行宪法以权义复合型规范来规定劳动的性质也就不足为怪了。将劳动权规定为一种义务，从其内在理念来看，实质上是国家主义或国家利益至上的一种体现，即把劳动作为服务于国家特定政治、经济目标的工具。当然，这也体现了一定程度的计划经济管理色彩。"把劳动权既作为权利，又作为义务，这在以前的宪法中是没有的。考虑到我们是社会主义国家，在消灭了人剥削人的社会主义制度下，不应容许不劳而获的现象存在。公民作为社会成员，必须从事劳动"。[①] 然而，从现代法治的精神和宪制基本理念角度来看，维护公民的基本权利正日益成为衡量国家政府存在及统治合法的尺度，"权利本位"的宪制思想也决定了将劳动权作为一项义务规定在宪法中是不符合现代法治精神的。不仅如此，劳动权已被纳入国际人权法的调整范围。国际劳工组织 1930 年通过的《强迫或强

---

① 许崇德：《中华人民共和国宪法史》，福建人民出版社，2003，第 802 页。

制劳动公约》规定："禁止使用一切形式的强迫或强制劳动。"1976 年生效的《公民权利和政治权利国际公约》第 8 条规定，"任何人不应被强迫役使"，"任何人不应被要求从事强迫劳动或强制劳动"。因此，将劳动以"权利－义务模式"规定在现行宪法中不仅不符合宪制的要求，而且不利于宪法与国际人权法相关规定的接轨。

四　中国宪制框架下的劳动权保障及完善建议

（一）有关现行宪法的劳动权相关条款修改建议

1. 有关修改第 42 条第 1 款的分析及建议

从世界各国宪法来看，对于劳动权的具体规定主要有以下两种模式。

一是规定劳动是公民的一项权利或者自由。这是大多数国家采取的立宪方式，如《德意志联邦共和国基本法》（1949 年）第 12 条规定："所有德国人均有自由选择他们的营业、职业、工作地点及训练地点之权利。"《希腊共和国宪法》（1975 年）第 22 条规定："劳动是一种权利，受国家保护。国家关心为一切公民的就业，为城乡劳动人民的精神和物质发展创造条件。"《俄罗斯联邦宪法》（1993 年）第 37 条规定："劳动自由。每个人都有自由支配其劳动能力、选择活动种类和职业的权利。"《乌克兰宪法》（1996 年）第 43 条规定："每个人都有劳动权利，包括可以用自由选择或自愿同意的劳动为己谋生。""国家创造条件让公民充分实现劳动权，保证在职业和劳动活动类别上机会均等"。对中国宪法影响最深的苏联在十月革命后，于 1918 年宪法中宣布实施普遍义务劳动制，规定劳动为共和国全体公民之义务，但在其后的1936 年宪法和 1977 年宪法中却规定"苏联公民有劳动的权利"，而没有规定公民的劳动义务。

二是规定劳动既是一项权利也是一项义务。我国现行宪法即为此种模式。国外也有类似的立宪先例，比如：《阿拉伯埃及共和国永久宪法》（1971 年）第 13 条规定，"劳动既是权利，又是义务，是光荣的。国家对此应给与保障"；日本现行宪法第 27 条第 1 款规定，"所有国民，均享有劳动的权利并负有其义务"；现行的西班牙 1978 年宪法第 35 条规定，"所有西班牙人有劳动的义务和权利"；葡萄牙宪法第 59 条第 2 款规定，"劳动的义务和劳动的权利不可分离"。此种权义复合型规范是特定历史背景下的产物，在规定时有其一定的合理性，却留下了诸多的矛盾和悖论。将一项权利规定为既是权利又是义务，不仅在逻辑上存在混乱，而且会导致司法和执法过程中的困难。同时，不利于明确国家在保障劳动权方面的责任，不利于国家履行在国际人权法上承担的义务。

基于以上分析，我们认为，取消将劳动作为宪法义务的规定是我国劳动权宪法保护的发展方向。"宪法本身在一切合理的意义上以及一切实际的目的上，即为一种人权法案。"① 这不仅是话语的改换，而且是宪法精神和权利保障观念的变革，体现了国家尊重和保障人权，以权利作为社会本位的基本价值；此外，也有利于劳动权在理论和实践中得到更好的发展和保护。

2. 有关劳动权保护范围的确定及保护建议

劳动权的内涵是随着时代变迁及人们认识能力的提高而逐步发展和扩大的。我国现行宪法所规定的大部分劳动权都属于积极权利，如劳动就业条件、劳动保护、劳动条件、劳动报酬和福利待遇、劳动就业训练、休息、休养和休假的权利及相关的获得物质帮助权等等。作为一个开放的权利体系，随着劳动权理论和实践的不断发展，我们认为，宪法在保护劳动权的时候还应考虑以下几方面内容，以进一步扩大对劳动权的保护：①就业权。这要求国家不仅要积极提供就业机会，而且需要保障公民的平等就业权及自由择业权；②集体行动权，即组织工会、集体谈判的权利。虽然宪法中已经规定了结社自由，但我们认为仍有单独强调劳动者组织工会自由的必要；③劳动安全和卫生保障权，即国家应采取积极措施保障劳动者的劳动安全，享有良好的卫生环境。除此之外，罢工权也应被纳入劳动权的保护范畴，在宪法上规定劳动者的罢工自由是劳动作为"权利"的体现，也是劳动者制衡企业的必要手段。

除此之外，规定国际人权条约在我国的直接转化适用有利于促使国家承担保障劳动权的责任。将《经济、社会、文化权利国际公约》等一系列我国已经加入的国际人权条约中有关劳动权保护的条款在我国直接适用，有利于丰富我国的劳动权宪制保障体系，强化国家的人权义务。

---

① 〔美〕汉密尔顿等：《联邦党人文集》，程逢如等译，商务印书馆，1980，第 430 页。

3. 有关劳动权中国家义务条款的完善

要将"宣言式的劳动权"转变为"保障式的劳动权",必须首先在宪法中明确国家义务。在现行宪法中,规定国家义务主要采用"国家通过各种途经,创造……加强……改善……提高……国家发展……国家保护……"的句式来规定。此种规定方式带有很强的政策性,语言过于笼统概括,也导致国家对保护劳动权的义务没能作出明确、正面的规定。因此,我们认为,对于劳动权的国家义务条款可以参照《经济、社会、文化权利国际公约》的相关规定,以"国家承认人人有权享受公正和良好的工作条件,必须采取措施保障劳动者享有以下的工作条件……"的句式来明确国家义务。

(二) 有关劳动权的经济和公共财政政策的完善

从宪法上劳动权条款的历史变迁可以看出,一国的经济及公共财政政策对公民劳动权有着直接影响。最新发布的《国家人权行动计划(2012 - 2015 年)》在有关工作权问题上指出,国家应该"实施更加积极的就业政策,完善工资制度,全面推行劳动合同制度,改善劳动条件,强化劳动安全,保障劳动者的工作权利"。[①] 由此可见,国家正以积极姿态促进就业,保障公民的劳动权。在社会主义市场经济发展过程中,政府不仅要矫正市场失灵,还要弥补市场残缺,培育和完善市场,促使经济在日臻成熟的市场中持续增长。在我国,国有企业是国民经济的主导力量。从宪制经济学的角度来说,宪制经济学以征税权为逻辑起点,以财政权为核心内容,构建以货币发行权为主要手段的国家经济权力体系。[②] 近年来,我国采取积极的财政政策,例如继续发挥国债作用,注重引导社会投资,调整税收政策、激活社会投资,大力建设基础设施以拉动经济发展,鼓励中小企业自主创业,一系列措施都可以看出政府正利用"看不见的手"调控国家经济,提高公民就业率。公共财政法律制度如税收制度,直接影响着公民的劳动报酬,调整公民的消费与劳动就业。

---

① 中华人民共和国国务院新闻办公室:《国家人权行动计划(2012 - 2015)》,人民出版社,2012,第5页。

② 〔美〕布坎南、〔澳〕布伦南:《宪政经济学》,冯克利等译,中国社会科学出版社,2004,第1页。

这也反映出国家在劳动权保障方式上，政府经济调控方式由以往的政策调控转变为经济调控，是政府履行职能更加成熟的表现。

在此基础上，我们认为调整经济和公共财政政策以保障劳动权，应该注意以下方面的问题。第一，国家拉动经济促进就业反映出政府的主导性，这是社会主义优越性的体现，但同时，长时间以经济和公共财政政策来带动全国的发展会导致内力不足，劳动权随着经济的衰退而无法得到保障。第二，虽然强调国家在保障公民权方面的义务，但是并不等于国家必须保证每个人都能就业，在制定政策时应充分考虑国情。但是，必须对失业人员提供最低的生活保障，建立完善的社会保障体系。第三，将经济和公共财政政策法律化，通过法律权威来保证其权威性及公平性，为劳动权的最终实现提供经济财政支持。

（三）宪制框架下的劳动权立法、行政、司法保障体系的完善

当然，劳动权的保障除了宪法对劳动权的宣示外，在宪法统帅下还需要整个劳动权利保障体系的建立。立法领域，完善相关部门法是实现宪法上劳动权的一个不可或缺的方面。目前，我国已颁布了《劳动法》、《劳动合同法》、《就业促进法》等多项法律法规来保障公民劳动权，但并非已完美无缺。在立法过程中，应尽量明确国家义务，避免规范过于原则化。此外，应关注特殊群体劳动权的实现问题并予以立法保护，例如残疾人就业问题、农民工就业问题等等。行政领域，应建立相应的劳动权保障机制，并且在强化政府职责的同时鼓励非政府组织参与及管理。司法领域，有学者提出可以建立有关宪法劳动权的案例指导制度，[①] 以此来确保宪法权利规范的可诉性，或者构建宪法诉讼制度或违宪审查模式，从而建立一种宪法上救济性的权利保障机制，使宪法意义上的劳动权得到最终的司法保障。不过，在目前未建立违宪审查模式的情况下，由最高人民法院以最高人民法院公报的方式刊载有关宪法劳动权的典型案例，从而对案件的审判提供指导的模式显得更具有操作性，所需的成本也相对较少。

---

① 邓剑光：《我国劳动权的宪法保护及其完善》，《广州大学学报》（社会科学版）2009 年第 9 期。

第九章　妇女平等权的立法保护与性别预算*

人人平等，是人类社会矢志追求的基本价值和理想状态。然而，历史和现实表明，男女不平等是所有不平等现象中最持久、最顽固的一种。联合国 2011 年发布的《人类发展报告》将男女不平等列为人类面临的最严峻的十大挑战之一，由此可见，追求两性平等将会是一场漫长的革命。

自 18 世纪妇女运动第一次浪潮开始，作为占据社会成员一半数量的妇女在过去 300 多年间一直在为获得受教育权、就业权、政治参与权、婚姻家庭权以及其他各方面与男子完全平等的权利而奋斗。同时，越来越多文明国家陆续在宪法等最高法律文件中确立了"两性平等"原则，用法律制度保障妇女的平等地位和权利。当今世界，反对性别歧视、寻求男女平等已经成为全世界妇女的行动纲领与伟大实践。

一　中国妇女平等权的宪法依据

1949 年，中国人民政治协商会议第一届全体会议通过的具有临时宪法性质的《共同纲领》，在总纲第 6 条明确规定："妇女在政治的、经济的、文化教育的、社会的生活各方面，均有与男子平等的权利。"1954 年，我国第一部《中华人民共和国宪法》第 96 条又明确规定："中华人民共和国妇女在政治的、经济的、文化的、社会的和家庭的生活各方面享有同男子平等的权利。"后来虽经数次修改，男女平等始终作为重要原则写在宪法当中。

2004 年修正的《宪法》第 48 条第 1 款对妇女平等权作了如下规定："中华人民共和国妇女在政治的、经济的、文化的、社会的和家庭的生活等各方面享有同男子平等的权利。"这一规定是中国政府采用最高法的形

＊　本章部分内容曾发表在《现代法学》2012 年第 1 期。

式对妇女平等权所作的最为经典的表述。1995 年，中国政府宣布将男女平等作为促进我国社会发展的一项基本国策。同时，考虑到妇女经济不独立以及社会参与的程度较低往往是造成男女不平等的社会根源，《宪法》（2004 年修正）在第 48 条第 2 款还进行了有针对性的补充规定："国家保护妇女的权利和利益，实行男女同工同酬，培养和选拔妇女干部。"据此，妇女平等权在宪法上获得了明确的宣示，我们可将这一层面的平等权称为一般平等权或宪法平等权，重在强调其价值意义及原则属性。男女平等既已成为我国宪法确立的一条重要原则，以此为基础，有关法律与宪法相适应，就妇女平等保护作出了相应规定，如妇女的参政平等权、受教育平等权、经济平等权、婚姻家庭平等权等。这样一些具体平等权是具体法律规范与一般平等权的结合，我们将在下文中按照法律规定、内容及实现程度等进行逐一梳理。

二 我国立法对妇女平等权的确认与保护

除了宪法与基本国策，我国多部法律法规都对妇女的各项具体平等权利作出了相应规定。1950 年颁布的《婚姻法》是新中国制定的第一部国家大法，确立了男女平等、婚姻自由、一夫一妻等基本原则。在 1980 年和 2001 年的两次修订中，根据社会生活的发展变化，其内容进行了相应调整，但保护妇女合法权益一直是其根本宗旨。1950 年颁布的《土地改革法》、1951 年颁布的《劳动保险条例》、1953 年颁布的《选举法》，分别对女性与男性的土地所有权、劳动保护和政治权利等作出了明确规定。同时，《劳动法》明确规定男女公民享有同等的劳动权利、劳动保险权利，并且针对女性的生理特点——如女职工"四期"保护等——作出了特殊规定。2001 年通过的《人口与计划生育法》强调禁止歧视、虐待生育女婴的妇女。2002 年通过的《农村土地承包法》确认妇女与男子享有平等的土地承包权，并且在土地承包中，应当保护妇女的合法权益，任何组织和个人不得剥夺、侵害妇女应当享有的土地承包经营权。《继承法》明确规定继承权男女平等，妇女享有拥有、管理、处理财产的权利；同时，按照婚姻自由的原则妇女在取得应继承的遗产后，有权携带财产结婚或再婚，他人无权干涉。《刑法》、《民法通则》、《母婴保护法》等多部法律的相关规定也都鲜明地体现了男女平等和保护妇女的原则。

　　男女平等原则在立法中最重要的推进，是专门保障妇女权益的法律——《妇女权益保障法》的颁布与施行。该法是我国第一部以妇女为主体，全面保护妇女合法权益的法律。2005 年，十届全国人大常委会十七次会议完成了对《妇女权益保障法》的修改，对妇女参政、就业中的性别歧视、生育保险、家庭暴力、性骚扰、农村妇女土地承包及相关财产权益等问题均作出了新规定。截至 2009 年 3 月，全国已有 27 个省、自治区、直辖市先后修改并通过了《实施〈中华人民共和国妇女权益保障法〉办法》。

　　随着中国特色社会主义法律体系的形成，我国现已建立起了以宪法为统帅、以《妇女权益保障法》为主体，包括国家法律法规、中央政府部门规章和地方政府规章在内的保护妇女各项平等权益的比较完备的法律体系。至此，以法律体系为支撑的妇女平等权具有了丰富的内容。

　　（一）不受歧视

　　妇女具有平等的法律主体地位和身份，这是妇女享有并行使与男子同等权利的基础和条件。从词源意义上讲，性别歧视是性别平等的反义词，因此，促进性别平等，首先就要反对性别歧视。何谓性别歧视？联合国大会于 1979 年 12 月 18 日通过、1981 年 9 月 3 日开始生效的《消除对妇女一切形式歧视公约》对此作出了明确规定。"对妇女的歧视"是指基于性别而作的任何区别、排斥或限制，其影响或其目的均足以妨碍或否认妇女（不论已婚未婚）在男女平等的基础上认识、享有或行使在政治、经济、社会、文化、公民或任何其他方面的人权和基本自由。简而言之，性别歧视即因为男女性别而作出的不合理的差别对待。我们通常所讲"性别歧视"都是指"对妇女的歧视"，由男性所主宰的社会仅仅因为女性的性别而将其视为低下群体，这就是最典型的对妇女的歧视。

　　可能有人会问，在不同年代和不同文化当中，男性也受压迫受剥削，那么是否也存在"对男子的歧视"的问题？按照女性主义社会学家李银河的观点，历史和现实中男性受压迫，"是由于（他们）属于某个阶级或阶层的成员而受压迫，而不是由于是男性而受压迫。女性则不同，除了因为属于某个阶级或阶层等原因，还仅仅因为身为女性而受压迫"。

现阶段，尽管国际社会和各国政府为促进男女两性平等作出了相当多的努力，也取得了一定成效，但"歧视妇女的现象仍旧普遍存在"。①中国女性在就业、升迁等方面遭遇较之男性更高的"职业门槛"，农村女童很难获得与她们的兄弟同等的受教育机会，诸类现象都属于性别歧视的"选择性"结果。

从自然性别来说，男女两性在生理和心理等各方面存在一定差别，这样的差别天然存在而且会永远存在。反对性别歧视，不是要抹杀生物学意义上的差别，而是反对因为这种"生物差别"的"放大、扭曲"带来不合理的"差别对待"。性别差异不是命运。自然造成的"生物差别"不仅不应为平等权所排斥，而且应为妇女平等权所包含。因此，需要在确保妇女与男子平等的基础上，针对长时期以来"男强女弱"的社会历史与现实状况，在政治、经济、文化和家庭生活等领域对妇女进行一些特殊保护，这也是缩小男女差距、促进两性平等的一种手段，而这一点常常被人们所忽视。

（二）平等享有和行使权利

在保证妇女与男子处于同等地位的基础上，妇女要实现充分发展和进步，还需享有如下具体的平等权益。

1. 与男子平等的政治权利

妇女有权通过各种途径和形式，管理国家和社会事务，并享有平等的选举权和被选举权。为切实保障妇女参政权，我国相关法律规定，各级人民代表大会的代表中，应当有适当数量的妇女代表，并逐步提高妇女代表的比例，在任用领导人员时，必须坚持男女平等，重视培养、选拔女性担任领导职务。②

在漫长的人类历史中，"女性极少有幸被当作值得郑重加以看待的政治动物"。③ 妇女享有和男子平等的政治权利的时间其实还不到一百年；在此以前，国家政治活动和公共管理都与广大妇女无缘，她们只能生活在厨房、闺房等狭小空间当中。世界上第一批赋予妇女选举权的国家是

① 《消除对妇女一切形式歧视公约》"序言"。
② 汪琼枝编著《妇女权益保障法条文释义》，人民法院出版社，2006，第13页。
③ 李银河主编《妇女：最漫长的革命》，中国妇女出版社，2007，第43页。

斯堪的纳维亚国家。1906 年芬兰妇女争得投票权，1913 年挪威妇女取得选举权。号称世界"头号民主强国"的美国，在 1839 年兴起了妇女争取投票权的运动；然而，直到 81 年后，1920 年 8 月 18 日，国会才通过宪法第十九修正案，承认"合众国公民的选举权，不得因性别缘故而被合众国或任何一州加以否定或剥夺"。由此，美国妇女获得了同男性一样的选举权。中国在新中国成立后不久，即通过"五四宪法"赋予了妇女与男性同等的各项权利，当然也包括政治权利。

社会进步的历史表明：在国家政治生活中，单由男子制定的政策和作出的决定只反映了人类的部分经验和潜力。要公正有效地组织社会生活，就需吸纳全体社会成员，由他们共同参与。将妇女排除于公共生活和决策之外的社会，不能说是民主的社会。只有在政治决策由妇女和男子共同作出并兼顾双方的利益时，民主概念才具有真正的、鲜活的意义和持久的影响。然而，在过去 50 年内，妇女参与公共及政治生活的程度依然很低。虽然现代社会改善了妇女参与政治生活的环境，但她们仍然面临许多经济、社会及文化障碍，这一点严重影响了她们的政治参与。联合国的一项研究结果指出，如果妇女参与政治生活的比例能达到 30% 至 35%（一般称为"关键人数"），就会对政治方式和决定内容产生实质影响，政治生活将充满新的活力。由此可见，国家在保障妇女普遍、平等地参与公共生活，充分听取占其人口半数的女性国民的意见和考量其利益等方面，还有很多工作可以做。

2. 与男子同等的文化教育权利

第一代女权主义先驱玛丽·沃斯通克拉夫特曾在其名著《女权辩护》一开篇就宣布，"我深信忽视对于我的同胞的教育乃是造成……那种（女性）不幸状况的重大原因"。[①] 沃斯通克拉夫特认为，要使妇女有所成就以成为更受尊敬的社会成员，那么她们的受教育程度就应该相称于她们的社会地位；赋予妇女同男人平等的受教育权和文化方面的权利、培养她们的理性，方能使她们担此重任。改变女性的命运当从改变女性的受教育状况和科学文化素质入手。

女性享有与男子同等的文化教育权利包括入学、升学、获得学位、

---

① 〔英〕玛丽·沃斯通克拉夫特：《女权辩护》，王蓁译，商务印书馆，2009，第 3 页。

毕业分配、派出留学等各个方面，以及妇女从事科学技术研究和文学艺术创作等文化活动的权利。对此，我国《教育法》、《义务教育法》、《高等教育法》、《职业教育法》、《民办教育促进法》、《学位条例》、《妇女权益保障法》、《未成年人保护法》、《教师法》等一系列法律法规作出了相关规定。政府、社会、学校和家庭等多方主体都要承担起保证女性接受教育的责任。

3. 与男子同等的劳动和就业权利

在现代社会，妇女不再仅仅是"家庭动物"，与男性一样，她们也是为国家为世界贡献劳动、创造价值的"社会动物"。妇女就业是人类社会文明进步的标志之一，是经济社会发展的需要，也是妇女获得经济独立和自身发展的基本保障。按照马克思主义的观点，妇女解放的第一个先决条件就是一切女性重新回到公共劳动中去。"只要妇女仍然被排除于社会的生产劳动之外而只限于从事家庭的私人劳动，那么，妇女的解放，妇女同男子的平等，现在和将来都是不可能的。"[1] 妇女的劳动和就业权利主要包括：就业的权利，同工同酬的权利，休息的权利，获得安全和卫生保障以及特殊劳动保护的权利，享受社会保险的权利。

我国相关法律规定，任何单位在录用职工时不得以性别为理由拒绝录用妇女或者提高对妇女的录用标准；不得以结婚、怀孕、产假、哺乳等为理由，辞退女职工或单方面解除劳动合同；在晋职、晋级、评定专业技术职务以及享受福利待遇等方面，不得歧视妇女。[2]

4. 与男子同等的人身权利

1991年全国人大常委会出台了《关于严禁卖淫嫖娼的决定》和《关于严惩拐卖绑架妇女儿童的犯罪分子的决定》，严厉惩处组织卖淫嫖娼和拐卖妇女儿童的犯罪行为。《妇女权益保障法》也对此作出规定："禁止拐卖、绑架妇女；禁止收买被拐卖、绑架的妇女。"1997年修订的《刑法》，对拐卖妇女儿童以及诱骗、强迫被拐卖妇女卖淫的犯罪行为进行了专项规定，实施严厉惩罚。这体现了政府打击拐卖妇女儿童、禁止卖淫嫖娼、保护妇女人身权利的坚定决心。

---

① 《马克思恩格斯选集》第4卷，人民出版社，1972，第158页。
② 汪琼枝编著《妇女权益保障法条文释义》，人民法院出版社，2006，第14页。

相较于上述严重侵犯妇女人身自由的情况，家庭暴力则是更加普遍存在的现象。在男女组合的家庭中，女性往往更容易成为家庭暴力的受害者。据新华网报道，全国妇联的一项调查表明，中国 2.7 亿个家庭中大约有 30% 存在家庭暴力，有 16% 的女性承认遭受过配偶的暴力，14.4% 的男性承认打过自己的配偶。每年约 40 万个解体的家庭中，25% 缘于家庭暴力。特别是在离异者中，暴力事件比例高达 47.1%。①

当然，家庭暴力并不仅仅存在于中国，这是一个全球性问题。联合国于 1993 年发表了《消除对妇女的暴力行为宣言》，并将每年的 11 月 25 日定为"国际消除对妇女暴力日"。预防和制止家庭暴力、维护妇女最基本的人身自由和安全，不仅需要妇女的自立自强与自我保护，同时，也需要男性担负起家庭的责任，加入关爱女性的队伍。

5. 婚姻家庭和财产权利

在《第二性》一书中，西蒙娜·德·波伏娃尖锐地指出，社会传统赋予女人的意义，就是婚姻，"对女孩子们，婚姻是结合于社会的唯一手段，如果没有人想娶她们，从社会角度来看，她们简直就成了废品。"② 在现代社会，婚姻当然并非女性获得"社会承认"的唯一途径，但女性对于家庭和婚姻的渴望较之男性，还是更为迫切。女性的个人幸福与其婚姻家庭的美满密切相关，因此女性在婚姻家庭中与男性平等地享有各项权利尤为重要。

我国《婚姻法》、《妇女权益保障法》等法律规定，妇女享有平等的结婚和离婚自由权。封建社会时代所谓"父母之命，媒妁之言"的包办婚姻枷锁已经被打破。同时，夫妻关系中男女地位平等，妇女有独立的姓名权，有参加社会生产和社会活动的自由，不再是过去的"嫁鸡随鸡，嫁狗随狗"。妻子在家庭重大问题、生育、家务分担及其他方面的决策权，与丈夫一律平等。

此外，涉及财产与经济状况，我国《土地管理法》等法律还特别规

---

① 《调查：全国 2.7 亿个家庭约 30% 存在家庭暴力》，《北京青年报》2015 年 3 月 23 日，http://finance. chinanews. com/life/2015/03 − 23/7149435. shtml，最后访问时间：2016 年 8 月 19 日。

② 〔法〕西蒙娜·德·波伏娃：《第二性》，陶铁柱译，中国书籍出版社，2004，第 489 页。

定：妇女在农村划分责任田、口粮田以及批准宅基地等方面享有同男子平等的权利；妇女在婚姻家庭财产关系中，享有与男子平等的所有权和继承权；丧偶妇女有权处分继承的财产，其他任何人不得干涉。然而，在 20 世纪 60 年代民权运动之前，美国各州的普遍情况是，"丈夫可以控制妻子的收入；如果没有遗嘱，妇女只能继承丈夫遗产的三分之一，而州的法律却给予鳏夫对亡故妻子财产的完全控制权。丈夫可以决定妻子的合法居所，非婚生子女的抚养责任由母亲承担。妇女被禁止从事某些职业（比如担任陪审员），同工不同酬天经地义"。① 我们将不同时期中美两国妇女的不同境遇放在一起，并不是想进行简单比较，而是意在说明性别歧视是一个普遍存在的问题。促进男女平等，实现妇女在婚姻家庭、经济财产方面的平等权益需要全社会若干代人的艰苦奋斗。

（三）尊重性别差异，享受特别保护

坚持妇女应当享有与男子同等的各项权利，是在承认和尊重性别差异的前提下追求男女平等。我们要改变的，不是男女两性之间天然存在的差异，而是因为这种差异所衍生的不平等、不合理的社会歧视。不是要用男性的尺度来衡量女性，更不是要"把女人变成男人"。恰恰相反，我们正是基于尊重男性和女性各自具有的生理特点，强调人人都有平等机会发挥自身的潜力和才能，平等地参与和享受社会发展及其成果；同时，区别情况区别对待，给予妇女最适合其自身特点的特别保护，这才是实现真正意义上的男女平等。

依据马克思主义的基本观点，生产本身有两种，"一方面是生活资料的生产，即食物、衣服、住房以及为此所必需的工具的生产；另一方面是人自身的生产，即种的繁衍"。② 两种生产是相互联系，缺一不可的。妇女在与男子共同进行第一种生产的同时，还单独从事着第二种生产。她们的存在，对人类的延续起着最为重要又不可替代的作用。应该说，妇女承担了对家庭、对社会的双重责任，应当受到加倍的尊重和关爱。并且，由于妇女生育会造成某些特殊现象或者容易引发疾病，故应对妇

---

① 〔美〕德博拉·G. 费尔德：《女人的一个世纪：从选举权到避孕药》，姚燕瑾、徐欣译，新星出版社，2006，第 3 页。

② 《马克思恩格斯选集》第 4 卷，人民出版社，1995，第 2 页。

女采取特别保护措施，如生育保险、母婴保健制度等。我国《人口与计划生育法》第 26 条特别规定："妇女怀孕、生育和哺乳期间，按照国家规定享受特殊保护并可以获得帮助和补偿。"

此外，根据妇女的生理和心理特点，我国政府针对妇女特殊保护制定了专门的法规和规章，如劳动部 1990 年颁布了《女职工禁忌劳动范围的规定》。国家要求各企事业单位改善劳动条件，对女职工的安全和健康采取更多保护措施，包括建立女职工定期检查身体和妇科病等专项保护制度，为女职工购买"特定疾病保险"，推行"弹性工作制"，允许妇女有灵活的上班时间，在社区建托儿所等，逐步减少生育与家务劳动负担对妇女发展造成的负面影响。截至 2008 年年底，我国共有 43% 的企业执行了女职工劳动保护规定；有 43% 的企业执行了女职工禁忌劳动范围的规定。到 2009 年 6 月，全国 80% 已建工会的企业签订了女职工权益保护专项集体合同，覆盖企业 73 万多户。[①]

考虑到历史、文化和现实等各方面原因，妇女实际的社会地位、发展环境、竞争实力等方面与男子相比都处于弱势地位，国家在参政、晋升、教育、培训等问题上采取了一些"平权措施"，给予女性优惠。这实际上是通过对妇女的特殊保护，为妇女实现与男子平等的权利创造条件。

三　社会性别主流化在中国：妇女平等权保障的发展趋势

中国在法律制度上保障两性平等、推进妇女平等权是全球促进性别平等、增强妇女权能运动的重要组成部分。近几十年来，社会性别主流化成为国际社会推进性别平等的成功经验，也成为我国贯彻男女平等基本国策、促进妇女实现平等权的重要途径。

社会性别主流化，也称"社会性别平等主流化"或"将社会性别意识纳入社会发展和决策的主流"，其理念与方法集中反映于 1995 年第四次世界妇女大会通过的《行动纲领》中。在《行动纲领》中，"社会性别主流化"被确定为促进性别平等的全球战略，要求"在处理提高妇女

---

① 《全国人大常委会执法检查组关于检查〈中华人民共和国妇女权益保障法〉实施情况的报告》，http：//www. npc. gov. cn/npc/xinwen/jdgz/bgjy/2010 - 06/23/content_ 1578400. htm. ，最后访问时间：2011 年 9 月 26 日。

地位的机制问题时，各国政府和其他行动者应提倡一项积极鲜明的政策，将性别观点纳入所有政策和方案的主流，以便在作出决定以前分析对妇女和男子各有什么影响"。

联合国经社理事会于 1997 年通过了对"社会性别主流化"的一致定义："所谓社会性别主流化是指在各个领域和各个层面上评估所有计划的行动（包括立法、政策、项目方案）对妇女和男子所产生的影响。作为一种战略，它使对妇女和男子的关注和经验成为设计、实施、监督和评判政治、经济及社会领域所有政策和方案的有机组成部分，从而使妇女和男性能平等受益。社会性别主流化的最终目标是达到社会性别平等。"①

1997 年后，社会性别主流化越来越受到国际社会和各国政府的关注，成为促进性别平等的一个重要战略和途径。我国政府在第四次世界妇女大会上宣布实行男女平等的基本国策后，随即对国际社会"把性别意识纳入决策主流"的思想给予积极回应，并开始在立法、预算等重要决策中主动嵌入女性性别意识。

（一）性别立法

性别立法强调以性别的角度去考量和改善立法，重新审视现有法律体系的内容。盘点我国现行法律，可以发现存在男女不平等规定的两类情况。

一是存在明显男女不平等内容的法律，如《国务院关于安置老弱病残干部的暂行办法》和《国务院关于工人退休、退职的暂行办法》。《国务院关于安置老弱病残干部的暂行办法》第 4 条规定，男年满 60 周岁、女年满 55 周岁的干部可以退休；《国务院关于工人退休、退职的暂行办法》第 1 条规定男年满 60 周岁、女年满 50 周岁的工人应该退休。对于这一男女退休年龄不同的规定，部分人大代表及学术研究团体认为该规定有性别歧视色彩，剥夺了女性的工作权利。退休制度的建立应符合现实需求，并应与国际接轨。目前，规定男女同龄退休的国家约占 60%，将男女退休年龄拉平已成世界发展趋势。近年来，社会各界要求修改退休年龄法律规定的呼声越来越大。有人建议在将来出台的"养老保险法"

---

① 闫东玲：《浅论社会性别主流化与社会性别预算》，《妇女研究论丛》2007 年第 1 期。

中确立弹性退休制度，将男女退休年龄统一规定为 60 周岁，并允许在特定情形下，经过本人申请、主管部门批准，提前 1 至 10 年退休，领取非全额养老保险金，个别岗位经过批准可适当延长退休年龄。

二是现行法律中潜在的隐性不平等以及性别盲点。隐性不平等不像性别歧视那么明显，往往表现为某些貌似"性别中立"的规定，但由于男性和女性所处的经济、社会地位不尽相同，他们在法律规定中的实际受益也是不同的，因此，某些隐性不平等规定并不是真正意义上的"性别中立"，而是事实上的"社会性别盲点"。社会性别盲点，又称社会性别盲视，是指缺乏社会性别敏感，即忽视男女两性的不同需求，并在客观上对性别平等的权利和机会进行限制。以刑法为例，有学者认为我国现行刑法中关于正当防卫的规定是依据男性标准制定的，不仅没有充分考虑妇女长期受虐的经历以及由此产生的对施暴者的极度恐惧心理，也没有充分考虑男女在体力和身高上的差异，受虐妇女在遭受不法侵害时很难反抗。学者建议在未来刑法的修订中要注意增加女性经验，矫正这类"隐形"男性标准的规定。此外，我国《妇女权益保障法》虽然对禁止"歧视"、"家庭暴力"、"性骚扰"作出了规定，但无准确定义，缺乏侵权救济的可操作性。2005 年修订的《妇女权益保障法》，即强化了"法律责任"等相关规定。

在性别立法中，还有一类积极的立法措施，即针对妇女群体制定专门性法律，加强对妇女的保护，如瑞典《男女机会均等法》、挪威《男女平等法》。我国已出台了专门的《妇女权益保障法》，有法学专家建议制定"反性别歧视法"或在《妇女权益保障法》中增加反性别歧视的条款，着重细化权利救济问题，切实保障妇女的平等权利。

2013 年年初，深圳开始施行《深圳经济特区性别平等促进条例》（以下简称《条例》），这是中国内地对性别平等立法的首次尝试。《条例》与联合国《消除对妇女歧视公约》、《行动纲领》等重要文件接轨，倡导建立一系列性别制度：对公共政策的制定与实施进行性别分析，政府预算要考虑到资源配置的性别公平，政府在审计和统计等工作中，要设置性别指标。相对于《妇女权益保障法》，《条例》提出了具体的性别分析指标，增加了操作性强的规定，如男方享有育婴假，市人大代表中女性所占比例不低于30%。同时，设立"平等机会委员会"作为该《条例》的实施机构，其职责更具体明确。深圳特区此次立法试验，旨在建立性别制度，提高行政与执法的性别敏感度，以消除性别歧视和结构性的不平等。

（二）社会性别预算

社会性别预算，也称社会性别敏感预算，是指从性别角度出发，对政府的财政收入和公共支出进行分析，看它对妇女与男性之间有什么不同的影响；社会性别预算帮助政府决定哪些资源需要再分配以实现人的发展和男女平等受益。社会性别预算既不是为妇女单独制定的预算，也不是特指预算科目中某些针对妇女的支出项目，更不是激进的女权主义者为争夺社会资源向所谓"男权制"开战的武器。简单地说，社会性别预算是一种促进社会公平正义的政策分析工具，即从性别的视角分析政府资源分配的绩效。我们通常假定政府预算是性别中性的，女性和男性从预算中得到的收益是均等的。但事实上，一方面政府财政收支对女性和男性的影响是不同的，另一方面，从广大发展中国家的现实情况看，女性的地位低于男性，只有从政策上加以倾斜，才能逐步矫正两性间的不平等，促进社会和谐公平。[1]

2007年8月，全国妇联、国务院妇女儿童工作委员会与联合国开发计划署在北京举办了首届"性别预算研训班"，将"社会性别预算"概念正式引入中国。社会性别预算是一套推进男女平等、实现社会公正的政策工具，也是一个复杂而严密的综合工程。它首先需要搜集、获取大量关于性别差异的统计数据，比如男女两性健康状况、教育状况、经济领域、政治与决策领域、家庭财力等各方面的预算开支、实施情况等，并将此数据公之于众，方能使公众参与到预算的监督与评估中来，提高政府预算的透明度和支出效率。其后，在掌握充分的资料、数据的基础上，依据不同的分类标准和方式，建立一系列完备的指标系统，对整个预算进行社会性别敏感分析，明确政府预算在男性和女性之间的分配方案。其中最重要的就是确定在资源不足情况下的优先顺序选择。以瑞典为例，

---

[1] 李兰英、郭彦卿：《社会性别预算：一个独特视角的思考》，《当代财经》2008年第5期。

瑞典每个政府部门（包括财政部）都需在提出的预算项目中设立有关社会性别公正的目标，财政部将综合这些目标指数分配对妇女和男性的经济资源。基本上，瑞典每年会拨出相当于国内生产总值2%的预算，用于公立儿童保育，并拿出专项资金支持欧洲最高的妇女就业率。① 在遵循性别平等目标，调整好预算支出或制定新政策后，还要跟踪预算资金的配置和使用是否和政策承诺的一样，是否达到了预期目标，考察预算支出的落实程度以及受益对象的收益程度，作出回应以进一步提高财政支出的使用效率。

　　截至2012年世界上已有60多个国家实施了社会性别预算，2001年10月在布鲁塞尔召开的"推进性别预算——加强经济和财政管理"国际会议呼吁，到2015年全球所有国家都实行性别预算。中国政府历来重视发展妇女平等事业，已经开始注意到社会性别预算对于推进性别平等的重要意义，全国妇联副主席赵少华女士表示，"将性别预算的概念引入中国，可以增添观察问题的新视角，获得解决问题的新手段。中国将认真参考借鉴国际上好的经验和做法，努力推进性别平等事业"。就目前而言，政府应加大对国务院妇儿工委的授权，使其不仅具有"协调和推动"性别平等工作的基本职能，而且具有组织领导和监督检查的职能；加大对国务院妇儿工委的人力、财力资源的投入，使其有足够的能力去"支持政府各部门将性别平等的观点纳入所有政策领域的主流"。此外，全国妇联也应当肩负起推动社会性别预算工作的使命，把推进社会性别预算工作作为自己的关注点，广泛参与国家和部门决策，为性别平等预算决策提供建议和咨询。有专家建议，中国政府应尽早在财政预算中写入"性别预算"，全面实施这一工程，无疑将会进一步推动男女平等，促进社会和谐。

---

　　① 李兰英、郭彦卿：《社会性别预算：一个独特视角的思考》，《当代财经》2008年第5期。

第十章 我国农村"留守儿童"权利的立法保护与实践[*]

随着中国社会政治经济的快速发展，越来越多的青壮年农民走入城市，在广大农村地区也随之产生了一个特殊的未成年人群体——农村留守儿童。农村留守儿童因其庞大的数量、特殊的问题而成为中国现代化进程中的一个社会问题。

一 农村留守儿童问题严峻

2007 年，青年导演易寒以自己家乡江西宜春留守儿童的真实生活为题材，创作了影片《遥望南方的童年》，获得第 15 届北京大学生电影节"教育题材最佳类创作奖"。该片讲述了一所民办幼儿园在招收、培养本村留守儿童的过程中经历的甜蜜、辛酸与无奈。该文艺作品反映的正是当代中国农村留守儿童群体遭遇的普遍问题。

近年来，关于留守儿童的悲剧屡见报端。

事例一：2015 年 6 月 9 日，贵州毕节县 4 名留守儿童在家中服毒自杀。4 名儿童中，最大的哥哥 13 岁，最小的妹妹才 5 岁。[①]

事例二：2015 年 6 月 10 日，湖南省衡阳县 1 名留守女孩晓雯因与玩伴发生冲突而将其毒害。[②]

事例三：2016 年 1 月 13 日，扬州宝应县 1 名男教师猥亵班上女学生被举报，经调查该女生系留守儿童，与奶奶同住。[③]

---

[*] 本章系与江婉联合撰写，部分内容发表在《中国民政》2016 年第 12 期。

[①] 《贵州毕节留守儿童之殇》，网易新闻中心：http://news.163.com/15/0610/22/ARPJD-BEE00011229.html，最后访问时间：2016 年 5 月 4 日。

[②] 《12 岁少女毒杀童年唯一玩伴 有着典型留守特征》，搜狐新闻：http://news.sohu.com/20150716/n416871557.shtml，最后访问时间：2016 年 5 月 4 日。

[③] 《5 旬男教师猥亵小学生 受害人系留守儿童》，新华网：http://news.xinhuanet.com/legal/2016-01/13/c_128622438.htm，最后访问时间：2016 年 5 月 4 日。

事例四：2016 年 1 月 20 日，安徽太湖 1 名 12 岁少年在祠堂边自缢身亡，留下遗书称想念在外打工的父母，自缢前曾深情地吻别陪伴自己的爷爷。[①]

随着我国进入社会转型时期、城乡流动性不断加大，留守儿童逐渐成为一个特殊的群体。一方面，他们的父母到城里打工拼命挣钱，争取或获得了另一种生存方式；另一方面，父母又因为身在城市，迫于生计，无法将子女带进城里，留在自己的身边，同时，为了生活或生存，他们不能够轻易离开自己的工作和现居城市，在这种带不出与回不去的双重矛盾中，留守儿童虽然有父母，但是他们不得不接受"骨肉分离"的现实。

根据全国妇联 2013 年发布的《我国农村留守儿童、城乡流动儿童状况研究报告》：目前，我国农村留守儿童[②]超过 6000 万，约占农村儿童的 38%，约占全国儿童 22%，也就是说，每 5 个小孩中就有 1 个留守儿童。他们主要集中分布在四川、河南、安徽、广东、湖南等劳务输出大省，约占全国留守儿童总量的 44%。其中四川、河南农村留守儿童规模最大、占全国留守儿童比例最高。此外，从农村儿童中留守儿童的占有比例来看，重庆、四川、安徽、江苏、江西和湖南的农村儿童中已经有超过一半是留守儿童。

留守儿童群体的数量如此庞大，他们成长、生活中存在的问题需要政府及全社会的关注。

二 我国农村留守儿童的生存现状

父母进城打工，孩子留在乡间，留守儿童长期与父母分离，他们的生活面临怎样的困难？

(一) 法定监护人缺位，代理监护效果差

父母的监护人角色无法被人取代，但农村留守儿童因留在本乡，无法与在异地工作的父母共同生活，他们的监护类型主要有四类：隔代监

---

① 《留守儿童自缢身亡的悲剧》，新浪网安徽站：http://ah.sina.com.cn/news/zt/lset/index.shtml，最后访问时间：2016 年 5 月 4 日。

② 该报告中显示这里的留守儿童年龄限定在 18 周岁以下。

护、单亲监护、上代（亲友）监护、同辈（兄弟姐妹或自我）监护。

隔代监护，是由留守儿童的祖父母、外祖母代为照顾的监护方式。单亲监护，是父母一方外出打工，另一方留在家中监护子女的方式。目前，单亲监护方式在农村较为普遍。且与其他监护方式相比，这种监护方式危害性较小。上代监护则是交由其他的叔辈亲友代为照顾的监护方式。同辈监护，是由未成年的哥哥、姐姐照顾，或是由留守儿童自我照顾。因监护人本身的心智尚处于不成熟的阶段，因此这种监护方式是最不利于留守儿童成长的，监护的效果也最差，前文述及的贵州毕节县留守儿童集体自杀的悲剧正是此类监护的典型事例。

调查显示，我国农村留守儿童与祖父母一起居住的比例最高，占32.67%；有10.7%的留守儿童与其他人一起居住；单独居住的留守儿童占所有留守儿童的3.37%，大约有205.7万。[①]

（二）生活负担重，健康状况堪忧，人身安全无法保障

现阶段，我国农村留守儿童的生活基本得到保障，但不同年龄段的儿童仍然存在不同问题。6岁以下的留守儿童，主要是营养问题。原则上，该年龄段的儿童每日需要一定量的营养摄入。而调查结果显示，大部分监护人不会主动为其提供牛奶或奶粉。是否提供主要取决于孩子是否想喝，更取决于他们的经济状况。[②] 因此这部分儿童的营养状况相对较差，尤其是偏远地区情况更严重。6岁以上的留守儿童面临的主要是家务负担的问题。因大部分留守儿童是由祖父母或外祖父母代为抚养，抚养人自身缺乏自理能力，反而由留守儿童承担家务。尽管适当地家务劳动可提高孩子独立生活的能力，但过多时间被占用导致学习时间减少，学业受影响。

此外，因部分留守儿童无人照看，缺乏就医条件，他们在身体健康受到侵害时得不到及时救助。在医疗保障方面，当前一个突出的问题是部分儿童的幼儿体检和疫苗注射呈现空白。

---

① 全国妇联课题组《中国农村留守儿童、城乡流动儿童状况研究报告》，2013年5月。
② 潘小娟、卢春龙等：《中国农村留守群体生存状况研究》，北京大学出版社，2013，第49页。

（三）家庭和学校教育缺失，心理问题严重，犯罪现象增多

留守儿童因长期与父母分隔两地，与亲人缺乏沟通，缺乏安全感，变得脆弱、自卑、孤僻和内向。在处理个人情绪时，他们会表现得尤为敏感以至于对外界的一些言辞或行为表现出极端反应，加之缺乏家庭和学校的教育，在一些偏远地区出现了部分农村留守儿童发展为乡村"混混"的现象。① 此外，留守儿童犯罪率也呈现出逐年增长的趋势。

根据最高人民法院研究室的相关统计，截至 2013 年，我国各级法院判决的未成年人犯罪率平均每年上升 13% 左右，其中留守儿童犯罪率约占未成年人犯罪率的 70%。② 他们的违法行为多种多样，其中赌博、偷窃等行为居多，同时也存在着抢劫、强奸、杀人等犯罪行为。③

从留守儿童的生存现状来看，这一"时代的孤儿"群体由于长期被托养或寄养，家庭结构残缺，缺少父母之爱和正确的价值引导，极易产生认识上的偏差和行为上的异常，有的甚至走上犯罪道路。儿童是祖国的未来和希望。对儿童的关心、爱护，尤其是对留守儿童的特别保护，让他们健康成长是全社会的共同任务。鲁迅曾发出"救救孩子"的呼声，现在是该"救救"留守儿童的时候了。

三　关爱留守儿童的法律和政策

（一）留守儿童权利保护的基本原则——儿童最大利益原则

"儿童最大利益原则"是由 1989 年联合国《儿童权利公约》（以下简称《公约》）确立的保护儿童的基本原则。《公约》规定："关于儿童的一切行为，不论是由公私社会福利机构、法院、行政当局或立法机构，均以儿童的最大利益为一切首要考虑。"④

我国儿童权利保护法律体系明确地贯彻和体现了这一原则，《婚姻

---

① 黄海：《从留守儿童到乡村"混混"》，《当年青年研究》2008 年第 7 期。
② 《媒体：留守儿童犯罪率一度占未成年人犯罪 70%》，《新京报》，http：//www. qianhua-web. com/2015/0716/2854913. shtml，最后访问时间：2016 年 4 月 21 日。
③ 参见李亦菲《中国留守儿童心灵状况白皮书（2015）》，http：//wenku. baidu. com/view/1206d2ef4b35eefdc9d333a4. html，最后访问时间：2016 年 7 月 19 日。
④ 我国已于 1990 年签署，1991 年批准加入该公约。——笔者注

法》确认了"儿童利益优选原则",2011 年发布的《中国儿童发展纲要（2011 – 2020）》中也提出了"儿童优先原则"和"儿童最大利益原则"。此外，我国已是《儿童权利公约》的缔约国，应按照国际要求履行公约义务，以儿童最大利益原则为处理留守儿童事务的首要准则，我国政府于 2005 年向联合国儿童权利委员会提交的第二次缔约国报告中就承诺"保护留守儿童是中国政府的职责。"

（二）留守儿童权利保障法律体系

我国作为以制定法为中心的国家，为保护未成年人合法权益已制定多部法律法规。其中，涉及留守儿童权益保护的有《宪法》、《民法通则》、《婚姻法》、《未成年人保护法》、《预防未成年人犯罪法》、《义务教育法》、《母婴保健法》等，它们构成了我国留守儿童权利保护的法律体系。在该法律体系之下，分别规定了国家、父母、团体组织等不同主体，在保护留守儿童权利方面扮演的角色，应当履行的义务。然而，现阶段农村留守儿童并非作为特例存在，而是发展为一个社会问题，这就要求国家政府发挥其主导作用，采取具体措施保护留守儿童的权益。

《宪法》作为我国的根本大法，对儿童权利的国家保护做了原则性的规定，如"国家尊重和保障人权"；《未成年人保护法》第 6 条第 1 款规定："保护未成年人，是国家机关、武装力量、政党、社会团体、企业事业组织、城乡基层群众性自治组织、未成年人的监护人和其他成年公民的共同责任"；《未成年人保护法》第 7 条第 1 款规定："中央和地方各级国家机关应当在各自的职责范围内做好未成年人的保护工作。"这些规定表明，国家应该承担起保护农村留守儿童的责任。此外，《儿童权利公约》规定了儿童应该享有的权利，并且规定"缔约国承担确保儿童享有其幸福所必需的保护和照料，考虑到其父母、法定监护人、或任何对其负有法律责任的个人的权利和义务，并为此采取一切适当的立法和行政措施。"

根据上文对我国农村留守儿童现状的描述，留守儿童问题产生的主要原因是没有人"管"。而每个个体在未成年阶段主要的生活场所是家庭和学校，因此受监护权与受教育权是留守儿童权利体系的基础，监护制度和教育体制的完善是现阶段政府留守儿童工作的着眼点。

1. 留守儿童监护制度

我国《民法通则》第 16 条规定:"未成年人的父母是未成年人的第一监护人。未成年人的父母已经死亡或者没有监护能力的,由下列人员中有监护能力的人担任监护人:(一)祖父母、外祖父母;(二)兄、姐;(三)关系密切的其他亲属、朋友愿意承担监护责任,经未成年人父、母的所在单位或未成年人住所地的居民委员会、村民委员会同意的。没有第一款、第二款规定的监护人的,由未成年的父、母的所在单位或者未成年人住所地的居民委员会、村民委员会或者民政部门担任监护人。"对于农村留守儿童来说,他们的父母并没有丧失监护能力,而是因为外出务工而不能对其子女进行有效的监护,这种情况是否属于"丧失监护能力",目前理论界和法律界尚未有明确的定论,《民法通则》也没有列出"丧失监护能力"的具体情况。《民通意见》仅规定认定监护人监护能力的条件,其中涉及监护人的身体状况、经济条件,以及与被监护人生活上的联系情况等。而在司法实践中,在确定农村留守儿童监护人时,还需综合考虑监护人的民事行为能力、工资收入水平、生活环境状况、身体健康状况、文化道德素质、监护人与被监护人之间的血缘关系、共同生活的情况等方面的因素。这表明,农村留守儿童父母外出务工所产生的监护缺失,并不符合法律规定的需要对儿童监护缺失给予补偿和救助的相关情形。①

鉴于我国未成年人的法定监护人存在实际困难,难以履行其监护义务,有关法律规定法定监护人可以委托第三人代为行使其监护职责,作为法定监护缺位的补充。2006 年修订的《未成年人保护法》第 16 条规定:"父母因外出打工或其他原因不能履行对未成年人监护职责的,应当委托有监护能力的其他成年人代为履行监护职责。"然而,现实中委托监护制度难以真正起到成效。

(2)受教育权

接受教育是公民应享有的基本权利,更可打破贫穷和跨代贫穷的枷锁。

我国对适龄儿童和少年受教育权的保护,具体规定在《义务教育法》

---

① 参见黄教珍《农村留守儿童问题研究》,江西人民出版社,2013,第 58 页。

中。尽管其中并没有针对留守儿童教育权的特殊规定，但是根据我国现阶段留守儿童接受教育的状况，政府部门采取相关措施的法律依据主要集中于财政保障和寄宿学校建制的条文规定上。

国家有财政保障的义务。《义务教育法》第 2 条规定："国家建立义务教育经费保障机制，保证义务教育制度实施。"我国的义务教育是公益性的，国家的财政支持是强制性的。但是，由于我国各地区发展不平衡，国家可以采取倾斜政策，保证留守儿童个体受教育权的实质性平等。《义务教育法》第 3 条规定："国务院和县级以上地方人民政府应当合理配置教育资源，促进义务教育均衡发展，改善薄弱学校的办学条件……国家组织和鼓励经济发达地区支援经济欠发达地区实施义务教育。"

由于我国留守儿童家庭监护和教育的缺失，国家可以根据地区发展状况建立寄宿制学校，避免留守儿童遭受人身损害，保障其生命健康权。第 17 条规定："县级人民政府根据需要设置寄宿制学校，保障居住分散的适龄儿童、少年接受义务教育。"

目前，国家着力通过加强建设寄宿学校来解决留守儿童问题，提出"两免一补"，即免除农村义务教育阶段贫困学生的书费和杂费，补助农村贫困寄宿生的生活费，同时启动实施农村义务教育学生营养改善计划，为农村义务教育阶段学生提供营养膳食补助。

根据现行法律规定受教育权的权利主体为 6 周岁以上人群，而针对 6 周岁以下学龄前儿童教育问题的法律法规尚未出台。然而，我国学龄前留守儿童比例不断上升，在家庭教育存在缺失的前提下，国家应该采取行政措施，来弥补法律的空白。

（三）关爱留守儿童的其他国家政策

近年来，随着我国留守儿童问题的愈演愈烈，政府根据相关法律法规，结合《儿童权利公约》的宗旨和要求，印发了多部政策文件，促进留守儿童权利的实现。目前，国务院已经印发了《国务院关于发展学前教育的若干意见》、《中国儿童发展纲要（2011－2020）》、《国务院关于进一步做好农民工服务工作的意见》、《国家贫困地区儿童发展规划（2014－2020）》等相关文件，集中解决农村留守儿童的监护和教育等问题。

2016 年 2 月 14 日，国务院印发的《关于加强农村留守儿童关爱保护工作的意见》，抓住了我国在留守儿童关爱保护工作中的突出问题和薄弱环节，针对留守儿童关爱服务体系和救助保护体系，提出了系统性的顶层制度设计。

首先，关于完善农村留守儿童关爱服务体系。村（居）民委员会负责定期走访、全面排查，及时掌握农村留守儿童的家庭情况、监护情况、就学情况等基本信息；乡镇人民政府（街道办事处）建立翔实完备的农村留守儿童信息台账，实行一人一档，动态管理，并对重点对象进行核查，确保农村留守儿童得到妥善照料；县级人民政府加强对群团组织、社会力量等各类关爱服务资源的统筹协调和组织引导，加强对相关部门、乡镇人民政府的督促检查，确保每一个农村留守儿童都得到关爱服务。通过上述措施来解决关爱服务扎堆和不足并存的现象，确保关爱保护工作覆盖所有农村留守儿童。

其次，关于健全农村留守儿童救助保护体系。《意见》依据《未成年人保护法》等相关法律和政策法规，制定了包括强制报告、应急处置、评估帮扶、监护干预等四个环节的救助保护机制。强制报告机制明确了强制报告的主体和要求，列明了强制报告情形，确定公安机关为受理主体，并鼓励其他社会成员积极报告。应急处置机制明确了公安机关接到报告后出警调查、应急处置的职责和处置措施。评估帮扶机制要求乡镇人民政府（街道办事处）会同民政部门、公安机关对处于困境的农村留守儿童的情况进行调查评估，提供针对性帮扶。监护干预机制要求公安机关依法对虐待或遗弃农村留守儿童的父母或受委托监护人进行批评教育、治安处罚或立案侦查，要求有关单位和组织依法申请撤销拒不履行监护职责或严重侵害农村留守儿童合法权益的监护人监护资格。

四　关爱农村留守儿童：民政部门的行动

留守儿童的权益保障是一项长期而又复杂的社会工程，需要各部门共同的、有效的协作，才能构建起一张科学、有效的保障网。2016 年国务院已印发《加强农村留守儿童关爱保护工作的意见》，要求各地区、各部门积极协作开展农村留守儿童关爱保护工作。民政部作为牵头单位，已被批准建立部际联席会议制度；各地方民政部门也已根据法律法规和政策规定开展多项行动。

（一）农村留守儿童关爱保护工作领导机制

在农村留守儿童关爱保护工作中，要加强政府的领导，建立由民政部门牵头，教育部、公安部、司法部、卫生计生委等部门和妇联、共青团等群团参加的农村留守儿童关爱保护工作领导机制。2016 年 3 月 25 日，为强化各部门间协作配合，国务院同意建立由民政部门牵头的农村留守儿童关爱保护工作部际联席会议制度。会议每年召开一次。主要职责是负责拟订农村留守儿童关爱保护工作的政策措施，协调与细化各部门之间的具体工作分工等。

2016 年 4 月 6 日，联席会议已经召开第一次会议，要求各部门将留守儿童关爱保护工作本部门、本系统工作总体安排予以部署和落实。民政部已联合教育部、公安部印发《关于开展农村留守儿童摸底排查工作的通知》，决定从 2016 年 3 月底至 7 月底，在全国范围内开展农村留守儿童摸底排查工作。此次摸底排查工作的主要目标是掌握农村留守儿童数量规模、分布区域、结构状况、家庭组成、生活照料、教育就学等基本信息，建立农村留守儿童信息库，健全信息报送机制，为细化完善关爱服务体系、加强关爱服务力量调配和资源整合提供数据支持。

（二）民政部门的关爱保护工作

1. 全国民政部的统筹协调

民政部已于 2016 年年初成立未成年人（留守儿童）保护处。这是民政部首次就未成年人保护工作专门设立的业务处，对于保护留守儿童具有重要的意义。其主要职责包括：负责拟订未成年人保护发展规划、工作方针、政策，建立未成年人社会保护制度；推进农村留守儿童关爱保护和农村留守妇女关爱服务工作；指导未成年人保护机构管理并拟订建设、服务标准及管理规范；开发管理未成年人保护和留守儿童、留守妇女信息系统；协调未成年人保护国际合作项目。

近段时间，该业务处在关爱保护留守儿童工作中，主要需承担成立农村留守儿童关爱保护工作部际联席会议制度、推动各地建立党委政府领导的协调机制、开展全面摸底排查、完善农村留守儿童信息管理功能以及协助国务院开展专项督查等工作。

2. 地方民政部门的具体实践

我国的民政事业涉及社团管理、优抚安置、社会救助、基层政权和社区建设、社会福利和慈善事业、社会工作与志愿服务等多个方面，几乎涵盖了现代社会国民生活的所有方面。因此，民政部门在制定关爱保护留守儿童的方案时，应该充分利用其民政资源优势，从监护和教育两方面入手，协同其他部门和单位建立科学完备的保障体系。

（1）基本生活保障

我国社会救助制度体系以最低生活保障制度为基础，以五保供养、医疗救助、生活无着人员救助为主要内容，以临时救助为补充，与教育、司法等专项救助衔接配套。此次民政部、教育部与公安部联合开展的留守儿童摸底排查工作，将对留守儿童的基本生活状况进行调查统计。民政部可借助此举所获数据，及时将符合条件的留守儿童纳入城乡居民最低生活保障、医疗救助、临时救助、生活无着人员等社会救助保障范围，同时与教育部和司法部协商拟定具体执行方案对留守儿童实施教育与法律救助。

（2）监护制度补偿措施

我国《民法通则》和《未成年人保护法》明确规定了民政部门在未成年人法定监护人缺位时需承担监护责任。民政部门可根据法律法规和国家政策的相关规定，在形式上实现留守儿童监护人的补位，在效果上积极满足留守儿童心理和情感上的需求。

第一，我国社会组织分为社会团体、基金会和民办非企业单位三类，它们的登记管理由民政部门负责。因此，民政部门可以凭借其对各类社会组织的了解，通过购买专业社会服务或鼓励其他组织、企业介入等方式，建立留守儿童服务体系，为留守儿童提供学习辅导、生活照顾、心理疏导和亲情关怀等，让其享受"家庭式"的快乐时光。目前，已有多个省开展了留守儿童服务中心试点工作。2014年广东省江门市民政局通过政府购买专业服务，在开平大沙镇进行试点，成立了江门市首个留守儿童社工站。

此外，民政部可以联合基金会等其他社会组织，为留守儿童与父母之间搭建联络通道。2013年中华社会基金会农民工救助专项基金发起一项公益活动，暑假期间组织 93 名留守儿童搭乘我国首次"幸福列车"奔向广州、深圳与父母团聚。

第二，民政部对儿童提供住宿的社会服务类型，主要有儿童福利机构和未成年人救助中心两种。民政部可以运用其在儿童福利事业中的经验，创建留守儿童托管机构，如"假日学校"等，主要是收留那些处于自我监管状态中的留守儿童。

第三，民政部门在推进社区建设时，应积极探索各社区中关爱服务的条件和项目，整合各项资源，培育留守儿童社区服务组织。根据 2015 年的民政部社会服务发展统计公报的数据显示，截至 2015 年年底，我国共有各类社区服务机构 36.1 万个。① 各社区服务机构应该将服务"三留守"人群作为其社区建设的重要内容。

（3）"家庭式"教育和学校教育的衔接

青少年成长过程中，家庭和学校是其主要的活动场所，双方教育是青少年健康成长必不可少的条件。但是，我国农村留守儿童因父母离家的事实，无法享受来自家庭的教育，学校就承担起了主要的监管责任。目前我国政府正在努力推动建立以寄宿制为基础的留守儿童教育制度，全方面照管留守儿童的生活和学习。但是，学校的教育主要集中在学业，对儿童的心理关注较少；此外离校后的留守儿童因监护方式不同，其家庭教育面临缺失甚至空白。因此，一方面学校要加强留守儿童的心理疏导工作，另一方面其他政府部门要积极做好衔接工作，从物质和精神两方面满足留守儿童的需求。

在上文中，我们已经根据民政部的职能和专业优势提出了关爱和保护留守儿童的几点建议。在具体的实践中，民政部门要与家庭和学校做好衔接工作，注重对留守儿童的心理疏导和思想教育，弥补节假日学校监管中止和家庭监护缺位产生的问题。对于上代监护、隔代监护和同辈监护的留守儿童要做好周末和放学后时段的监管工作，充分利用留守儿童服务中心和社区服务机构的功能；而那些自我监护或假期无法与父母团聚的留守儿童，则要充分发挥留守儿童托管机构的功能。

---

① 《2015 年社会服务发展统计公报》，来源于中华人民共和国民政部，http：//www.mca. gov.cn/article/sj/tjgb/201607/20160700001136.shtml。

第十一章　少数民族习惯权利的法律
保障与政策选择[*]

中国是一个统一的多民族国家，各个民族的历史演进、文化特质、发展水平并不是整齐划一的。在中国整体性朝向现代化迈进的过程中，如何认识、处理少数民族特性与国家现代性之间的关系，是一个需要慎思的问题。在本章中，我们试图从少数民族的习惯权利保障这一角度来展开探索。

认识少数民族习惯权利，首先遇到的问题是应该把它放在什么样的背景下来加以理解，换言之，应该如何定位这一权利。我们认为，少数民族习惯权利是中国现代化进程中出现的事物，与现代性之展开相伴而生。少数民族习惯权利的保护与中国现代性的推进是一个辩证统一的关系。本章将从梳理新中国成立后少数民族政策入手来阐释这一问题。其后，我们将基于现行法律体系，盘点和建构中国少数民族习惯权利的法律保障机制。最后，针对少数民族习惯权利在实践中的实现状况，本章提出了在少数民族习惯权利保障的政策选择中应注意的几项原则，主要包括习惯权利与国家现代性相平衡、习惯权利与形式法制相统一、文化多元与文化交流相协调等。

一　少数民族习惯权利问题的分析框架

自 1840 年鸦片战争以来，中国就被卷入西方主导的世界潮流中，从某种程度上由此开启了现代化进程。新中国成立后，在政府的强力主导下，现代化进程加速推进，中国的现代性得以全面展开。

然而，中国的现代化进程也催生了一系列问题，少数民族问题就是其中之一。少数民族在历史文化和经济发展水平上有自身的轨迹和规律，如果强行在少数民族地区推行汉族的现代化模式，必然会产生政治、文

---

[*]　本章部分内容曾发表在《贵州民族研究》2015 年第 11 期。

化、宗教等一系列问题。

1954 年，毛泽东对这个问题即有所觉察，他说，"少数民族在政治、经济、文化上都有自己的特点。少数民族的经济特点是什么？比如，（宪法草案）第五条讲中华人民共和国的生产资料所有制现在有四种，实际上我们在少数民族地区还有别种的所有制。现在是不是还有原始公社所有制呢？在有些少数民族中恐怕是有的。我国也还有奴隶所有制，也还有封建主所有制。"① 在这里，毛泽东从苏联式社会制度演进史来看待少数民族问题，以社会主义制度为标杆，把少数民族分别划分进原始公社制度、奴隶制度、封建制度等社会历史范畴中去。这样一种进化主义的思维方式，认为少数民族应当摆脱既有的、落后的制度模式，挺进到先进的社会主义模式中来。但是，这种挺进需要结合相关少数民族的自身特点而展开，"少数民族地区，'可以按照当地政治、经济和文化的特点，制定自治条例和单行条例（来特殊地处理本民族、本地区的事务——笔者注）'。"② 1956 年在《同藏族人士的谈话》中，毛泽东对少数民族问题的处理原则进行了更明确地阐释，"我们的目的是使大家都发展起来，我们要经过几个五年计划来克服这种落后状况。我们支援你们，你们自己也要发展。你们应该发展人口、发展经济、发展文化。经济不发展，人口也不能发展，文化发展了，可以帮助经济发展……

人民的宗教情感是不能伤害的，……除非他们自己不信教，别人强迫他不信教是很危险的。这件事不可随便对待。"③

毛泽东的以上阐述，奠定了现代中国处理少数民族问题的基调。这一基调主要包含两个方面的内容：第一，少数民族地区不能置身于中国整体的现代化进程之外，在政治、经济和文化方面必须综合发展，不能完全滞留于原先的处境中；第二，少数民族在迈向现代化的过程中，其节奏和模式不能照搬汉族内地模式，应当结合各民族地区的环境、历史、文化、宗教等特点，因地制宜地展开。这两方面的内容意味着，少数民族相对于汉族的特殊性，应该被当作一种民族特权来对待；少数民族因为自身特殊性而形成的习惯权利，应当在中国现代性潮流中得到承认、

① 《毛泽东文集》第 6 卷，人民出版社，1999，第 327 页。
② 《毛泽东文集》第 6 卷，人民出版社，1999，第 327 页。
③ 《毛泽东文集》第 7 卷，人民出版社，1999，第 4～6 页。

尊重、保护和促进。

新中国成立 60 多年来，毛泽东确立的这一处理少数民族问题的指导思想，大体上得到了延续。1980 年改革开放之初，中共中央在一次西藏和民族工作会议中指出，"在新的历史条件下西藏自治区的中心任务和奋斗目标是：以藏族干部和藏族人民为主，加强各族干部和各族人民的团结，调动一切积极因素，从西藏实际情况出发……。一切决定和措施，必须首先确实得到藏族干部和藏族人民的真心同意和支持，否则就要修改或等待……不要盲目地、硬性地推广内地的和汉族的工作经验。"① 在这个文件中，少数民族的特殊性和民族在现代性潮流中的特权得到了进一步突出强调。1992 年 1 月 14 日，时任国家主席的江泽民在中央民族工作会议上提出："改革开放是实现各民族共同繁荣的必由之路。各民族地区的改革应该坚持从实际出发，注意吸收外地的好经验，但不能简单套用。要区别情况、分类指导、快慢得当、慎重稳进。今后凡是与少数民族和民族地区密切相关的重大改革，必须重视各个地方和民族的特殊情况，注意听取当地的意见，先试点后推行。"②

回顾新中国成立以来 60 多年的少数民族政策及其实践，可以看到，中国现代化进程中的少数民族问题，是一个普遍现代性架构中的特殊性问题，但它又不是一个单独的、可被孤立对待的问题。少数民族的特殊性不能绝对化，同时，其自身的特殊性也必须得到尊重和保护，不能因为现代化过程而抹杀民族的历史文化身份。少数民族的发展应该被纳入中国现代化历程中，成为现代性潮流的一部分，既融入又丰富中国社会发展的现代性。

接下来的少数民族习惯权利保障问题，也正是在这一思路和原则基础上展开的。少数民族的习惯权利是少数民族总问题中的一个具体部分。只有把少数民族习惯权利保护放在中国现代性、中国总体法制发展的视野中，参照 60 多年来少数民族问题的政策框架和实践经验，相关问题的分析和机制的建构才能纲举目张、条理分明。

二　少数民族习惯权利的法律保障体系

关于少数民族的习惯权利，很难有一个准确清晰的界定，通常而言，

---

① 《三中全会以来重要文献选编》，人民出版社，1982，第 484 页。
② 《江泽民文选》第 1 卷，人民出版社，2006，第 186 页。

它是指少数民族民众在长期的社会生活过程中形成的或从先前社会传承下来的，存在于其观念意识和社会惯常中的种种固有权利，[①] 主要体现在宗教信仰、文化认同、家族关系、民间习俗、生活习惯等方面。就其本质而言，这种习惯权利实际上是少数民族整体族群及个体成员共同享有的思想观念和行为方式，经过长时期演化被确定下来，以权利的形态得以保存的固有习惯，体现了少数民族相对于其他族群的特殊性。少数民族习惯权利是识别少数民族的"身份标签"，与少数民族的社会生活息息相关，既是其久远的"集体记忆"，又是"活的"现实经验。大到田土户产中的土地山林河流所有、占有、使用，债权债务中的买卖、典当、租佃、借贷，小到家庭关系中的婚嫁、丧葬、继承及人际交往中的礼节、宗教活动等具体规定，似乎无所不包。所以，少数民族习惯权利从内容上呈现出鲜明的族群性、地域性、生活性等特点，很难有一个共通的、统一的表现形式。

从权利主体来看，有学者曾以权利主体为标准，将少数民族权利分为：①少数民族个体的权利；②少数民族族体权利；③少数民族群体权利；④民族法人权利；⑤民族国家权利等。[②] 从这一学理性分类中，我们大致可看到，少数民族习惯权利应是介于分类①、②和③之间的权利，由少数民族群体或个体享有，具有自发性、长期性和个体性的特征。在法治化的时代背景下，少数民族习惯权利的边界模糊。在具体实践中，

---

① 田艳：《少数民族习惯权利研究》，中央民族大学出版社，2012，第27页。

② 屈学武曾在《少数民族权利论纲》中将少数民族权利按照权利主体的不同分为以下4类。（1）少数民族个体的权利。指少数民族公民作为自然人依法享有的特别权利，例如，中国少数民族公民担任自治县县长、民族乡乡长的任职权利；民族自治地方的企事业单位招工时，少数民族公民依法享有的优先录取资格；少数民族考生参加高考时，依法享有的招生条件上的优惠待遇等。（2）少数民族族体权利。指法律规定的某些或所有少数民族全民共享的权利。例如，延边朝鲜族自治州的全体朝鲜族人民，在法律规定的范围内共享自己管理、治理其州的权利。（3）少数民族群体权利。指非法人团体或群体共享的权利。例如，少数民族宗教团体依法从事宗教活动的自由权利；联合国成员国于1951年签订的《关于难民地位公约》、联大1985年通过的《非居住国公民个人人权宣言》等。（4）民族法人权利。指少数民族企业法人、机关法人依法享有的特别权利。例如，中国民族自治地方自治机关作为民族自治机关法人依法享有的对民族区域自治法的贯彻实施权利、监督权利等。（5）民族国家权利。主要指居于殖民、非自治地位（从属地位）的民族国家（地区）的民族生存权、民族自治权、民族自决权、民族发展权。例如联大先后于1952年、1960年通过的《关于人民与民族的自决权的决议》《给予殖民地国家和人民独立宣言》等。参见屈学武《少数民族权利论纲》，《中央民族大学学报》1994年第1期。

不同地区、不同环境下的少数民族享有的习惯权利是由个体特殊性决定的，在内容上千差万别，需要具体的机制来确认、维护和救济。

在少数民族习惯权利保障的实践中，某一民族或某一地区的少数民族应享有何种习惯权利，需要因地制宜地去处理。某种程度上可以认为，少数民族习惯权利的保障是一个随着国家现代性推进而不断生长的机制，是一个开放和发展的机制。在法治化时代背景下，确立一套保障少数民族习惯权利的法律体系，就显得至关重要了，这是少数民族习惯权利得以保存和延续的制度基础。

从法律制度的层面看，这套机制主要包含三个方面的内容：一是少数民族习惯权利的确认；二是少数民族习惯权利的维护与推进；三是少数民族习惯权利的救济。

第一，少数民族习惯权利的确认机制。《民族区域自治法》第19条规定："民族自治地方的人民代表大会有权依照当地民族的政治、经济和文化的特点，制定自治条例和单行条例。"该条从原则上规定了少数民族习惯权利的确认主体和确认方式：少数民族地区人民代表大会通过制定自治条例和单行条例的方式，来确认少数民族的习惯权利。新修订的《立法法》也重新确认了民族自治地方的人民代表大会制定自治条例和单行条例的立法权，并且明确了自治条例和单行条例的立法程序，要求自治区的自治条例和单行条例，需要报全国人民代表大会常务委员会批准后生效；自治州、自治县的自治条例和单行条例，报省、自治区、直辖市的人民代表大会常务委员会批准后生效。通过制定自治条例尤其是单行条例的渠道，少数民族的习惯权利获得了国家法律的承认和保障。云南省、福建省、贵州省等少数民族聚居的大省现已陆续通过了本省《民族民间文化保护条例》，明确规定政府对民族民间文化传承组织及个人从事本民族特色文化活动权利的鼓励与支持。《贵州省民族民间文化保护条例》还特别规定了设立民族文化生态保护区、民族民间文化之乡，建立民族文化村寨博物馆的条件及政府的管理职能、社会的资助途径等。这些都是保障少数民族习惯权利的有益的实践与经验。

然而，在具体的立法过程中，也存在如下几方面问题：一是自治条例和单行条例的动议、起草机关大多是政府部门，政府部门掌握着少数民族习惯权利的实质确认权；二是少数民族习惯权利大多属于乡土权利，仅仅在乡镇、村寨的层级存在，很难在自治条例和单行条例等"较高级别"法律层次上得到体现。为此，在确立少数民族习惯权利的过程中，就要相应从两个方面来应对这些情况：首先，负责自治条例和单行条例动议和起草的机关，要通过深入调查和详细论证，使条例（草案）内容确实地反映对少数民族习惯权利的维护和保障；其次，要充分发挥乡镇、村寨的主体性和主动性，由它们来推动本区域内少数民族习惯权利的政策化、实证化和法制化。《村民委员会组织法》第 5 条第 2 款规定："村民委员会协助乡、民族乡、镇的人民政府展开工作。"另外，《地方人大和政府组织法》第 9 条规定："少数民族聚居的乡、民族乡、镇的人民代表大会在行使职权的时候，应当采取适合民族特点的具体措施。"这些规定赋予了民族乡、镇等基层民族地方政府及群众自治组织采取灵活务实的管理手段，协助民族地方权力机关对少数民族习惯权利的确认。由此，对少数民族习惯权利的立法确认不只停留在自治区、自治州一级，在自治县亦可出台最直接反映本民族民情、最贴近本民族民生的法规、政策。例如，河北省孟村回族自治县人大近年来就连续通过了若干本县教育、经济等领域的单行条例。① 这使得对少数民族习惯权利的立法保障有了一个多层级、多面向的立体网络。

需要提起特别注意的是：以单行条例为代表的民族地方立法在某一特定的民族自治地方往往具有唯一性，所以，对于习惯权利的范围边界、在立法过程中对民意的汲取、法律实施的可操作性、权利侵害的救济手段等，都是习惯权利立法过程中必须要考虑和重视的问题。②

另外，在对少数民族习惯权利加以立法保障的过程中，司法经验、司法原则的"立法转化"也是一个重要通道。具体来说，少数民族地区的人民法院可以采取"司法能动主义"的做法，通过司法判决的方式来确认少数民族的习惯权利。法官应当总结司法实践经验，将既尊重少数民族习惯权利，同时又符合国家法治化趋势的案件判决意见形成司法原

---

① 河北省孟村回族自治县人民代表大会制定的若干法规即涉及回族的习惯权利，如《孟村回族自治县发展牛羊业条例》（1996）、《孟村回族自治县清真食品管理条例》（2002）、《孟村回族自治县教育条例》（2002、2011 年修订）。

② 刘恒武：《民族法制建设实务探讨》，《民族大家庭》2013 年第 1 期。

则，并进一步转化为日后制定法律规则的依据和来源。这种从长期司法审判经验中"生长"出法律渊源的方式应当成为我国现有少数民族习惯权利立法的重要且有效的途径。参考英美法系中普通法的成长。在英美国家，普通法大部分是以司法先例为基础的，很多司法先例的"背后是一些基本的司法审判概念，而更后面的是生活习惯、社会制度"。①普通法系中这种法律规则的生成机制实则是实践——认识——再实践——再认识的不断往复递进。这一生成机制对于少数民族习惯权利的立法化来说，是非常宝贵的经验。因为从立法实践的规律来看，我们完全不可能预先"创造"或者"设计"出某些习惯权利规则，无非是对少数民族社会生活中既有的、稳定的、有生命力的习俗、习惯的筛选和保护。由此，在立法过程中注重吸收司法判决、司法原则的成果，是真正尊重少数民族民族性，又用法律明确引导民族生活的务实做法。

再有，少数民族习惯权利的确认，是少数民族习惯权利保障的第一步。在这一步中，要充分调动各个层次、各种类型的主体的积极性，使少数民族习惯权利从"习惯"的形态转化为"权利"的形态，获得国家权力体制的认可，进而才能更加充分地给予保护。但是，在这一转化过程中，是否所有少数民族的习惯权利都有必要通过国家以成文法的形式加以确认？有哪些习惯权利需要实现"法律转化"？又有哪些习惯权利可以继续保持"原生态"？也就是说，对习惯权利进行立法保护的界限又该划定在哪里？这是一个重要问题，将在后文专门讨论。

第二，少数民族习惯权利的维护机制。当少数民族的习惯权利以法律、条例、政策等形式确定下来之后，如何维护和推进这些权利的实现，是接着应该思考的问题。有学者认为，在现有时代条件下，少数民族的权利在具体内容上开始出现很大的变化，权利的内容越来越广、越来越具体化，如有不受歧视、族格认同、医疗保健、住房条件、文化教育、宗教信仰、民族语言、保护传统经济和生活方式、土地收益权、经济发展权、政治权利、社会参与、司法平等等权利。现在国际社会和世界各国在对少数民族权利的保护上除了加强传统的权利保护外，还对一些新的权利进行加强和发展，尤其是少数民族的传统知识保护、参与权、发

---

① 〔美〕本杰明·卡多佐：《司法过程的性质》，苏力译，商务印书馆，1998，第8页。

展权和自治权等。① 综观我国，在不断被纳入国家保护范围的少数民族权利中，有相当部分习惯权利属于这一范围。这些权利从性质上看，属于积极权利，需要政府主动作为才能得以维护和推进。政府的积极作为除了前述的对习惯权利的立法化以外，当然还包括多渠道、多形式的依法行政、政策扶持、经济补偿等措施，这些措施远远超出了狭义的法律范畴，但其多管齐下产生的"合力"往往能对少数民族习惯权利的实现起到实质性的推动作用。

依据《宪法》、《民族区域自治法》、《地方各级人大和政府组织法》以及《村委会组织法》等法律，各级人民政府和村民委员会是维护和落实少数民族习惯权利的核心主体，尤其是民政部门和民族事务部门承担着具体的维护和落实少数民族习惯权利的职责。在这一问题上，上述机构就要坚持"依法行政"。行政法治的相关原理和制度，总体上能够适用到少数民族习惯权利的落实上来。但少数民族在适应现代社会生活的进程中，存在着一定的被动性和滞后性，因此，在其习惯权利与现代化要求发生冲突时，政府应当更加谨慎、更为积极地作为。

第三，少数民族习惯权利的救济。权利的救济主要包含两个方面：对于消极权利来说，权利救济意味着作为自由的权利被侵害因而需要排除侵害；对于积极的权利来说，权利救济意味着应该被落实的权利没有被落实因而需要强制义务机关给予落实。少数民族习惯权利的救济同时涉及这两个方面。

根据我国《宪法》、《人民法院组织法》、《人民检察院组织法》、《地方各级人大和政府组织法》，以及《各级人大常委会监督法》，人民法院处理公民权利受到行政机关侵害的行政诉讼；人民检察院作为法律监督机关，对于违反法律规定的公权力行为，有权进行监督；各级人大及其常委会对于其他国家机关法律的执行情况，有权进行监督检查。因此，少数民族习惯权利的救济机关，主要包括各级法院、检察院、人大及其常委会。

法院在办理涉及少数民族习惯权利纠纷的案件时，除了遵照我国

---

① 胡兴东：《国际社会对少数民族权利保护趋势》，《云南民族大学学报》（哲学社会科学版）2006 年第 4 期。

"一元化"司法制度的统一要求以外，还必须兼顾因少数民族当事人而特有的"法律多元"、"文化多元"等特点。由此，双语司法、"两少一宽"、司法调解等都是少数民族司法诉讼中常用的原则和手段。有的学者提出，在现有条件下，只有采取程序法制统一先行实体法制紧跟的策略，对统一司法程序进行局部调整，方能在保障国家法律与政治调控的前提下，最大限度地满足国家法制统一与民族习惯权利保障均衡演化的双重需要。①

　　总之，少数民族习惯权利的司法救济，本质上是一个对相当复杂的利益关系进行调整和平衡的活动。这里的利益关系涉及国家法代表的基础性利益，也涉及少数民族地区民众社会生活中的细节性利益。一般而言，国家制定法划定了全体社会成员生活中最重要、最基本的利益关系，而少数民族成员的习惯权利则是对这一基本利益关系的细节性填充。习惯规范直接来源于少数民族民众的自我选择，它们对少数民族民众的日常生活的细节性安排可使其生活更加有序化。② 因此，涉及少数民族习惯权利案件的审判也是对国家法与习惯法进行平衡的艺术。既不能简单地用国家法挤压习惯法，也不能罔顾国家法，无原则地迁就习惯法。法院在对涉及少数民族习惯权利案件的审判中，要能从个案中体现法治的最终发展方向。正如有学者提出的，"我们应当站在一元法治的立场上，大力推行国家法治，将民族习惯法尽快归引到国家现有的法律制度体系中来，从而尽快过渡到实质一统的法治秩序。"③

　　通过以上梳理，我们大体上勾勒出少数民族习惯权利的确认机制、维护机制和救济机制。在具体的实践中，这一系统的保障机制如果能够得到完善发展，少数民族的习惯权利保护问题将会被纳入现代法治轨道中。当少数民族习惯权利问题的确认、维护和救济都纳入法制框架下，通过法治的形式进行处理时，这个问题就成了一个有据可循的法律问题了。少数民族习惯权利的保障也能逐步在法治的形式中得以实现。我们

① 涂少彬：《民族习惯法的双向困境及其程序破解——基于博弈论的分析》，《河南工程学院学报（社会科学版）》2013 年第 1 期。
② 韦志明：《习惯权利的本质：作为一种生活方式的正当主张》，《长白学刊》2010 年第 1 期。
③ 巫洪才：《论西部少数民族习惯法的国家法治化制度设计》，《学理论》2013 年第 12 期。

之所以强调少数民族习惯权利保障法制化，很大部分原因在于，在当代中国，与少数民族相关的问题容易被视为单独的民族问题和政治问题，在处理方式上也经常以政治的方式处理，而这很可能会使问题的解决复杂化、不确定化。事实上，我国已经确立起了关于少数民族问题的法制框架，如果能够不断完善充实这一框架，并严格依照法治精神来处理相关问题，民族问题中的相当一部分问题就不会显得那么棘手。我们所讨论的少数民族习惯权利保障的总体法制结构，实质上就是以法治思维来处理部分民族问题，进而使整个民族问题得到解决。这可以说是近几十年来处理少数民族问题所积累经验的法制化，也是我们进一步推进少数民族习惯权利保障的政治与法治基础。

三　少数民族习惯权利保障过程中的政策选择

经过 60 多年的民族问题实践，以及 30 多年的民族问题实践经验的法制化，中国大体上确立了一套处理少数民族习惯权利的法律机制。然而，这套机制在运作过程中还需要注意哪些问题，应该遵循什么样的原理与政策原则，则是值得进一步探讨的问题。

如前文所说，中国的少数民族问题是中国现代性过程中凸显出来的问题，应该放在现代性架构中才能被审视清楚。具体到少数民族习惯权利保障这个问题，现代性的内容主要涉及国家整体的现代化、国家统一法制和文化间的开放与交流问题。少数民族习惯权利保护应该和这三个方面的内容相互协调，才能得到适当的处理。

第一，习惯权利保护与国家的现代化相平衡原则。对于少数民族习惯权利的保护，应当始终放在发展、国家现代化建设的视域中来处理，即保存少数民族自身的特点与历史遗产，也使它们能分享现代性的积极成果，进而实现保护与发展之间的均衡。有学者指出，"由于各民族在文化传统、现实状况等方面的差异，在社会中往往具有不同的处境并享受着不同的权利，经济发展和社会进步上的差距，使处于困境或不利局面的民族提出了获得均等发展机会的权利，这正是发展权提出的初衷。世界在发展，国家在发展，社会在发展，处在世界和国家及社会中的少数民族群体及其个人也在寻求发展。对少数民族权利的保护正是少数民族发展的需要所在，通过少数民族的发展进程，少数民族权利能够得到实现，发展权成为少数民族权利的有机组成部分。"①

　　回顾中国 60 多年来的民族问题实践经验，其负面教训之一就是忽视少数民族的自身处境和特色而一味地追求现代化。在"文革"时期以及改革开放初期，这种错误都曾普遍出现，并带来了相当严重的消极后果。国家建设与社会发展到今天，我们已经进入了一个"后改革"时代，对于现代化的认识也在不断丰富和深化。现代化的发展路径与最终面貌并不是同质的、单一的，它本身允许差异和多样性的存在。在当今中国，少数民族的现代化并不等于简单地"被汉化"，保护少数民族习惯权利正是体现少数民族现代性和自主性进而参与国家现代化的重要组成部分。审慎地维持少数民族习惯权利的保护与现代化发展之间的平衡，是法制运行、政策实践中一个应当贯彻始终的原则。

　　第二，习惯权利与国家法制相统一的原则。有学者指出，"少数民族的法律在内容上属于现代型的国家制定法，但是仍然保留了较多的民族传统的习惯法律文化的原有形式。基于对法制现代化的动力是内生型还是内生型与外发型相结合的不同认识，可以将法制现代性分为内发型法制现代化模式和混合型法制现代化模式。其内生型动力主要是民族村寨的经济文化类型与习惯法的自然演进，以及社会的变迁所带来的对于现代型法律的需求；而外发型动力则在于族际互动与法的变迁、外来宗教与法的跃迁以及民族习惯法律系统和国家法律系统之间的冲突等。无论采用这两种模式的哪一种，虽然在法律的内容上不同的少数民族间的共同性会越来越多，具有更大的普遍性，但是各少数民族法律向现代型转变中，将容许其法律在形式上带有一定的本民族色彩，而这也是完全可能的，因此采用这两种模式也是切实可行的。"② 这一论述总体上是正确的，指出了少数民族习惯权利和国家法制相统一的具体方式。

　　具体来说，对少数民族习惯权利的保护需要采取成文法和习惯法、形式法治与非正式法治两种机制相互调适、配合的并存路径。

　　一方面，在现代生活中，国家的成文法应该具有最高权威，少数民

---

　　① 张敏：《论少数民族权利法律保护的正当性》，《西南民族大学学报》（人文社科版）2010 年第 2 期。

　　② 缪文升：《中国少数民族习惯法与现代化》，《重庆交通学院学报》（社会科学版）2004 年第 4 期。

族的习惯权利最终应该融入并体现在正式的法律规范中，这是我们建设社会主义法治国家的努力方向，也是保护少数民族习惯权利的最有效途径。从实践经验来看，少数民族的习惯权利目前已有相当部分通过法制机关被"法制化"，得到确认和维护。这些习惯权利往往和少数民族本乡本土的语境相联系，和少数民族自身历史文化相联系，为此，在内容方面可能会与现代法制存在差异。如何处理二者之间的差异？概括说来，国家法制在总体上包含着人权、平等的精神，这些精神是现代文明的核心；在确认和甄别少数民族习惯权利的过程中，以这些精神作为基本标准，将习惯权利中的"精髓"和"糟粕"部分甄别出来，把符合标准的习俗转化为"法定权利"，使其得以延续和升华，把愚昧、落后、野蛮等不符合标准的习俗，比如遗弃老者、虐待妇女，淘汰掉或是加以改造和转化。

另一方面，在将少数民族习惯权利"成文法"化的过程中，我们也要尊重少数民族历史文化、社会发展的客观规律，为他们实际生活中存在的非正式的但合理的传统习惯和规则保留适当的生存空间，避免过度干预其习惯权利的存在形态。少数民族社会秩序的发生有属于它自己的历史、传统和根据，早在国家正式法深入该地区以前它们就已存在，并提供了一套使得少数民族地区生活正常进行的有效框架。这套知识是国家成文法所不熟悉的，但对于生活在其中的人们，它们是生活常识，是人们进行社会交往和解决共同面临的问题的重要手段。[①] 对于这样一部分作为"地方性知识"存在的习惯权利区域，国家法短时间内不必"全面"覆盖，而是允许其继续部分地保持其习惯法的形态，与之并存，良性互动。总的来说，国家成文法与习惯法需要的是相互理解、沟通与共存，而非一方对另一方的压制、曲解和征服。

由是，少数民族习惯权利和国家法制的统一，不仅仅表现在形式协调方面，也表现在内容和精神相一致的方面。习惯权利这种特殊性权利，应该在包含普遍精神的现代法制中得到体现并展开。

第三，文化保护与文化交流相协调。少数民族习惯权利问题，实质上也是一个文化问题；习惯权利的保护意味着习惯特色被维持、保存。

---

① 柳杨：《论民族法与国家成文法的调适与整合》，《经营管理者》2013 年第 24 期。

然而，如果仅仅是维持和保存，不足以妥善处理习惯权利保护的问题。少数民族文化及其习俗应该在多元文化交流中被维持和保存，这样的维持和保存才是最具有生命力的。

有学者从多元文化主义的角度阐述这个问题，多元文化主义至少存在于事实、理论、意识形态、政策和价值理念这五个维度中，每个维度下的"少数民族权利"都呈现出不同的面貌，具有不同的意义和效果；少数民族权利保护与多民族国家构建是同一个历史过程中的两个方面。如果说单一性的同质文化曾经是民族—国家事实上的合法性基础和社会团结的重要资源的话，那么，多元文化主义则是多民族国家的合法性基础和社会团结的重要资源。多元文化主义理念将从两个方向（民族分离主义和大民族主义）防范对多民族国家的侵害。多元文化主义是多民族国家构建过程中极其重要的价值理念支撑。[1] 在具体确认、维护和救济少数民族习惯权利的过程中，应当注意将少数民族习惯权利问题放在开放、多元、交流的语境中来处理。这样，少数民族习惯权利和习俗特色将会具有源头活水，能不断与国家现代性相调适，并在调适过程中充分展现自己的特点。

---

[1]　周少青：《多元文化主义视阈下少数民族权利问题》，《民族研究》2012 年第 1 期。

第十二章　保障公民基本权利的法治环境

要保障公民基本权利，就要把中国建设成为一个法治国家。"法治国家"也是近代以来一代代中国人的理想，实现这个理想的过程非常困难和曲折。法治国家的目标产生于清王朝被推翻之后。旧国家解体了，但新国家的建立是非常困难的事，法治国家建设更难以提上议事日程，在很长的历史时间里这一直只是一个理想而已。一百多年来，中国经历了清朝解体、军阀混战、国民政府统一、外敌入侵（抗日战争）、解放战争和以阶级斗争为主体的内部政治斗争等几个主要阶段。在这些阶段，法治国家建设都难以成为精英的政治目标。

改革开放以后，建设法治国家终于正式提到中国共产党的最高议程上来。在邓小平时代，法制建设是中国政治改革的核心。在思想层面，当时提出了十六字方针，即"有法可依、有法必依、执法必严、违法必究"。邓小平等领导人反复重申法制建设的重要性。在组织层面，当时设立的中共中央政法委员会（简称"中央政法委"）就是致力于推进法制建设的机构。

到 1995 年，中共十五大正式把"法治"确定为国家政治改革的总体目标。"法制"和"法治"，虽仅一字之差，却表明中国开始了在法治国家建设上的新阶段。[①] "法制"意味着要确立一整套法律体系，而"法治"却是一种优化宪制体系的积极力量。

宏观视之，有三个方面需要阐明。其一，政府法治化会使行政权、立法权、司法权和检察权的关系得以重新配置，使宪制结构得到优化；其二，政府法治化会促进官民关系的优化，使权力与权利之间的关系更趋均衡；其三，政府法治化过程本身亦是权力理性化、权力品质提升的

---

① 郑永年：《中国重返法治国家建设》，载《民主，中国如何选择》，浙江人民出版社，2015，第 234~235 页。

过程，整个政治体系会因之得以改进。政府法治化使公民基本权利保障
有了公共组织基础。

政府法治化也为官民关系的调整、国家与社会关系的均衡化提供了
契机。改革开放前的体制，是国家社会合为一体、高度集中的半军事化
体制；改革开放启动了经济市场化进程，社会空间得以孕育发展，政府
法治化是这一进程在政治上的反映：它逐步界分国家与社会，约束和规
范公权力、确认和保障个体自由。在相当程度上，政府法治化过程也是
当代中国官民关系重塑的过程，这一过程不断趋向于国家与社会均衡、
权力与权利均衡的结构形态。

权力的理性化与公民基本权利的保障更是直接相关。在现代政治治
理中，行政权是直接管理社会的权力，它与社会生活的联系最为普遍。
相比于立法、司法等权力，行政权力是公权力体系中最具有"暴力"品
格的一支；对它加以制约，过程最复杂、任务最艰巨。当代中国 60 多年
的政治史，是以行政权为核心的公共治理历史；当实现了行政权的法治
化时，整个国家权力体系的品质和社会治理的面貌将出现深刻的变化。

一　政府的法治化：保障公民基本权利的条件之一

政制总是回应着社会经济生活。当代重要的政治思想家弗朗西斯·
福山曾经从漫长历史的维度描绘了今日政治机构从何而来。不妨在此背
景下回顾中国社会的演进沿革。在蒙昧初开的渔猎时代，政治生活比较
简单，部落酋长以个人权威就能实施治理。进至农业时代，人的活动能
力增强，政治共同体规模扩大，为了维持基本的秩序，需要一种职能相
对强大的政府，像古代那样三公九卿、君主官僚结构的政制就出现了。
历史经验证明：这套制度相对于小农经济为主体的文明体来说具有很强
的适应性与高效能。再到了近现代，工商业成为核心产业，社会流动性
加强、社会经济生活高度复杂化，此一状况向国家政治提出了极高的要
求。分工明确、权责清晰、权力分支之间理性制衡的政治体系，是适应
现代社会经济生活的普遍形态。①

---

① 福山系统阐释了从原始社会到法国大革命这段文明历程中的政治发展，提出了一些颇有
　见地的看法。参见〔美〕弗朗西斯·福山《政治秩序的起源》，毛俊杰译，广西师范大
　学出版社，2012。

　　然静观中国近百年政治史，对于政制原理、义理方面清晰昭彰，过程却艰难曲折。在晚清，有识之士既已明了优良政制对于社会经济发展的功能，他们努力发动了维新变法、立宪运动，以图改良政制，推进社会生活与经济产业的现代化。然而，在内忧外患的国运衰微时刻，这些运动都失败了。清王朝的崩溃意味着中央权威的失堕，其后40多年的历史，都围绕着建立强大国家政权以救亡图存这一主旨展开。袁世凯1915年的洪宪称帝，是一种失败了的以传统皇权制度建构中央权威的努力；段祺瑞的武力统一主张，是一种以军事实力造就政府权威的努力，尚未得以全面展开；南京国民政府1928年形式上统一全国，随后几年逐步在实质上扫除地方割据，但被日本侵华战争所阻断；1949年，中国共产党战胜南京国民政府，在大陆实现了统一、建立了高度集权、令行禁止的中央权威；至此，中国近代以来的政治统一、中央权威重建才得以实现。①

　　1949年到1978年这近30年的时间里，中国通过政治上高度集权的方式推进社会经济现代化进程，其中又一波三折，但总体上还是建立起了大体完备的现代国民经济体系。1978年之后，中国启动改革开放，发展商品经济和市场经济，原有的高度集中的政治体系，就面临自身转型变革的任务。

　　20世纪80年代初，通过1982年颁布的《中华人民共和国宪法》，中国在政治体系上大体恢复了"五四宪法"体制。"八二宪法"和"五四宪法"在宪制基本架构上具有延续性。② 在此体制中，中共领导和行政主导是关键：在政党与国家的层面，中共及其各级党委负责决策，各级国家职能机关负责执行；在国家机关的层面，行政权是主导，其他各项权力虽然在形式上具有较高地位，但并未得到充实——行政机关是中共政治意志的核心执行机关，亦是国家机关体系中权力重心所在的主导性机关。政府法治化和宪制结构的优化，就是在此基

① 美国汉学家孔飞力从知识分子政治参与、政治竞争、政府能力等角度，解释了中国政治现代化的艰难历程。参见〔美〕孔飞力《中国现代国家的起源》，陈兼等译，三联书店，2013。

② 关于"八二宪法"与"五四宪法"之间的延续及差异，蔡定剑曾进行分析阐释。参见蔡定剑《宪法精解》，法律出版社，2006。

础上展开的。

1980 年以来宪制结构的优化，主要体现在三个方面：首先是行政权的收缩与规范，其次是立法权的充实，然后是司法、检察权的强化。在这三端中，行政权的收缩与规范是整个宪制格局变化的焦点。

就政治层面而言，改革开放的过程实质上是政府收缩、社会自由空间扩大的过程。旧有的国家统制的计划经济体制是一种半军事化的社会政治体制。在其中，生产生活均按照国家计划进行，社会和个人缺乏自主空间。这样的体制持续了 30 多年，它一方面为中国产业现代化奠定了基础，尤其是建立了现代社会经济所赖以存在的重工业体系；另一方面也导致社会经济缺乏内在活力，时间越久、制度越僵化、生产效率越低。1980 年前后，借政治领导人更替之机，中国社会政治转轨，启动改革开放，力图有步骤地放开市民社会空间，以调动和激发社会活力，进而加速中国社会经济现代化进程。在政治上，原有的高度集中的管理体制也面临变革。政府权力首先从农村撤退，赋予农民有限的生产经营自由；农村基层由半军事化管制变为一般行政管理；20 世纪 80 年代中期，城市工业产业改革，计划体制有所松动，市场空间放活，行政权力逐渐由具体的计划指令权变为中立的市场管理权。在三大产业、城乡改革的过程中，政府角色发生了变化，逐渐退出直接的生产经营领域，退回到公共管理领域。

在原有的计划经济和半军事化社会管理体制中，政府权力因事而发，它需要以灵活变通的姿态应对具体生产生活事务。在此语境下，政府权力的基本形式是政策和指令。及至商品经济进程启动，政府权力收缩，蜕变为中立的管理者，政府本身就不再大面积接触具体的生产生活事务，其权力行使方式就开始以规范的、反复适用的、抽象的法律法规为表现形式了。政府权力的收缩与政府权力形式的变化是同一过程，政府权力法治化和规范化在这一过程中逐渐得以实现。

政府权力的法治化促使立法机关积极行使其职能。在"五四宪法"和"八二宪法"的规范体系中，全国人民代表大会是国家权力机关，国务院由其产生、受其监督、对其负责；全国人大及其常委会制定的法律，国务院得执行。然而，在改革开放之前的时代，全国人大的法定职能并未得到充实，有时甚至被称为"橡皮图章"。改革开放开启了政府法治化过程，依法行政需要立法机关进行法律供给，于是，全国人大的立法职能在此过程中得到了充实。立法权是现代社会中的创制权，现代社会中公共管理的复杂化和专业化，要求法律的起草、创制"专业化"。各行政管理领域的立法，如工商管理法、金融监管法、交通管理法、税法、治安管理法森林保护法、耕地保护法、环境法、水利法、资源开发保护法等等，一一制定。在起草论证和审议通过这些法案的过程中，全国人大以及人大常委会的专业力量得到了充实；并且，依据宪法，全国人大还具有对法案实施的监督检查权，这些监督检查权的激活，使全国人大的宪制地位得到切实地体现和巩固。①

在政府依据政策和指令进行计划式管理的时代，政府享有动议、制定计划、实施计划的权力，立法机关几乎是多余的。权力尚未形成分工协作、政制也不需要进一步的职能分化，人大变成"橡皮图章"，也是势所必然。可是，当政府法治化启动，全国人大的立法职能就需要激活以响应此一进程了。全国人大作为立法机关、法律监督机关，与政府作为行政机关、执行机关就彼此对接上了。宪法的规范设计，如果没有实质政治形势和权力格局来实现，就只能是一纸空文。未来的人大制度改革，其基本思路是针对新的形势作出相应调整。可以调整的空间，即人大常委会委员的专职化和人大专门委员会的专家化，基本就是冲着提高人大立法质量这一目标去的。

司法权和检察权的充实，也和政府法治化过程密切关联。在现代国家的权力格局乃至国家－社会框架中，司法机关这个"既无刀剑、又无钱袋"的"最不危险"部门的作用往往被人忽视。在新中国成立以后很长一段时期，司法机关仅仅是刑事审判和民事审判的职能机关，属于处理社会事务的公权力机构，它的政治地位与政府的具体职能部门几乎没有差别。然而，当市场化进程启动，社会经济事务越来越复杂繁多，尤其是行政诉讼的兴起和增多，司法系统在宪制结构中的地位发生了改变。通过发布司法解释，最高人民法院变成了拥有一定管理社会经济事务立

---

① 蔡定剑曾对中国人民代表大会制度原理、组织、职权和运行机制进行过系统阐释。参见蔡定剑《中国人民代表大会制度》，法律出版社，2003。

法权的机关。通过行政诉讼，地方法院具有了制衡行政机关的法律地位。并且，随着行政诉讼形态的完善和司法体制改革的推进，相对于行政权，法院系统将拥有更大的政治权重。①

检察机关是法律监督机关，负责监督法律实施。在中国法治尚未步入轨道时，检察机关的法律监督职能亦是虚置；但随着法治化的深入，社会政治围绕法律而展开，检察机关的法律监督职能也逐渐被激活。依据宪制架构，行政和司法机关都是法律实施机关，二者都在"法律监督"的范畴内。对于行政机关的法律监督，目前正在兴起的行政执法活动检察监督机制，具有积极意义。对涉事行政机关发送"检察建议书"，即行政检察监督的形式之一。宪法中的检察制度上承中国古代的监察制度，是一种体制内的对行政权的制衡力量。在民主比较匮乏的当代，检察权在监督制约行政权方面，有巨大的空间。当检察权进一步充实后，政府法治化与规范化在宪制层面的条件就更加充分了。②

宪制是一个有机整体，宪制结构的优化过程相当程度上体现为立法机关、行政机关、司法机关、检察机关职能充实、彼此分工制衡的过程。通过分工制衡，整体的宪制才能理性化。政府法治化是由市场经济和社会开放所催生的，它又进一步激活和强化了国家立法、司法和检察职能。总体看来，中国宪制结构的优化，以社会经济发展为触发、以渐进变革为形式而展开。

政府法治化除了促进中央国家权力的格局优化，还促进官民关系的均衡。国家与社会、政府与市场、权力与权利、官与民，在政府法治化进程中，其关系亦得以改进。

二　社会空间的释放：保障公民基本权利的条件之二

每个个体都是一种欲望的力量，这些个体之间的欲望会产生矛盾，

---

① 关于最高法院的宪制地位和政治功能，喻中结合最高法院的报告进行了实证分析。参见喻中《中国最高法院实际承担的政治功能》，《清华法学》第 7 辑。

② 孙中山在其"五权宪法"设计中，除了立法、司法、行政三权之外，还设计了考试和监察两项权力；后两项权力与传统政治中的科举、监察制度有着渊源关系。参见《孙中山选集》，人民出版社，2011。

矛盾进而会激发为纠纷、战争；于是，就要求一种超越的力量来协调个体间的关系，权力和政府就产生了。权力和政府的实质是公共秩序。建立起有效政府、维持基本的公共秩序，是政治生活的首要目标。然而，秩序的类型多种多样：有的秩序能充分容纳个体自由，有的秩序则严重压制个体自由。优良政治的一个标志就是秩序与自由的均衡，既能维持秩序，又能保障自由。回看整个人类政治发展史，几乎就是一部秩序与自由折冲樽俎、寻求均衡的历史。①

在一个政治体中，如果政府权威不足，则公共秩序难以维持。1949年之前的中国近现代历史，即这样一种政府权威不足的状态。然而，如果政府权威过大、国民自由匮乏，则社会活力逐渐丧失，整个国家趋于僵化，1949年以后30多年的当代史，就存在这样的问题。于是，20世纪80年代开始的改革开放，可以看作对国家与社会、权力与权利的调整。政府法治化在宪制层面的另一层意义，就在于它导向一种官民均衡的状态。

历史的演进，经常出现矫枉过正的现象。经过大起大落的波动，社会政治的态势才逐渐趋向均衡。中国近代以来的官民关系历史，回顾起来，让人感慨不已。传统中国是一种小农社会。在小农社会中，人们的生活主要是和土地打交道，直面大自然；故人与人之间，除了自然血亲关系外，缺乏普遍化、开放化的公共生活；人民呈现出"一盘散沙"的状态，或者是"一袋马铃薯"的状态。这种小农社会关系在中国延续了3000多年。及至近代，西方商业文明入侵中国，小农文明的人际关系显示出极大的缺陷。在工商业社会，分工发达，人与人之间的连带紧密；国民之间通过商业和社会生活，形成一个有机整体。在此基础之上的国家，财政汲取能力、产业开发能力、国土建设能力都非常强大。相比于小农社会，工商业社会的国民是一个有机体，是一股拧成团的绳子，有活力、有力量。面对西方工商业文明的压力，中国开始现代化转型。转型的一项内容即改变社会分散状态，建立起有活力的、有凝聚力的现代社会。然而，对于后发的中国来说，这样的目的，不能等待自然演进，

---

① 黑格尔把中国、印度、伊斯兰、希腊、罗马和近代西欧文明，编制进一个文明进化谱系中，并阐释了各大文明秩序的精神结构。参见〔德〕黑格尔《历史哲学》，王造时译，上海书店出版社，2001。

而是需要强力来催化。梁启超在 1902 年发表的《新民说》，即对这一问题的回应。[1] 康有为在 1911 年之后倡立孔教，期望用宗教的方式来改变中国社会"一盘散沙"的状态。[2] 南京国民政府开展的"新生活运动"，期望以半军事化方式将社会组织起来。[3] 中国共产党则发起各种群众运动。1949 年新中国成立后，通过农村土地改革、三大产业改造，终于在 1957 年前后实现了以政治权力团结国民、整合社会的近现代目标。中国社会"一盘散沙"的问题最终得到处理。

　　然而，问题在于，西方工商业社会中的社会连带、社会活力是通过产业发展而自然发生的，那是一个现代产业体系替代小农经济体系的自然演进过程；资本的力量把分散的小农纳入市场中来。在此基础上产生的强大国家，亦是社会政治自然发展的结果。当代中国则是以政治力量来代替资本的力量，代替自然演进的过程。这在一定程度上取得了成功，建立了中国现代产业体系，为改革开放后的中国社会政治发展打下了基础。但是，这一政治推动的社会连带化过程，需要与时俱进。回顾历史，我们发现，改革开放实质上是对政治统制社会的矫正，是"一盘散沙"的中国近现代问题的否定之否定。"一盘散沙–全权统制–释放社会空间"，百年中国社会政治历史，在大起大落中开始趋向平和，官民关系开始趋向均衡。在这一过程中，政府法治化是一股引人注目的力量。

　　政府法治化是如何推进官民均衡的呢？总体看来，它包含两个方面的内容：一是原有的以计划和指令为形式的政府权力退出社会经济生活领域；二是在社会经济生活领域重建公共规范，政府转变为中立、超越的规范守护者。

　　1949 年之后，中国模仿苏联建立了高度集中的计划经济体制，社会经济生活被安排进统一的政府日程中，各产业的生产经营都按政府计划

① 梁启超在 1902 年流亡日本的过程中，就已经充分注意到中国小农社会个体之间的分散状况，针对这一问题，他提出了系统"改造国民性"的思想。参见梁启超《饮冰室合集》第 4 卷，中华书局，1989。
② 康有为面对中国国民一盘散沙、礼崩乐坏的状况，曾期望用"孔教"这种半伦理、半宗教的措施来应对。参见汤志钧编《康有为政论集》（下册），中华书局，1981。
③ 美国学者费正清曾对中华民国时代的军事、政治和现代化建设状况有过系统阐释，参见〔美〕费正清、费维恺编《剑桥中华民国史》，刘敬坤译，中国社会科学出版社，2006。

展开，农民、工人、服务业从业人员及其他社会中的人员，依照严格的生产生活纪律行动。① 之所以采用这种集体主义的制度，是在当时国民素质的基本面上，为了在短时间内建立起自己的重工业体系和国防体系，这种把人像螺丝一样拧在一个集体性的国家机器上的制度，是最有成效的。进入 20 世纪 80 年代，国家寻求新的生产生活局面，开始逐步允许个人和社会拥有一定的自主空间。在农村展开的包产到户，在城市和工厂展开的服务业、工业产业生产经营改革，其宗旨就是将政府权力逐步撤出社会生产生活领域。近 30 年来，农业、工业、服务业以及其他新兴产业在原有的计划经济体制中从无到有、从小到大；这一过程，既有社会发展之功，也是政府职能转型之功。政府由原来的生产生活指挥者，逐渐变为超越的、中立的公共服务者和管理者。

在计划经济时代，政府掌握了生产经营管理权。这是一个公权力代替社会权力的时代，原本由企业家、职业经理人、劳务主管行使的权力被政府行使。改革开放以来的政府职能转型，即放弃这一部分直接管理生产生活的权力，退出社会生产经营的领域。在理解当代中国政府法治化的过程中，须深入理解政治职能转型这一要点。所谓法治化，并非将原有的以计划、指令方式存在的权力转化成具有实证法律规范支持的权力，这是对政府法治化的一种误解。实质上，政府法治化首先的意义在于，政府将计划经济时代那种直接的生产经营管理权转化为中立的社会管理权及公共服务。这一过程，不仅仅涉及实证规范层面的变化，更是政府权力内涵的现代化。

政府撤出生产生活领域，并不意味着这一领域恢复到完全自治、完

---

① 中国经济学家林毅夫通过回顾历史，从后发国家产业体系现代化的角度阐释了新中国成立初期师法苏联、建立高度集中政治经济体制的相关原因。他指出："让中国人站起来，是社会主义革命最主要的动力……想要有强大的国防，就要有强大的军事工业，想要有强大的军事工业，就要有强大的重工业。1952 年中国从战争的破坏中恢复后开始建设国家，提出了以重工业优先发展为目标的战略，目的就是让中国能够早日屹立在世界的强国之林，不再受外国的欺凌。苏联的经验为中国提供了一个参考基准。当时中国是一个贫穷落后的农业国家，苏联在 1929 年以前也是一个贫穷落后的农业国家，但是在斯大林的领导之下，工业化进程非常快，在很短时间内就建立起了自己的重工业体系和国防体系。而且，当时欧美的市场经济仍处于大萧条之中，所以苏联以重工业为先导的经验看起来是可行的，符合发展中国家的发展愿望。"参见林毅夫《解读中国经济》，北京大学出版社，2012，第 70 ~ 71 页。

全自由的状态。政府所撤出的，只是直接管理生产生活的那部分权力；它在撤出的同时，又以法律规范的方式为社会经济生活提供了基本准则，社会各主体围绕这些准则展开活动。因此，政府法治化在官民关系重塑方面的另一层含义就是为社会重建公共规范，使国民在公共规范下施展自主意志、实现个人自由。

对于当代中国来说，社会重建的过程，不仅仅表现为将"一盘散沙"的小农社会塑造成由公共权力管制的计划指令型社会，更表现为在现代教育、交通、通信等条件下将计划指令型社会转变为法治的自由社会。这种自由社会不再是彼此分散的社会，不再是缺乏内部活力的社会，也不是没有共同规范的弱肉强食的社会，而是围绕法律而展开公平竞争的社会。在学术上，它被称为"市民社会"，西方思想家亚当·斯密、休谟、黑格尔都对这一以近现代商品经济为内涵的社会形态有所论述。它的核心在于，有一套成熟的私法规范，社会围绕这套规范自由运转，政府提供基本的公共服务，如维持基本秩序、维护社会风尚、保护生态环境、提供福利体系，并对社会经济的运行展开宏观调控。在社会重建的过程中，政府法治化的首要任务就是为社会经济活动提供规范，并以自身权力和公共服务来维持这些规范。政府依法展开的行政管理和法院系统的司法诉讼，使自由社会处在公共权力的规范化保障之中。①

在理解国家与社会、权力与自由时，有一个问题需要明辨。在现代性语境中，国家与社会之间不是一种蓦然无关、对立并存的格局，而是一种分而不隔、彼此协力的过程。在英美先发现代化国家中，首先发育起来的是社会空间，它以工商业为主要产业，逐渐形成了一套保护私有财产的法权体系，这套法权体系会自然而然地延伸出一套市场规则。围绕商品经济规律和市民社会规范自由运作，在此基础上逐渐产生现代国家，现代国家反过来为市民社会提供公共服务，如金融银行体系、自由税收体系、社会保障体系、统一的行政司法体系，这一系列的公共服务必然是以规范化、法治化为特征的。社会在国家的保障下依据自身规范运转，国家以市民社会活力为着眼点展开行政、立法和司法服务。这是

---

① 有学者对私法制度的起源、精神原则和制度形态进行过梳理考证，参见易继明《私法精神与制度选择》，中国政法大学出版社，2003。

来自历史经验的现代社会政治发生学范式。然而，20 世纪以来，诸多后发国家僵硬地理解国家与社会的关系，在社会经济尚未步入现代化的条件下展开社会与国家的对立，将前现代的"一盘散沙"的社会直接带入"国家－社会"的范畴框架内，导致政府的法治化相当程度上被虚置，社会的现代化迟迟无进展。诸多非洲国家以及亚洲的印度，都存在这样的问题。回顾中国近现代历史，19 世纪末的中国社会处于小农经济的形态，经过洋务运动、南京国民政府时代的社会经济建设，终究没有发生实质变化。1949 年之后，中国共产党通过政府主导实施三大产业的改造，过程曲折而有成效。改革开放以来，政府转换自身职能，逐步收缩了对社会生产生活直接进行计划、指示的权力，同时围绕社会经济事务提供一般公共服务和行政管理，重新界定了政府与社会的关系，使社会和个体获得了相当的自由空间。这一曲折过程所包含的社会经济转型，对于整个国家结构的优化来说，在某种程度上是不可或缺的。在今天，人们的权利意识日益增强，甚至远远领先于文化、制度、经济和社会条件的发展。也就是说，权利意识已经成为现实。这个现实必须成为人们思考问题的起点。人们不能忽视或者低估这种超前的权利意识的重要性。法治已经成为现代国家的象征之一。不管结果如何，人们都会去追求。这样，问题的核心不在于需不需要法治，而在于需要什么样的法治。

现代政治体的一个标志，即社会与国民是动力源头，政府和国家是社会活力的维护者。现代政府的职能不是直接介入社会经济生活，而是以保障者的身份来维护社会自主和个体自由，使它们的潜能得到充分发挥。中国政府是近现代历史的产儿，它从计划经济体制中走来，其职能转换和自身法治化尚在进行过程中，官民均衡的格局远景可期，道路尚长。

三 公共权力的理性化：保障公民基本权利的条件之三

优良政制的核心精神就是权力的理性化。权力本身是危险的，权力的滥用会给社会和个体带来伤害。宪制体系的一系列措施，如权力分工制衡、司法审查等等，最终都是为了使公共权力变得理性、温和。改革开放以来启动的政府法治化，亦是以权力理性化为目的的政治发展过程。

近代以来的中国政治，面临两个核心主题：一是建立强大国家权力以求民族自强；二是使权力受到制约以求优良政治。1949 年新中国成立后，建立起了强大的政府，使整个社会在政府统治下运行，各大产业强制进行了现代化改造。到了 20 世纪 80 年代改革开放，中国政治面临的已不再是强大权力缺乏的问题，而是如何将强大国家权力改造得更加理性、负责任、能持续推动中国现代化进程的问题了。

有学者曾经用"武功"与"文治"这一组传统政治概念来分析当下中国的政治。当代中国前 30 年，一方面需要应付国际压力，另一方面需要展开社会经济的现代化改造，国家政治严苛紧凑，权力统制深入社会各个方面。然而，武功不可长恃：当政治稳定时，需要重新恢复相当程度的社会自由，如此方为长治久安之道。在这一道理背后，其实也是政府职能的转型和权力品格的提升。武功时代的"非常政治"行使的是暴力性权力，而承平时代的"日常政治"行使的是理性权力。① 当代中国通过革命建立政权、以高度集权的方式完成社会整合，30 年之后，逐渐转向一种文治性质的统治，政府法治化即处在这一转型中，它意味着权力性质的改变，权力品格的提升。

在立法、行政、司法和检察这四支宪制性权力中，直接参与社会治理、关涉公民权利义务的，主要是行政和司法权力。由于司法权力自有一套程序和行为模式，本身具有相当强的理性特征，故最需加以规制和提升品格的，就主要是行政权力了。行政权力在现代社会承担多种职能，它的理性化对于社会、国民个体，以及整个政治体系来说，都具有相当普遍的意义。②

政府法治化是行政权力理性化的基本方式，它主要表现在两个方面，一是权力范围的限定，二是权力过程的开放与民主。

20 世纪 80 年代之前，国家与社会界限不明晰，政府权力渗入社会生活各个方面，对国民实现了全方位管制。改革开放后，逐渐撤回这种直接管制的权力，释放了一定的社会自由空间。在农村、城市工商业和其

---

① 关于当代中国从"非常政治"到"日常政治"的转型，高全喜从宪制的层面进行了自己的阐释。参见高全喜《从非常政治到日常政治》，中国法制出版社，2009。

② 关于政治权力之间的差异与各自属性，美国政治学家古德诺有过细致论述，参见〔美〕弗兰克·古德诺《政治与行政：政府之研究》，丰俊功译，北京大学出版社，2012。

他社会领域，国民获得了一定的自主性。政府权力撤退的过程，并不是政治衰败、政府控制力减弱的过程，而是一个政府职能转换、权力行使边界法定化的过程。《宪法》、《国务院组织法》、《政府组织法》、《环境保护法》、《道路交通安全法》等，规定了各级政府及其职能部门的权限。经由这些法律，行政权力的内容得到了"菜单化"处理，"权力之外即为自由"的原则得到了部分实现。

所谓"权力关进制度的笼子里"，首要的就是对行政权力的范围进行限定。当行政法对各行政机关的职权进行限定之后，权力就不能任意使用，社会和国民就能免于权力的无限度侵害了。在中国传统政治观念里，政府权力被假定为类似于父权的属性；在中国共产党的政治意识形态中，政府权力则被设定为"为人民服务"。这两种权力观都从根本上将权力视为具有"善"的品格，故从国民权利角度对权力进行防范和监督的措施始终发育不全。最近30余年颁布的一系列政府组织规范、行政权力授权规范，使政府权力在法律层面受到相当地限制，这是中国政治转型中一项引人注目的成就。

从英美普通法中发展起来的程序技术，使行政权自身得到了改造。现代之前的行政权力是一种一端指向另一端的高权意志，权力主体与客体之间只有命令与服从。然而，行政程序的引入，则使行政权力程序化、开放化，甚至一定程度地民主化了。[①] 行政主体需要充分听取相对人的意见才能启动行政行为；在行为过程中，相对人是活动的主动参与者，其意志和意见得以在行政过程中发挥作用。自1996年的《行政处罚法》颁布以来，全国人大先后颁布了《行政许可法》、《行政强制法》、《治安管理处罚法》、《行政复议法》等多部法律，这些法律为行政权力的运行提供了行为模式和约束机制，作为行政相对人的个体得以借由这些法律设施参与公共事务，将自己的意愿纳入行政权力的运行过程中。而讨论长达30年的"行政程序法"因为种种原因，始终难以破局，如果该法颁布并能得到有效实施，中国的行政权力品质将因之而得到提升，整个国家公权力的面貌，也会因之焕然一新。

[①] 程序对于政治文明的意义，参见〔英〕丹尼尔·汉南《自由的基因》，徐爽译，广西师范大学出版社，2015；季卫东《法律程序的意义》，中国法制出版社，2011。

要想实现公共权力的理性化，最终还是必须依靠一支合格的执政队伍，也就是必须培养一群有理想的、受约束、被激励的执政精英。执政精英必须有崇高的理想，这才能在社会上建立起公信，也才能从根本上保持其不腐败。同时有理想的执政精英必须受到约束和激励，必须让其业绩与其得到的个人利益相匹配。光靠"讲理想"不可能长期可持续地集聚起一群执政精英；反过来，光靠制度约束和激励也不可能维持一群有理想执政群体。有理想、受约束、被激励并不矛盾。

法治发展是一个系统工程。要逐渐推进政府的法治化、社会空间的进一步释放以及公共权力的理性化，除了法治、民主之外，还需要社会经济的充分现代化。当我们回顾英国和美国这两个法治成熟国家的发展道路，它们在19世纪时期的政治，平等、公正、理性化程度相当有限；一直到20世纪中期以后，随着社会经济高度繁荣，宪制和法治才逐渐惠及绝大部分国民，大部分国民才得以享有自由、民主、权利保障、公共参与这些现代政制的供给。法治演进、公权力品质提升与社会经济现代化程度在节奏上是一致的。今日中国，法治运行的社会经济条件和政治条件并不都是优越的，"有法不依"、"执法不严"的问题在行政法治上常常出现。行政法治中的这种困境，既是行政法治、政府法治自身的问题，也是中国政治发展和社会经济现代化的问题。研究和思考中国政府法治问题，除了技术层面的考量外，还需要充分关注政治体系演进和社会经济发展等更宏观的问题。中国政治与法治的发展史表明，政府法治化、社会空间的释放与公共权力的理性化，在过去30多年促进了公民基本权利的落实；在未来的政治与法治发展中，将继续为公民基本权利保障发挥条件性作用。

参考文献

一 专著

《马克思恩格斯选集》第 3 卷，人民出版社，1972。

《马克思恩格斯选集》第 4 卷，人民出版社，1995。

《孙中山选集》，人民出版社，1956，2011。

《毛泽东选集》（第 2 卷、第 4 卷），人民出版社，1991。

《毛泽东文集》（第 6 卷、第 7 卷），人民出版社，1999。

蒋介石：《中国之命运》，正中书局，1943。

汤志均编《康有为政论集》，中华书局，1981。

中国第二历史档案馆编《民国档案史料汇编 五辑 二编 外交》，江苏古籍出版社，1997。

故宫博物院明清档案部编《清末筹备立宪档案史料》，中华书局，1979。

《三中全会以来重要文献选编》，人民出版社，1982。

《中国共产党第十八届中央委员会第四次全体会议文件汇编》，人民出版社，2014。

蔡定剑：《中国人民代表大会制度》，法律出版社，2003。

蔡定剑：《宪法精解》，法律出版社，2006。

蔡昉主编《人口与劳动绿皮书》，社会科学文献出版社，2009－2015。

高全喜：《从非常政治到日常政治》，中国法制出版社，2009。

蒋德海主编《宪法学》，华东师范大学出版社，2001。

郭秋永：《当代三大民主理论》，新星出版社，2006。

韩大元：《宪法学》，法律出版社，2000。

黄仁宇：《从大历史的角度读蒋介石日记》，九州出版社，2008。

胡泳：《众声喧哗：网络时代的个人表达与公共讨论》，广西师范大学出版社，2006。

李鸿禧：《宪法与人权》，元照出版公司，1999。

李银河主编《妇女：最漫长的革命》，中国妇女出版社，2007。

李林、莫纪宏：《中国法律制度》，中国社会科学出版社，2014。

林毅夫：《解读中国经济》，北京大学出版社，2013。

刘培峰：《结社自由及其限制》，社会科学文献出版社，2007。

季卫东：《法律程序的意义》，中国法制出版社，2011。

汪琼枝：《妇女权益保障法条文释义》，人民法院出版社，2006。

全国人大常委会法制工作委员会研究室编著《中国特色社会主义法律体系读本》，中国法制出版社，2011。

中华人民共和国国务院新闻办公室：《中国特色社会主义法律体系白皮书》，2011。

本书编写组：《完善中国特色社会主义法律体系问题研究》，中国民主法制出版社，2015。

孙国华主编：《中国特色社会主义法律体系研究——概念、理论、结构》，中国民主法制出版社，2009。

许崇德：《中华人民共和国宪法史》，福建人民出版社，2003。

徐显明主编：《国际人权法》，法律出版社，2004。

王峰：《表达自由及其界限》，社会科学文献出版社，2006。

王四新：《网络空间的表达自由》，社会科学文献出版社，2007。

易继明：《私法精神与制度选择》，中国政法大学出版社，2003。

艺衡、任珺、杨立青：《文化权利：回溯与解读》，社会科学文献出版社，2005。

甄树青：《论表达自由》，社会科学文献出版社，2000。

翟小波：《人民的宪法》，法律出版社，2010。

赵汀阳：《坏世界研究——作为第一哲学的政治哲学》，中国人民大学出版社，2009。

赵汀阳：《每个人的政治》，社会科学文献出版社，2010。

张五常：《中国的经济制度》，中信出版社，2009。

郑永年：《民主，中国如何选择》，浙江人民出版社，2015。

郑永年：《再塑意识形态》，东方出版社，2016。

周叶中主编：《宪法学》，法律出版社，1999。

周旺生：《立法学教程》，北京大学出版社，2006。

周育民：《晚清财政与社会变迁》，上海人民出版社，2000。

周其仁：《产权与制度变迁：中国改革的经验研究》，北京大学出版社，2010。

朱景文、韩大元主编《中国特色社会主义法律体系研究报告》，中国人民大学出版社，2010。

朱景文主编《中国特色社会主义法律体系的形成与完善：结构、原则和制度阐释》，中国人民大学出版社，2013。

朱景文主编《法理学》，中国人民大学出版社，2015。

二 译著

〔美〕格伦顿，戈登，奥萨魁：《比较法律传统》，米健等译，中国政法大学出版社，1993。

〔美〕布坎南、〔澳〕布伦南：《宪制经济学》，冯克利等译，中国社会科学出版社，2004。

〔美〕卡多佐：《司法过程的性质》，苏力译，商务印书馆，1998。

〔美〕科恩：《论民主》，聂崇信译，商务印书馆，1994。

〔美〕德博拉·G. 费尔德：《女人的一个世纪：从选举权到避孕药》，姚燕瑾，徐欣译，新星出版社，2006。

〔美〕费正清、费维恺：《剑桥中华民国史》，刘敬坤译，中国社会科学出版社，2006。

〔美〕弗朗西斯·福山：《政治秩序的起源》，毛俊杰译，广西师范大学出版社，2012。

〔美〕古德诺：《政治与行政：政府之研究》，丰俊功译，北京大学出版社，2012。

〔美〕汉密尔顿等：《联邦党人文集》，程逢如等译，商务印书馆，1980。

〔美〕孔飞力：《中国现代国家的起源》，陈谦等译，三联书店，2013。

〔美〕罗纳德·德沃金：《认真对待权利》，信春鹰，吴玉章译，中国大百科全书出版社，1998。

〔美〕罗尔斯：《正义论》，何怀宏、何包钢、廖申白译，社会科学出版社，2001。

〔英〕安迪·格林：《教育与国家形成》，王春华等译，教育科学出版社，2004。

〔英〕戴雪：《英宪精义》，雷宾南译，中国法制出版社，2001。

〔英〕丹尼尔·汉南：《自由的基因》，徐爽译，广西师范大学出版社，2015。

〔英〕哈耶克：《自由秩序原理》，邓正来译，三联书店，1997。

〔英〕玛丽·沃斯通克拉夫特：《女权辩护》，商务印书馆，2007。

〔英〕理查德·托尼：《中国的土地和劳动》，安佳译，商务印书馆，2014。

〔法〕卢梭：《社会契约论》，李平枢译，商务印书馆，1980。

〔法〕西蒙娜·德·波伏娃：《第二性》，陶铁柱译，中国书籍出版社，2004。

〔德〕汉娜·阿伦特：《论革命》，陈周旺译，译林出版社，2011。

〔德〕黑格尔：《历史哲学》，王造时译，上海书店出版社，2001。

〔奥〕曼弗雷德·诺瓦克：《〈公民权利和政治权利国际公约〉评注》，孙世彦、毕小青译，生活·读书·新知三联书店，2008。

〔日〕芦部信喜：《宪法》，林来梵等译，北京大学出版社，2006。

三 外文著作

Jack Donnelly, *Universal Human Rights in Theory and Practice*, Cornell University Press, 1989.

Patricia Wallace, *The Psychology of the Internet*, Cambridge: Cambridge University Press, 2010.

图书在版编目（CIP）数据

公民基本权利的宪法和法律保障/徐爽著. -- 北京：
社会科学文献出版社，2016.8
ISBN 978 - 7 - 5097 - 9657 - 3

Ⅰ.①公… Ⅱ.①徐… Ⅲ.①公民权 - 研究 - 中国
Ⅳ.①D921.04

中国版本图书馆 CIP 数据核字（2016）第 212890 号

公民基本权利的宪法和法律保障

著　　者 / 徐　爽

出 版 人 / 谢寿光
项目统筹 / 芮素平
责任编辑 / 郭瑞萍　尹雪燕

出　　版 / 社会科学文献出版社 · 社会政法分社（010）59367156
　　　　　　地址：北京市北三环中路甲 29 号院华龙大厦　邮编：100029
　　　　　　网址：www. ssap. com. cn
发　　行 / 市场营销中心（010）59367081　　59367018
印　　装 / 北京季蜂印刷有限公司

规　　格 / 开　本：787mm × 1092mm　1/16
　　　　　　印　张：17.5　字　数：274 千字
版　　次 / 2016 年 8 月第 1 版　2016 年 8 月第 1 次印刷
书　　号 / ISBN 978 - 7 - 5097 - 9657 - 3
定　　价 / 69.00 元